大正新教育

学級・学校経営　重要文献選

編集・解説　橋本美保・遠座知恵

第Ⅰ期　高等師範学校附属小学校における学級・学校経営

第3巻　東京高等師範学校附属小学校1

不二出版

凡例

一、『大正新教育 学級・学校経営重要文献選』は、大正期における学級経営、学校経営を論じた重要な文献、論考を精選し、全Ⅱ期・全10巻として刊行するものである。

一、収録にあたっては、執筆者が関わった学校別に分類した。収録内容は別表「収録一覧」に記載した。

第Ⅰ期 高等師範学校附属小学校における学級・学校経営
第1巻 東京女子高等師範学校附属小学校1／第2巻 東京女子高等師範学校附属小学校2／第3巻 東京高等師範学校附属小学校1／第4巻 東京高等師範学校附属小学校2・広島高等師範学校附属小学校／第5巻 奈良女子高等師範学校附属小学校1／第6巻 奈良女子高等師範学校附属小学校2

第Ⅱ期 師範学校附属小学校・公立校・私立校における学級・学校経営
第7巻 茨城県女子師範学校附属小学校／第8巻 富山県師範学校附属小学校・東京府女子師範学校附属小学校ほか／第9巻 公立校（田島小学校・神興小学校ほか）／第10巻 私立校（帝国小学校・成城学園ほか）

一、刊行は第Ⅰ期・第1回配本（第1－3巻）、第Ⅰ期・第2回配本（第4－6巻）、第Ⅱ期（第7－10巻）の全3回である。

一、編者による解説は、各期最終巻（第6巻、第10巻）に附す。

一、収録は、単行本の場合はその扉から奥付（広告頁含まず）までとした。論文の場合は冒頭部分（扉）から末尾までを収めた。削除箇所については、「収録一覧」及び本文中に注記した。

一、原資料を忠実に復刻することに努め、紙幅の関係上、適宜拡大・縮小した。印刷不鮮明な箇所、伏字等も原則としてそのままとした。

一、今日の視点から人権上、不適切な表現がある場合も、歴史的資料としての性格上、底本通りとした。

※ 本選集中の著作権については調査をいたしておりますが、不明な点もございます。お気づきの方は小社までご一報ください。

『大正新教育 学級・学校経営重要文献選』 第Ⅰ期 高等師範学校附属小学校における学級・学校経営 全6巻

収録一覧

第1回配本・全3巻

巻数	巻名	文献・論考名	著者名	発行元・掲載誌名	発行年	収録範囲・備考
1	東京女子高等師範学校附属小学校1	学級経営原論	北澤種一	東洋図書	一九二七（昭和二）年	序論―六章
		学校経営原論			一九三一（昭和六）年	二―五章
2	東京女子高等師範学校附属小学校2	低学年教育原理と尋一・二の学級経営	坂本豊	目黒書店	一九二八（昭和三）年	
3	東京高等師範学校附属小学校1	自学中心学級経営の新研究	小林佐源治	目黒書店	一九二五（大正一四）年	一―三章、六章（一―六節まで）、一〇―一二章
		学校経営新研究			一九二九（昭和四）年	一―六章、九・一〇章、一八―二三章

第2回配本・全3巻

巻	学校	書名	著者	出典	発行年	収録範囲
4	東京高等師範学校附属小学校2・広島高等師範学校附属小学校	生活指導学級経営の理想と実際	鹿児島登左	明治図書	一九二八（昭和三）年	一－一〇章、一五－一七章
		学級論	佐藤熊治郎	『学校教育』一七五－一七七、一七九－一八一号	一九二八（昭和三）年一－三、五－七月	一－一二（未完）
5	奈良女子高等師範学校附属小学校1	学習法実施と各学年の学級経営	清水甚吾	東洋図書	一九二五（大正一四）年	一－一八章
		続 学習法実施と各学年の学級経営			一九二八（昭和三）年	七－一一章
6	奈良女子高等師範学校附属小学校2	学校経営の概観	木下竹次	『学習研究』二巻四号	一九二三（大正一二）年四月	
		学校進動の原理（学校経営論）		『学習研究』二巻五－七号	一九二三（大正一二）年五－七月	（一）－（三）
		学校の経済的活動		『学習研究』二巻九－一一号、三巻一－二号	一九二三－二四（大正一二－一三）年九－一一月、一－二月	（一）－（五）
		学級経営汎論	木下竹次	『学習研究』三巻四号（「新学級経営号」）	一九二四（大正一三）年四月	
		合科学習に於ける学級経営と其の功過	鶴居滋一			
		学習法の実施と学級経営	清水甚吾			
		学級経営案と学級経営	山路兵一			
		学級経営苦	池内房吉	『学校・学級経営の実際』二巻六号	一九二七（昭和二）年六月	
		父母としての教室生活	池田小菊	厚生閣書店	一九二九（昭和四）年	「序」－「教育の方法に就いて」

『大正新教育 学級・学校経営重要文献選』

第3巻 東京高等師範学校附属小学校1

目 次

自学中心学級経営の新研究

小林佐源治著

自學中心 學級經營の新研究

東京 目黒書店發兌

序

今から十年二十年と言へば、如何にも遠い様だが、過ぎ去つて見れば本當に一炊の夢です。私が始めて岡崎附屬の教壇に立つたのは明治三十四年ですが、數へると今年で二十五年、東京に來てからでさへ十八年になります。

長い間小學教育に盡すこと、唯それだけで、必ずしも價値があり、よい研究があるとは思ひませんが、人生五十に對する二十五年の日月、其の個人にとつては決して無意義なものではありません。

幸に私は健康であり、長い間訓導として學級の教育に當らせていたゞきました。それに研究科目としては主に國語でありますが、色々の關係から家事裁縫農業の外どの教科も受持たせられましたのは、教へる當時は隨分苦勞しましたが、今となつては思出深い快い經驗になりました。

私は表題の様に前から自學中心を稱へるものです。が、これも私が時代の流行故に謳歌したり、禮讃するのではありません。私自身が今まで歩いた經歷、小さいながらも私の體驗からの所産

であります。恥かしながら、私は世の多くの人の様に系統ある學校教育は受けませんでした。主として自學に依りました。小學教員及中等教員試驗など十數歳から三十餘歳まで時々受けましたのも其の爲です。四十餘年の今ヶ及ばずながら自學してゐますが、どうぞして一生を通じて怠らない様にしたいとは私の切なる念願であります。

自學といひ自治といひ、口に言ふだけは容易ですが、さあ自分に之を實行しようとか又子供を自學に導かうといふ事になると言ひ知れぬ苦心も疑點も出て來るものです。

私も明治四十一年當校に來てから、主として自學研究を生命とする部に入つてゐますが、理論として實際としての難點疑點はそれから〳〵と續きます。玆に自學中心で學級經營を書きましたが、元より完璧を期することは到底出來ません。研究過程の一斷面にしか過ぎません。唯どの思想どの事項の斷片を採りましても長い間の經驗や自分の思索から生れたといふだけが、せめてもの心安めであります。

稿を終へて心頭に去來するのは、我が爲に心からの愛を傾けて逝き給ひし父君、小學校でお世話になつた鈴木榮。小林安治郎兩先生岡崎附屬で我が子の様に導き給ひし現岐阜縣師範學校長盤

江虎五郎先生、當校に來てから直接間接に深厚な御指導を給はつた故小泉又一。波多貞之助。佐々木吉三郎の三先生、樋口長市。佐々木秀一。日田權一の諸先生。其他新舊同僚諸君のことでありま す。恩を受けることは厚くても奉ずる何物もありません。謹んで此の小さい文を捧げ、せめては心からの感謝をいたしたいと思ひます。

大正十四年十月十七日

小林佐源治

目次

第十章　尋常科第一二學年の學級經營

目次終り

自學中心 學級經營の新研究

小林佐源治著

第一章　教育の革命的更新と學級の經營

第一節　教育の革命的更新

明治維新以來外國の教育を摸倣して形式に從ひ、何等思索検討を用ひなかつた我が國教育も、日露戰爭後内外の影響を受けて漸く自覺の萠芽を見た。まして歐洲大戰後に至つてはかうした覺醒から自發的に我が國獨自の教育を生み出す機運になつた。かの明治二十餘年我が教育界に輸入されたヘルバルト教育主義の如きも、一時は天下を風靡して追從を許さなかつたに拘らず、盛な

るものは終には衰へる例にもれず、明治四十年頃既に凋落の色を呈し、大正に入つては殆んど其の影が淡らいで、僅に舊敎育者の孤城に其の殘骸を止めることになつてしまつた。

それはとにかく、天下の敎育は歐洲戰後全然其の立場を換へた。目的に於いて方法に於て、すべて革命が來たといつて差支ない。單に敎育ばかりではない。一般思想の上にも他方社會の實際からもさうである。次に這般の方面について手短にのべよう。

一、哲學上

昔の哲學者は多く實在論認識論等について論究してゐたが、現今に至つては更に深く認識論人生論價値論の問題を考究し、而も昔は一部學徒が象牙の塔に立こもつて、毫も現實と交渉なく、生活と關係なかつたのが、今は廣く街頭に立ち出でゝ、一般に民衆化し、種々の科學と交渉し、敎育の如き亦この哲學と關係づけ理論づける樣になつた。今學界に於いて最も權威あり、我が國敎育上にも論議せられのは新理想主義であるが、その一人オンケンは自分の哲學を精神生活の哲學といひ、精神生活は內面的な本質的な根本生命である。內面的であるから自發的本原的創造的で、獨立自主自由であるといふ。而も精神生活は與へられたものでなく、努力によつて實現さる

べき未完成のものであるといふのは特に力説してゐる所である。

ベルグソンはいふ。生物の進化は偶發的の進化でなく內から創造的に發展するものである。進化は漸次的でなく飛躍的である。生命が飛躍的に發展していくと。

又ショーペンハウエルは意志を主とし世界は單に機械的意義に解すべきものでなく意志が世界の眞髓である。人の本體も意志である。かの知識が意志を定めると思ふのは恰も提灯が步行の原動力と考へる樣なものであるといつてゐる。

要するに人の生命は活動である、生命は本質的なもので、自發的創造的なものであるといふのは現代の誰もが認める所である。

二　心理學上

ゼームス・スタンリーホール等新しい心理學者の說に說によると、人の本質たる衝動は單に觀念作用ではなく、意的性質のものである。初發的の意志は精神活動の原始として精神生活に方面を與へる。又意志は知識發達の道具となるもので、原始的の意志は衝動であるといつてゐる。

又リンデは人格の本質についてかう言つてゐる。人格の核心は知ではない、意でもない。情意

である。感情と意志と合體した分離すべからざる情意即ち心持である。從つて心情を動かさないものは人格に同化されて血となり、骨となるといふことは出來ない。人格化するものは情意にふれるものでなくてはならないと。

以上から考へてもヘルバルトの觀念說即ち表象觀念から感情なり意志なりが派生するといふことは誤で、主知主義敎育の非難すべきことは言ふまでもない。

三、倫理道德上

人間最高の善は幸福でもなく快樂でもない、自己の擴充である、社會的な眞我の發展擴充である。而も固定したあるものになつてしまふのでなく、型にはまるのでなく、善を認めてそれに至る刹那々々の過程か貴い。善を追及する生活活動が貴いのである。次に善といふことであるが、これは他の者が定めたものでなく自己自身に認めた善である。眞に自分に善と知り善と認めたものの自律的自覺的のもので客觀規範に合するものでなければ善でもなければ德でもない。

昔の道德はこれから考へると總べて他律的といつて差支ない。儒敎に於て天といふ、天は自己以外のものである。基敎でゴッドといふ矢張我以外のもの、佛敎に於て如來といふ、總べて我以

外のものである。然るに今の道德は自我を中心にしてゐる、自我は外にあるものでなく我に存してゐる。從つて外部規範に從ふといふのでなく至るのでなく、我に忠實に從ふのである。最もこの自我は偏狹な主觀的のものでなく、客觀的普偏的の眞我であるけれども、之を外に見ると內に見るとは天地の差といつてよい。最も理論的に見ればさうでないとも言へる。儒教の說でも誠天之道也誠之者人之道也といふ。自分の心を誠にすれば天の道にかなふ。さうすると特殊卽普遍と云ふことになる。外に從ふでなく內に從ふとも云へる。或は佛教の方で佛性といふ。佛性は本來衆生に具る佛たるべき性質である。涅槃經に一切衆生悉有佛性、如來常住無有變易と。かうなつてくると必ずしも外に從ふとも云へないことになるが、而し實踐道德の上から常識的には總べて他律的であつたといへる。賢人の敎だから從ふ、習慣だから從ふ、權力者の命令だから盲從すると云ふのであつたが、今日の倫理なり道德なりは決してさうではない。善を自分の理念なり原理なり信仰なりから作る。かくて自發的に之に從ふといふのである。

四、政治法律上

どこの國でも昔はある權力者が上にあつて、下に命令を下し、法を制定して世の中を治めたも

のである。從つて被治者は常に絶對に之に服從し、服從によつて世の中も治まり個人の幸福も得られたものである。儒敎で民をして知らしむべからず從はしむべしとは昔から言つたことで、矢張如上の意を漏したものである。我が國の如きも昔は君主專政で上御一人のお考で如何なる命令法律も出來、民は總べて之に悅服したのである。幸に歴代の天皇は聖明にましまし、常に民の心を以て我が心とし、御仁政をお布きになつたから、天下はよく治まり、文化も發展した。自治自律といふことも勿論よいことではあるが、民にそれだけの思慮、知識修養なく、上に賢人があつて善政を布くときは事實他律の方が昔としては却つてよくいき、それが幸であつたのである。歐洲諸國の昔の如き、矢張り寡頭政治又は擅制政治であつたが、治まらなかつたのは主權者が善政を布かず民に服從心がなかつた爲めである。

然るに文物は日に進み、世人は覺醒し、殊に立憲の政治に目醒めてからは、前と反對に自治自律的に國の政治も行はれ法律も出來ていくことになつた。昔は法律といへば絶對に服從するもの法は法の爲に存してゐるといふ有樣であるが、今の思想は昔日と其の考へ方を異にしてゐる。法は國家の强制力を背景にするものではあるが、其の目的は國家の爲め國民の爲に作られたもので

ある。かの法に自由裁量のあるが如き、決して法をそのまゝに行ふといふのでなく、法を生かして國の爲め人の爲めに使ふといふ様になつた。かくて法にして國の爲め人の爲めにならぬ様なら更に之を改廢するといふ様に進んで來た。

人が窃盗をする、殺人をする。元より悪い事である。刑法に依れば、窃盗は十年以下の懲役、（刑法第二百三十五條）殺人は死刑又は無期若くは三年以上の懲役と定つてゐるが、時に情状に依つては窃盗殺人も無罪になることとすらある。特に殺人の如き法文でも上は死刑まであるに反して下は三年に到ることである。これから考へても法は人の爲めに存し人を助けるものだと言はれる。かう法を解釋する様になつた。

人には個性がある。而しその個性もおしつめて、深く〳〵押しつめて行くと個化を脱し、偶性を離れて純眞な人間性となり、遂に普遍性になる、客觀性になる。己の欲する所人に施して誤らず、自卽他といふ境地にいたるものである。而も各人が自律的に本當に考へて是なる所は、結局萬人の法則となつてくる。萬機公論に決すべしの大御詔、畏れ多い極みである。參政の權は結局昔の盲從した法律神の法として奉じた法を今は大政に參する以上、國民各自が作つていくといつ

て差支ない。以前の世とは天地を異にしてゐるといふべきである。

五、藝術上

私は嘗て同僚K氏の送別會の席上で何か書けと云はれ畫布を出されたのに對し、「各人はZ項を有す。」と書いた。當時恰も水澤に於いて木村博士がZ項を發見した時であつたからである。言ふまでもなく、私の考は、人がする程の事なら何でも出來る。獨り木村博士にだけZ項があるのではない。眞といひ善といひ美といふ、決して客觀に存在するものでなく、我が頭にあるもの、修養すれば何人にも發見し得らるべきものであると言ふのである。ジョン、ラスキンは藝術批評家である。當時我が國にも西洋にも山岳の美について語らなかつた。然るに氏は、彼のアルプスの連峯殘雪の夕日に輝く光景と天と山とを劃する山の線の美に魅せられて自ら壯嚴神秘の極美に打たれて驚歎してしまつた。かくて聲を大にして山岳美を叫んだ。小島烏水氏など山岳會を起したのはこれからである。だから西人はいふ。

「今まで自然美に對して盲であつた世界の人はラスキンに依つて明を開かれたのだ。」

と、顧ると日本の藝術も長い間客觀に支配された。美は內にあるものでなく外にあるものとし

た。從つて日本畫の如きも日本音樂の如きも、總べて前人の遺圖を次いで模倣の外何物もなかつた。そればかりではない、一度西洋畫が入つて來ると日本畫は美ではない、かういつて日本畫をすて丶西洋畫に入る。さうかと思ふと西洋人が日本畫を賞める、美の極致だといふ、早速又日本畫を珍重する。日本音樂でも同樣だ。可笑しい樣だが嚴然たる歷史は抹殺することは出來ない。

が、明治の末期からは漸く一般の世人が自覺した。眞の人間性に立歸つた。美は外にあるのでなく、內にあるのだ。人にあるのでなく銘々に持つてゐるのだ。修養によつて漸次眞の美を認め美を創造していかれる。勿論人も我も。かうして段々本當の軌道に入つてからは總べての藝術が進步し、かの未來派の如き感覺のみにこだはつた域から心持を書くといつて素人には何の繪か解らない樣なものまで書く樣になり、小學教育ですら圖畫、音樂、手工眞の我から美を生み出させるに務めることになつた。

要するに星は移る、文化は進む、人は目覺める。かうした所産として總べては昔の逆になる樣になつた。

一、他律的受動的であつたのが自律的發動的になつた。

二、人の本性は知識でなく、意志である、又情意である。生命である。
三、子供は方便でなく、それ自身貴い。偶性よりも本性を培はねばならない。
教育の革命的更新とはこの意味である。

第二節　學級の經營

今までの教育について乃至經營について、其の一班を考へて見ると、學校長が學校經營なり學級經營なりの方針を建て、級主任は其の意見に從ひ方針を遵奉して教育を行つたものである。かうした傾向は單に學校ばかりでなく其の他社會の一般に亘つてこの法式が行はれた。例へば政治であつても上に爲政者があり、その人が隨意に理想を建て法律を制定し命令を下して世の中を治めた。教育の學問の方でも學者といはれる人であり乍ら、何れも外國の有名な學者の說を飜譯し、そのまゝに之を譯として出すか、それでなければ其の儘外人の說を恰も自分の說の如く見せかけて發表してゐた。政治・教育・學問すべて天下りの主義であつたことは第一章にのべた如くである。

が、考へて見れば昔は人智が開けなかつた。明治になつて外國と交際をした。人智の開けない時には兎にかく知見のある人の說に盲從でもよいから從ふがよい、それが安全である。明治になつて外國の樣子を見る。總べての文物をなるべく早く我が物としなくてはならない。西洋で文藝復興以來硏究された事否希臘時代以來硏究されたことを僅に三十年や五十年の中に取り入れるには、どうしても模倣より仕方はあるまい、盲從も止むを得まい。が、本當に文化を作り出す眞の文化を創造するには、何時までも今迄の樣に模倣盲從ではいけない。進んで我から之を考へ發見し、自律的に努力していくでなければ、いつまでも諸外國に追從ばかりして我獨自の文化を創造し、自分の爲にも人の爲にも盡すことは出來ない。之を思ふと明治の初年萬機公論に決すべしの大御詔は實に我が國將來の文化の源泉をなす態度をお示しになつたもので、近年になつて人々の自覺したといふ事が餘りに迂濶すぎる感じがする。

之を學級經營について考へるのに、今までの學級經營は全くこの天下《あま》り主義で全然敎育を考へてゐなかつた――少くも子供といふことを考慮に入れなかつたものである。卽ら學校長が學校の經營學校の敎育をするといふが、然らば果して學校長は何を標準にしてその案を立てるか。敎育

は兒童を基にすべきものである。兒童に直接に接し日常教育していくのは其の受持の教師ではないか。教育される場所は學校全體であるが、其の主なるものは教室（廣い意味の）ではないか。云ひかへると兒童の身體なり心なりを基とし、之を一組として一團として教育の方針が立ち其の實際が行はれるのである。校長は一校の長で三百人五百人の世話をする統一をすることは勿論であるが、決して一々の兒童には接しない、各生徒の心身について詳細には知らない。又四六時中子供に接しるといふことは出來ない。何を以て具體的に教育の方針が立たう。方針が立つのは只日々子供に接し子供を知り子供を導く、その學級受持の教師これだけと考へる。

が、私はかういつて校長を馬鹿にするものではない。校長は校長として一校を統率していく、教師を率ゐて行く、指導していく、全校を管理していく。仕事は多く任は重いが、とにかく夫々の子供について直接責任の最も重く教育上に最大の力のあるのは其の受持教師であると考へる。

然るに教師は學級の經營について何事も知らず、何等の方針もなく、只學校長の命にのみ從ひ學校長又視學とか、世の中の流行とか死んだ法令とかに從つて云ひかへると官廳の意見命令――學校長――學級主任――兒童――かうした形になつて教育が行はれた。幸に流行なり命令なり學

說なりが誤つてゐなければ下子供に及ぼす事も害は割合に少からうが、由來机上で考へたこと、論理的の敎育論は實際に間にあはぬ。よし正鵠にあたるとしたところで、之を實際に施す場合は地方により兒童の境遇により更に銘々の個性によつて具體化し實際化すに當つて非常な難問があるのだから何にしても此の天下り主義敎育法のよくない事はいふまでもない。どこまでも之と反對に兒童の心身境遇の實際を基にし、敎師又發動的に之に善處する方法を考へ、更に校長なり管理者なりの意見を聞き、示導を仰いで學級の經營をしていく方針をとるのが兒童敎育の要諦である。この故に學級經營は學校敎育の中心にして敎育上最も留意すべき問題と考へる。

小學校令などによると學校長は細目を作らなければならない。大きな學校長果して其學校に最も適切な細目――而も總べての細目を作り得るや否や。校長專門の敎科で――之をどの學校にもつて行つても大なる誤なき普汎的のものは出來よう。而し乍ら其の學校其の兒童に最も適してゐる樣な細目――それは決して作られまい。日夕敎へてゐる敎員其の組の敎育の實際に當るもののみ可能である。

近時各學校に於て細目は法令に反して各敎員が作る如く、學級の經營に當つても當該受持の訓

導が作つてゐる。校長なり主席は一般的に亘つて意見をのべ批評するだけになつてゐるのは、たま〳〵前說を裏書したもので、同時に學級經營が學校教育の中心であるのを物語つてゐるのである。

第三節　教育者の生命

教育の思想や實際の上に革命が來たと同樣に教師觀の上にも一般的に目覺めて來た。今迄の教師については唯物觀か形式觀が其の基調であつた。卽ち物質的の待遇がよければ良い教師であるとか、或は教師として幸福であるとか、平教員より主席、主席より校長の方が待遇もよく名譽の地位である。かう考へた爲に何人も平教員より主席、主席より校長、校長より視學がよい。又小學の教員は中學の教員に劣り、中學の教員は專門校、專門校は大學の教授に劣つてゐると考へたものである。これが爲に平教員になると、主席を理想とし、主席になると校長、校長は視學、小學校教員は中等教員――大學教官と常に自分の現在の職については滿足せず、却つて其の席を踏臺としたものである。

かうした誤つた考のために今まで教育界はどれほど害されたのか知れない。教師は常に自分の行つてゐることに理想なく滿足なく、訓導として適任のものも待遇の關係から不適任の校長となり、小學訓導に適任であり愛好してゐるものも、去つて中等教員になる。結局よい教員は上級の學校の先生になつてしまつて、惡い教員だけが小學校の教員となつてしまふ。而も各人が總べて自己に適する職につくといふことが出來ないで一生を不幸不滿に終つてしまふ。國家人物の經濟から言つても人生問題から考へても實に情けないことである。

思ふに中等學校の教師と小學校教師、大體に待遇は異つてゐるが、決して輕重はない、むしろ一方中等學校は生徒の年齢が大きく自分で學んでいかれるといふ點からは小學校の方がむつかしく又義務教育といふ上から重いといつても差支ない。

次に學校長と教員との關係を見るに、學校長の仕事が一番貴く教員の仕事がそれより下るといふことは云へない。實は各仕事が違つてゐるから兩方貴いと云つても差支ない。教員は親しく四十人五十人の一學級教育の實際に當るのであり、學校長は學校を管理していく仕事であるからである。最も現在の小學校等においては事實部下教員の指導をしていくとか監督していくのである

が、これについても將來は大に考ふべき點がある。由來監督とか統一とかいふことがあるが、實際眞に監督されなければ眞面目に仕事をしないとか、正しく務を盡さなければならないといふ樣なことであるとすると、そんな敎師なら敎師としての資格がないといはなければならない。人を敎へる人でありながら監視されなければならない樣では人を導くことは出來ない。統一といふことについても同樣に人に統一されなければ人の邪魔をするとか一校を紊す樣なことでは敎育とはいはれない。自分の學級に行ふ事は全體に自然に統一される樣でなければならない。自分の學級に行ふ善事が萬一統一を敗る樣なことがあるとすれば善事ではない、共同生活を知らない人の行爲である。

指導といふ仕事それは大切なことであるが、眞に各自が充分に修養し眞面目に仕事を考へて行ふとすれば、學級外の人でそれ程によく指導するといふことは困難である。まして一人の校長がどの敎員にもどの敎科にも長じてゐて指導するといふ樣なことは事實不可能である。勿論一科一技については夫々長所があるから互に尋ねあひ敎へあふことは必要で、事實將來もあるべきであるが、といつて將來各敎員が自覺して十分修養していき、熱心に學級を經營して行つたら、更に

校長がどの學級どの科についても指導するといふ様なことは不能のことであらう。

何せ中等教員になるも小學教員になるも、校長となり平教員となるも自分の能に從ひ個性に適し趣味に合したものになるがよい。それが國家の爲であり教育の爲であり、自分の爲である。校長に適するものは常に校長としての修養をし校長として盡すがよし、平教員として適任のものは、いつまでも訓導として盡すがよい。それが最も貴い。よしや人爲的な上下とか待遇の差があるにしても毫も意に介するには當らない。勿論毫しも人格の尊嚴を傷けない。

人間が世に處するに當つて外見とか形とか名譽とかの爲に生活するのは末である。かうする時自我は却つて手段となり僞の生活を送る。そればかりでなく、さうしたものを標準とする時一生涯滿足なく不平不滿のみで終らなくてはならない。外見を顧みず野心の前に目を閉ぢて、我と我が心に理想の天地を作りその理想に向つて不斷にグン〳〵努力精進するがよい、たとへ現實に其の理想に達しないでも理想を追ふ所に歡喜があり人生の意義がある。教育は國家百年の計である。誠意誠心を以て教育に從ふ時我が心は兒童の心に永久に生きて不滅の光を放ち、光は更に國家社會の文化に花を咲かせて不朽の塔を築いていく。人生五十、實に貴い生ではないか。

第二章　新教育の姿態

第一節　新教育の姿態

何が新教育で何が舊教育であるかについて嚴密に定義を下すことは出來ない。同じ新教育といふものでも基調をアメリカあたりの實用主義におくものもあれば新理想主義においてゐるものもあり、文化教育の樣に其の中間を行かうといふものもある。而もそれらの主義なり主張なりを精細に調べて見ると立論が不充分で確實に解らないものがあるからである。で、自分は理論根據の方は擱いて、實際方面につき、舊來のヘルバルトの流を汲む主義に反して最近に起つた諸主義即ちルソーやエレンケイの思想に依つたり最近生命哲學等に基礎をおくといふのを假りに新教育としてのべよう。

最近我が國に起つた教育上の主義は其の數が決して尠くない。自由教育、分團教育、衝動皆滿足、創造教育、全人教育、自學教育、文化教育、分類標準は違ふがドルトンプラン、プロゼクト

メソッド、合科學習等敎へきれない程に多い。が、私はこれらの主義について一々に詳說することは出來ないから、主要な題目についてのみ概說して見よう。

其の一　目的觀

以上の中のあるものは云ふ。今までの敎育は其の目的を學者の思辨によつて定め、其の目的に向つて忠實に子供に服從させていつた——否子供に盲從させ、敎師は無理にも一定の型にはめようとした。而し之は大なる誤である。

人は生れ乍ら生命がある、生きるといふ本性がある。この本性で成長發達する。又人の性は善であつて理性をもち、これによつて眞善美の理想を構成し、之を標準として活動する。これが理性的生活である。更にこの理性的生活といふことを說明すると、人は靈と肉とを具備し、社會に依據して生の目的を遂げる。生の目的を遂げる爲に文藝、道德、科學、宗敎、政治經濟等一切の社會現象を創造する。人はこれら社會文化を理解して自分內心の本能を統御し自然を征服していく。この理性生活を遂げていく間に自己が建設される。この自己を建設する向上生活が學習の目的である。

次にこの理性的生活が子供に出來るかといふに、人は本來自律的の動物である、自治の本性がある。從つて子供でもこの理性的生活が出來る、可能である……と、かういふのである。

以上の說について私の考を言へば大體に於ては承認する。人には本能がある。生きよう〳〵自己を發展しよう擴充しようとしていく。又理性がある、これが自然性を統制していく。子供に於てもこの萠芽はある。

が私は嚴密に之について考へると不審な點がないではない。人の性は善であるといふが、何をもつて善といへるか、古來性善說性惡說、性善情惡說、東洋哲學では幾多の學者が爭つた問題である。かりに論者の樣に善としようか——そんなら善のもの丶中からなぜ惡が出てくるか。事實惡があるではないか。それは世の中が惡いといふか知らぬが、元々人の性が善であつたら世の中も自然に惡なしにいかれる筈ではないか。アダムイヴ以來惡のあることを知りつ丶世の中が惡いといふのは餘りに空想な勝手な議論である。少くもどうして惡が出來るかと嚴密に究明しなくてはならない。無から有が出るわけを。

次に自分の本能を理性化するといふが——なるほど夫はよい事で目的としてさうありたい、教

育策としては然うしなければならぬが、理性化されるについては子供の本性はどんなものか、それがどう云ふ經過で理性化されるといふことを今少し學術的に云はなければ人は承服しない。餘りにオソマツな說だと考へる。

尙一方の學者などの中にはヘーゲルの辨證法などから之を說かうとするものもあるが辨證法は一のフォームである。學術的に實際に當てはめるには相當な內容の究明が要る。

次に子供でも理性生活が出來るといふが――成程ある程度までは出來よう、けれども一言にして子供でも出來ると無造作には云へまい。自分等の考を云へば子供幼年時代は殆んど衝動が主になつて働く――自動的活動には――しかし小學で上學年にでもなると餘程まで理性的活動をする。ある心理學者が子供が十二三歲頃になると大人を縮小した樣な完全さの性格となり青年期に入ると又知情意のバランスが敗れるといつたが味ふべきことである。

終に人には理性がある。從つて子供も自身に目的を立てるといふが――其の目的が果して子供の心身に適するか個性に叶ふかは容易に斷言は出來ない。前にいつた樣に子供は感覺に左右されるものと思ふが、かりに左右されず純理性によつて目的を立てるとした所で、人には模倣があり

―(21)―

環境がある爲に夫に捉へられずに自分の目的を立てるかどうか實に疑はしい。大人でもむづかしいことである。若しそれ慣習に捉はれるとか環境に左右されるとか人のを模倣するとせば決して其の人の最善でなく其の人の自律的の目的とは云はれないから其の人の不幸のみならず文化の爲にもならないことになつてしまふ。そんな事なら却つて子供より聰明な經驗の多い人格内容の豐な教師に定めてもらふ方がよい場合があるかもしれない。小目的にしても大目的にしても、今少し深く緻密に考へる必要がある。最も今迄の教育の様に一も二もすべて教師本位といふことは勿論反對であるがと言つて根據を究明しない兒童中心には感心しない。

其の二　材料觀

新教育を口にするものはかういつてゐる。人には發達の本性がある、伸びるべき天賦が備はつてゐる。その本性なり天賦なりは其の儘には生長しないが、外圍の環境を得てのびていく。どこまでも發達していく。環境と人との交渉によつて自然に教育が行はれる。生活卽教育である。

今までの教育では一定の教科書がある。材料がある。が教科書は萬人同一のもの、而も大人がある必要から作つたものである。必要といふのは世の中に出てこれ〳〵の知識が必要だ、これた

けは覺えていかなくてはならないといふ、子供の本性からの心理的要求でなく、外部からの大人の注文である。かうしたものが果して子供に適するか、よし適するとしても果して學習に適するか否かは全くわからない。本當の材料は子供の必要が基になならなければならない。必要のない所に要求は起らない。要求がなくて決して學習の出來るものでない。

だから教科書によることはいけない。昔の人が家を作らうと思へばそれに適する材料を運ぶ。身體を養はうと思へば適する食料を適するだけ集める。かう言ふ樣に材料は子供から採らせなくてはならない。構成させなければならない。人の勝手にあてがつた材料それは子供に適しない。彼等の知德を養はないといふのである。

以上の論點について私は大體には賛成する。慥かに舊教育の弊をついたものである。とは思ふが――といつて全部を鵜呑みに承認するといふことは出來ない。先づ生活が人に影響する、それは勿論である。過去の教育はこれについて注意を拂ふことが缺けてゐた。此の爲に破產を來したことは事實である。が、只生活々々といつて生活の內容を知らずに無茶苦茶に生活と叫ぶだけでは理論としても成立せず事實としても效果はない。子供の生活――一言でかうはいふものゝ仲々

内容は廣い。子供の心理それは相當に研究されてゐるが、それすら教育上にどれだけ貢献してゐるか。極めて簡單なことで子供の記憶――實驗心理で研究はしてゐるが、何歳でどの位の能力があるか、その能力がどう發展するか、記憶の內容はどうか、それすら極く盖然しか解らない。觀念、想像、推理、判斷――道德意識、美的感情、意志の發達、人格の形成、擧げてくれば問題はいくらもあるが、精密に研究されたものはない。從つて子供の生活といつても其の內容を考へる時、殆んど何人も手をつけられないではないか。

次に子供の生活は大事であるが、そのまゝにしておくこと、漠然と生活させるといふだけで教育能率の擧るものではない。昔の人の如きは學校にいかずに生活――自由な生活で教育された、今も生活で教育されるが、一方は野蠻の人となり一方は文化人となる。要はいかなる生活が教育的であり教育の能率があがるか――これが重要な問題で、そこには幾多の理論があり方法が存在する。

次に教科書がよくないと言ふ實際天下の學校の中で之を使はないものがあつたとかいふ。が、今の教科書が果して子供といふことを毫も考慮に入れないものであらうか、更に子供の勝手にし

ておいて果して理想のものを採擇するであらうか。かういつた學校の材料を見ると子供の讀物などが澤山備へてあつて勝手にそれを讀ませてゐる。使はせてゐる。子供が勝手に選ぶといふことは一面よいが、選ばれたものは矢張り人の作つたもの而も多分に教科書より悪いものなどがあることを考へると、結局教科書の形が變つたゞけで、而も教科書より不完全なものとなつてゐる滑稽を演じてゐる。

要するに材料を子供に適する様にしよう、彼等の內に適し趣味に投じようといふことはよいが、と言つて全然之を承認すると言ふことは出來ない。まして生活の如きもある極端なものは子供の生活外のことは敎へてならないなど丶言ふが、そんな事で卒業後果して今の文化人となるであらうか考へものである。例へば算術の如きも總べて生活に――といふが子供の生活には事實、加減乘除四則位の極く平易なものだけであるが、そんなら小數も分數も諸等數もすべてやらなくてよいか猛省すべきことである。

其の三　方法觀

方法については色々の樣式があるが、今は其の目ぼしい物について述べよう。

（一）自由

新教育では自由といふことを盛に高潮してゐる。子供の身體精神を束縛して形式的に注入することはよくない。子供は活動的なものである。活動そのものが心である。從つて子供に自由を許して自由に彼等に任せて學習をさせよといふ。其の極端なものになると、朝學校に來るも自由教室に入るも自由、出るも學ぶも遊ぶも自由、教師は子供が尋ねれば教へ、尋ねなければ教へない。全く隨意にするものすらある。

子供に自由を許すといふことは從來の教育の弊を衝いたもので慥に一の眞理がある。過去の教育が一も二もすべて命令づくめで注入したことについて此の言を聞くことは實に頂門の一針として差支ない。が之を子供の自然に放任した自由それが果して最善であり教育的であるとはいへない。人の性には個人性のあると共に社會性がある。個人の爲に盡す心と共に社會を考へるといふことがあるが、といつて自然のまゝで果して個人的と社會的の行動が調和するか、理性が衝動を正しく統制していくか否か大なる疑問である。

要するに子供が自由に發動的に學習する。自由に我から眞善を認めていくといふことはよいが

といつて放任の自由は必ずしも我を長養させるとか自他の調和を謀るといふものではなからう。眞の自由を尊重していかにせば教育的であるかに大なる問題が存してゐる。

（二）自治自學

子供には生來自治心がある、人格は自治自律的のものである。教科の學習に於ても道德的訓練に於ても獨立的に自學させ自治させなくてはならないといふのである。なるほど過去の教育は他律的であつた總べて教師から軟かにして覺え易い樣にして注入した。之に反して千供の本性に從つて自學させていくこと自治させて生活から道德を生み出させることはよい。が、子供の自治心なり自學力は完全なものではない。發達の萠芽に過ぎない。從つて新教育の云ふ樣に始めから完全に自治させよう自學させようといふのは誤である。先づ自學心なり自治心なりはどんなものであるか、どの程度のものかを考へ、之を指導し之を助けて後に自學し自治し得る礎石を作ること

これが小學教育の目的で、茲に教師の大きな使命と努力が要る。

これについて新教育では獨自學習と相互學習を云ふ。私も過去の小著に之をものしておいたが獨自學習相互學習共に完全に子供が出來るものでなく方法上の細技に渉ると長所の反面に短所も

あるから充分それに注意しなくてはならない。即自學といつて教師の仕事が家庭や友だちに移つたり本來現象事物について實際に學習すべき事が書物の學習になつたり耳の學習になる樣な類である。

(三)個性

今までの教育は天下り主義一齊教育で個人といふことを考へなかつた。人は其の面の異る樣に心が別々である。別々であるものを一齊に教へることはよくない。更に個性について人夫々長所があるから之を伸ばして行け、どこまでも之を養つていけといふのである。

なるほど人には個性がある。稟賦の差がある。記憶思考推理の形式を始め知識天賦の力から情緒情操意志に到るまで人別々である。教育上之を顧るといふことは大變によい、是非さうしていかねばならぬ、人夫々、個性に從つて伸ばしていかねばならぬ。がしかしといつて人には個性の外に通性がある。同じ個性でも必ずしも別々だから一緒に學ばせることが出來ないとは云はぬ。例へば一つ講演を長幼男女一齊に聞いて夫々に了解し一の劇を大勢一緒に見て夫々に歡樂する。從つて個性を考へることはよいが、といつて其の說を無暗に延長して絕對に一齊教授はいけない

とか合同の講演式教授は個性に反するなどと結論してはならない。ある人の如きは個性はのばすがよい子供の時ある個性例へは音樂でも數學でも人並すぐれたのがあれば之を長養して將來音樂家にするとか科學者にさせるがよい等といふものがあるが、それは極端だ。ある學者の說によると其の人の長所の個性は中等教育以上でなければ出てこない。音樂の天才は少年からわかるが其の他はわからないといふ。何にしても圓滿な人格を作る──國民教育とすれば小學時代には總べての個性をのばす必要がある。數學が嫌だからといつてそれはよして他の好むものをやらせる。こんなことは誤つた考だと思ふ。新教育が個性を顧ることはよいが方法上になると幾多の考慮が生じてくる。かの新教育で合科學習を三學年までもするとか優劣によつて學級を分けるとか、同一學級を分團するとか、自由進度にさせるとか隨分奇拔なことを云ふものがあるが輕々に論ずべきではない。學術的に方法を探究して行ふべきものである。

（四）創造

新教育では云ふ。今迄の教育は摸倣專門であつた記憶萬能であつた。人生は創造である。我々の生命は創造的進化である。永續的流續的の創造である。內面的に見れば不斷に永遠に自由の道

を行くもの、換言すれば獨自にして優秀なるもの新しいものを作り出すことである。かういつて極端なものになると教育の實際上に於て盛に摸倣とか記憶といふことを輕視してゐる。之を教育の目的としてかういふことは一理あることである。かうも言ひ得ると考へる。が方法上に於て無暗に創造々々といつて記憶なり摸倣なりを輕視するのは極端である。なるほど今迄の教育に記憶なり摸倣なりが重視されて創造とか發見といふことが輕視されたことは事實であるが、此の反對に總べてを創造萬能にすることは承認されない。子供の本能として摸倣は人間生長上最も大切なもので殊に小兒には此の力が強い。色々の知識は記憶から來る。これがなくては其の上に判斷も推理も理想も生れてこない。かう考へると創造は從來の教育に對する缺點をついてはゐるが、といつて記憶なり摸倣なりを貶しすぎてはならないのである。

其の四　約說

新教育は舊教育の弊をついたもの、將來の教育に向つて暗示を與へたもので效果は決して沒すべきではない。其の大方針に於いて私どもの肯綮に中る。が物に一利あれば一害が伴ふ。極端な早計なものは恰も新酒の樣に其の香りに毒せられて新教育萬能に走つた。過去の暖簾は一朝に下

されて新しい看板に取替へられた。所が實行して見ると難問が出る。又退いて舊教育に歸る。論より證據、分團教授でなければならぬといつて一二年すると又動的教育に變る自由學習に變る。一方に三年までも合科學習やるかと思へば他方では急に合科は一年位だといつてくる。教材は教科書に依らないといひながら一二年後に又教科書專門になる。童謠だの學校劇だの必須なものだといつたのも遂一二年で影が薄くなる。始は自由教育だと大看板を上げたかと思ふと二三年ですつかり舊教育の樣式になる。無定見なことだが我が國における事實を疑ふことは出來ない。

何にして新教育の精神はよい、方針はよい。が、兒童を知らないから誤が生じる、方法に學的根據がないから、直に枯れてしまふ。私たちの向ふ所は矢張よく兒童を研究し、その上に學術的に方法を建設すること、これが急務であると考へる。

第二節　舊教育の姿態

其の一　ヘルバルトの所説

ヘルバルトの教育主義、それは長い間我が國の教育に作用したもので、今も存外根强く天下に

植付けられてゐる。私が玆に舊教育といふのは主に其の流派の人の教育説にいふ教育の謂である。

ヘルバルトは其の目的について斯う言つてゐる。教育に於いて吾々は兒童の知識を發達させ、以て善惡を判斷させ、又其の意志を陶冶して善を選び、惡を斥ける習慣を作らせ、そして道德的品性を養成しなければならないと。其の心理説を見ると、かう書いてある。

精神の本體は其の上に生じる表象である。表象は始め簡單であるが、それが結合すると派生的表象即複雜な表象が出來る。直觀といふのがそれである。直觀が抽象されると普遍的となつて概念になる。畢竟知識は表象から出來る。知識ばかりでなく感情も表象から說明してゐる。卽ち方に知識を占領せる表象が他の表象に阻害されると不快の感情が出來、催進されると快樂の感情が出來る。かくて感情は古來能力だといふ說に反して表象間の關係であるとし、從つて感情を陶冶するには思想界を長養しなければならないと言つた。加之願望性欲等を包含せる欲望も表象の關係であるとし、願望にして達せられ又は達せられる希望があると其の願望が意志に變るとした。

かくて教育の目的を達しる爲に方法を三つに分けた。管理、教授、訓練がそれである。管理に

ついていふ。無智の兒童に敎育的作用を施さうとするには先づ靜肅に淸潔に秩序を保たせなければならぬといつて、抑壓して從順にさせようとした。

敎授については、敎授は思想界を構成し、以て意志を陶冶し道德的品性を養はねばならぬ、これが敎授の任務である。かくて六種の興味論は人口に膾炙する有名な事である。訓練については敎育される間のみでなく其の後も道德的判斷に契合するものを意志し、反するものを意志しない樣にさせるにある。それには意志を陶冶しなければならぬ。要するに管理は服從しなければならぬから服從させ、訓練は服從しようと思ふから服從させるのである。管理は威力で之を壓服し、訓練は勸化で之を導くのであると。今の敎育觀とは隨分な溝があるではないか。

其の二　舊敎育の實際

一　目的觀

敎育の目的として道德的品性を陶冶するといふことは何も惡いことはない。道德を極く廣い意味に解しさへすれば現今においてもかういつて差支なからうと思へるが、舊敎育においては此の道德を狹い意味に解し、とかく人間味を離れ嚴肅に過ぎた樣な觀がないではなかつた。卽ち道德

さへ堅固なら藝術も何も要らない、立派な人といふは啻に嚴肅の人だ狹い道德の人だといふ樣に解した。人としては科學も藝術も道德も宗教も必要である。これらが豐かに人格內容となつて調和して始めて圓滿な人であるべきに狹く解しすぎた恨は殘念なことゝ云はなくてはならない。繰り返して云ふが人としては科學的良心道德的良心藝術的良心宗教的良心を培ふことの大切なのは云ふまでもない。

ヘルバルトは子供の意識それを考に入れないことはなかつたが、我が國で氏の說を奉ずる幾多のものは比較的今日よりは子供の心それを考にし考の基にし敎育の基礎にすることは尠かつた。大人はいかにあるべきか人としての必要は奈邊にあるか、斯うした事により多く考へて子供自身に目的を立てさせるとか子供の心を第一にするといふことが缺けてゐた。私どもは今日自由敎育を口にするものほど子供に向つて極端に自己目的を立てよとは云はないが、それにしても餘りに舊敎育が子供の現在を忽諸にすることについては異議を挿まずにはゐられないのである。

二　材料觀

舊敎育における材料は大人になつてからの必要人としての必要を主にし、これに子供的とか子

供の理解を副にして採擇したものであつて現在の必要と同時に將來の必要を考に入れたものである。從つて材料は教科書とか課程表といふものがあり、一に之に準據して作り、之を一般的に提供したものである。

事物によつて教へねばならぬ實際によつて學ばしめねばならぬといふことは數百年前から云つてゐる。ペスタロッチーの如きルッソーの如き最も力說高潮したものであるから、單に教室における教授教科書だけの材料でよいとは云はない、所謂生活から教ふべきは今更新教育の教をまつまでもない。が、從來の教育の實際では少くも茲に着眼はしつゝもそれほどの價値をおかなかつたことは事實である。新教育が之を力說し舊教育が比較的注意を拂ふことの少かつたのは程度の差とはいひながら舊教育の弊といはなければならない。

何にしても材料について舊教育が材料の爲に兒童を從とし、材料の範圍を狹くし生活を考に入れることの尠かつたことは短所といはなければならない。

三　方法觀

ヘルバルト教育主義が教育を科學的に組織した効績は沒すべからざることであるが、其の心理

観の間違つてゐることは周知の事項である。卽ち觀念を第一義とし、これから感情も意志も出てくるといふ事はどうにも承認は出來ない。從つてこれから色々の方法上の相違が生じる譯である。著しいもの一二三をあげると。

（一）主知主義的

ヘルバルト主義では最後は道徳的品性といふが過程としては觀念知識を重んじた。人に知識は大切であるが、といつてそれだけで人間の陶冶は出來ない。人の根柢は寧ろ知識でなく情意である。情意が基になつて人格が養はれる伸びて行く。過去の教育は人を作るといひながら知識を過重した爲に情意の陶冶が等閑になつた。これは大なる缺點といはなければならない。

（二）劃一的

六種の興味類化の法則などは細密に解かれた。これから教授の段階も三段五段と定められた。勿論ある知的の教科ではこれに該當する場合もないではないが、それにしても一般的に之を考へると劃一すぎてゐる。從來の教育で修身でも國語でも地理歴史何でも其の法則を無理にあてはめて行かうとしたことは是又大なる過である。矢張材料により場合により人によつて方法は別であ

る。將來はこゝに注意しなくてはならない。

（三）他律的

子供には自治心がある、自律的精神は人格の本質で子供にも其の萠芽は認められる。又將來自律的にすることは人格教養上大切なことであるが、從來の教育では子供の類化とか諒解とか云ふことに力を入れすぎた爲か、教師の方から案を立て子供はこれに盲從させるといふ樣な形式になつた。矢張り子供で出來ることは行はせ、出來ないことは指導して自ら進んで行くように仕向けることの大切なことは云ふまでもない。

（四）拘束的

敎室に入れたら靜にさせる側視を禁じる行儀をよくさせる。その事が出來てから敎授を進めていく。それが爲には罰を加へてもよい。從來の考はさうであつた。しかし子供の心を拘束しては活動が出來ない、自由に心が働くことが出來ない。働を十分にし生々した心を發動させるには拘束より自由にし、自然に靜肅になり秩序を守る樣にさせなくてはならない。心を傾注する時興味あるとき自然に靜肅になり秩序を守るのは人の自然である。この心を基にしなくてはならない。

（五）教師本位

今迄の教育は教師が主になつて子供は從であつた。一時間中教師が案を立て說明していくのであつて、子供はそれに引づられて行く形であつた。これは逆である。子供が主になつて發動する、働く、知識を得て行く研究していく。教師は只其の相手となつて出來ないのを助けてやる解らない所を敎へてやる環境を整へてやる。かうした事にならなくてはならない。

其の三　約　說

大體に舊教育の行き方は間違つてゐる。右にあげた樣な批難がある。かう思ふのであるが、事實について考へると舊教育の形をとつて行つてゐる人の中でも新教育の精神を知り之を舊教育に加味したもの健實に行つてゐるもの〻中には善い成績をあげてゐるものがないではないが、それにしても一般には良好な成績を得てゐるとは云へない。

要するに現時の我が國敎育では新教育を口にするものは思付はよいが根據がなく勝手なことをしてゐるために完全を缺き、舊教育をしてゐるものは、敎育の精神をちがへてこれ又良い成績を得てゐない。共によくないと云ふより外はない。要は前にも云ふ如く新教育の方針により舊教育

いよい所もとり根據ある研究をして實際の問題を考へる、これが私どもの進むべき道であらうと考へるのである。

The power of education in forming character and opinion is very great and very generally recognized.

The genuine beliefs, though not usually the professed precepts, of parents and teachers are almost unconsciously acquired by most children; and even if they depart from these beliefs in later life; something of them remains deeply implanted, ready to emerge in a time of stress or crisis.

(Principle of Social Reconstruction)

第三章　教育の意義

教育が科學であるとするなら觀察とか實驗とか統計といつた様なものを基にして成立すべきものであることは言ふまでもない。が私は教育が科學であるにしても或はさうでないにしても教育といふ事實は教育の主體たる子供を基にしなければならないと考へる。然るに今迄の教育は子供の實際を基にしなかつた――否全然顧みないではなからうが重視することがなかつた。

子供の身體はかうである、子供の精神はかうである――と言ふ事よりも先づ目的――いかなる目的に進むべきか、子供を到達させるかといふことが先決問題になつて、審美的教育、宗教的教育、人道的教育、新人道的教育、社會的教育といふ様な說が行はれた。而もかうした目的は實驗的と云ふよりも寧ろ思辨的所產といつても差支ない。勿論教育を研究するには思辨的方法實驗的方法兩方法が要るが、過去のは餘りに思辨に遍し、さうした概念から演繹したが爲に子供の實際に適合しなかつた――少くも不充分の誹は免れない。最も目的も無論考へなければならない――が目的を考へるについては其の前によく子供を知る――子供を知り人生を考へた上に子供の目的

を定めねばならないと考へる。かくて更に子供の實際がかうで目的が斯うであると云ふ上に更に此の子供の本能なり實際なりをどうすれば目的を實現させうるかの教授學の問題とならねばならない。近時動もすると、子供の本性はかく〳〵である、だからそれに依つたといふ。例へば子供は自由を喜ぶものだ衝動的なものだ、だから自由にさせるがよいといつて經驗的情緒的の自由にするとか衝動を滿足させるといふ樣な類である。自由であるからといつて只自由にするのは教育的でない。盗心があるから盛に盗させよといふと同一である。要するに子供の心身が分り目的が定まり更に方法學といふものが出來て教育の實際が成立するのである。

何にしても人には天賦がある。天賦の生命がある。これが恰も草木のすく〳〵とのびる樣に發展していく。心も精神も共に伸びていく。此の生命が何物であるかは後章にしようが何にしても宇宙精神の顯現で精神身體の根元をなすものである。而も其の生命は宇宙精神ある大なる實在の顯現である故に本質的には普遍のもの眞であり善であり美であるべきものと考へる。而もそれが外圍の影響とか修養の差によつて個化し特殊化すものと考へる。

次に人が外圍に遭逢する――交渉することは彼の自然物と同じに順應だけとは考へない――少

くも機械的の反應とは思惟されない。なるほど自然物は外圍に無關心に反應していく、自然法則に支配される。が人は理性の動物である、自覺があつて反省する、理想を立てゝ順應していく從つて人と外圍との關係は自然物の順應とは別の意であるといふのである。

茲に外圍といふことは單に自然物だけに限らない。人事も文化もその中の有力な物である。自然人事等の我に交渉するあらゆる全體の意味である。普通に人間が外圍環境と交渉して行くことを經驗といひ經驗を直接經驗間接經驗と分けてゐる。直接經驗といふのは事物現象に直面することと間接經驗といふのは事物現象の形を換へて再現させたもの卽ち書物、言語、繪畫などによつて表現されたものについて經驗することである。而し私はこれだけでは不充分だと考へる。人は外圍の刺激なくても我と我が心に事物を想起し思索していく。從つて前のは外部經驗といひ後のを内部經驗といつておく。

以上は人の天賦と環境經驗のことであるが、更に人がこの經驗により發達していくこと――狹く云へば我々が敎育していけば子供の精神が發達する。その原理についてのべよう。

萬物は流轉すといふが、我々人間は一の固定した靜的のものでなく活動の當體である。統一せ

る活動の過程が人間の肉體であり精神である。我々の肉體でどの斷片どの細胞をとつても不斷に活動してゐる。活動するから生きてゐるのである。精神も勿論活動する。例へば川の樣なもので、水は一瞬も止らない、流れて止まない姿が川である如く、意識の流それが心である。これは新しい說の樣だが實は古いことで、前から形體方所なく運轉流行するは心であるといつてゐる。

かくの如く心は流轉する、流轉するのは活動するのである。而も本能としては自己保存、種族保存、社會的の本能があり、更に遊戲をする模倣をするといふ樣な發達の本能がある。これらの本能が基になつて縱令人が指導しないでも本性として、發達すべきものである。其の發達のフォームについては私はヘーゲルの辨證法が能く盡してゐると考へる。

ヘーゲルの辨證法は其の哲學と密接の關係をもつもので、容易に理會できないが、其の大要を述べよう。

ヘーゲルは云ふ。事物は常に三段の順序で發達する。今茲に一物ありて之が發達するには先づ他の狀態に移らなければならない。即ち舊の狀態でもなく新狀態でもない矛盾の境界を經て新狀態に移るのである。例へば卵の雛となるには、先ず非雛の域を經て、然る後に雛となる。か

く矛盾によつて發達は行はれる。此の第一の狀態を正といひ、第二の狀態を反とし第三の狀態を合とする。合は又之に對する反を生じ、之によつて又新合を生じ、かうして無限に發達の群列を形成する。

正があれば自ら反は其の中から分解されなければならない、正反對立すれば自ら相總合されなければならない。換言すると、分析と總合との二作用は相連續して行はれる。だから正は反を生じる前提で正の中に反となるべき要素がある。之と同じく正反は又合を生じる要素をもつてゐる。此の如き要素を擧揚的力素といふ。舊態より揚つて私態に移るべき運動力を具ふる要素であるからである。合中には是等正反の二力素は實際消失すべきも想念の上から言へば存在するといつてもよい。猶ほ例を擧げると、保守的精神が行はれると之に對する進歩的精神は起らなければならない。而して兩說が極端に走るから之を總合する中正の精神が生じる。然るに中正の精神も必ず一方に偏するから他に之と對するものが出來、この兩精神は又他の中正者によつて總合される。かく世界の事物は常に三段の順序で發達する。(桑木嚴翼氏)

人間精神の發達も矢張りこの法則によつて發達するではなからうか。で、敎育といふ仕事は畢

竟子供の發達を助成する仕事である。子供に天賦がある發達の本能がある理性がある、たゞ自然に任せておいては十分でないから、之を敎師が導いてやる助けてやる之が敎育の仕事に外ならないのである。どこまでも昔風に子供はどうにでもなる敎師は子供を勝手に作る。随意に目的理想に達せしめようといふ様なことは不可能であるばかりでなく不自然にして誤れるものといはなければならない。尙ほ發達について發達とは何の意味か其の內容はどうかといふ様なことは後章に譲らうが、要するに各人は夫れ〳〵天賦を持ち個性をもつ有力な貴重な人格的存在である。從つて其の獨自性を十分に發達させる――昔の様に一様にするのでなく別々に優秀なものにさせるところに敎育のキーがあると考へるのである。

＊

＊

＊編集上の都合により、底本４６～１２６頁は削除した。

第六章　環　境

第一節　生活と教育

今迄の機械的形式教育の反動として子供を教育の基にしなければならぬ。子供の心を基にして教材なり方法なり更に設備なりを考へていかねばならぬ。子供は子供の世界に住んで大人の世界にはすまない。かうした考から子供の生活が教育である。教育は子供の生活に立脚せねばならぬといつて生活即教育といふ様な人もある。

此の考へ方大體として從來の誤つた考を否定すること新方面を開拓しようとの企てゞ贊成するが、實際これを教育の實際にまで引伸ばすについては決して簡單な手續きではない。理論だけでも相當な考慮が要る。昔の人否今の世でも野蠻人は皆生活からのみ教育された。犬でも猫でも生活から色々の經驗を積んでいく。これが果して良いか惡いか。人間が進歩するか文化が進むか。ある人は又云ふ。どんな教科も生活から學ばせよ。生活に必要のないものは學ばせなくてもよい

といふ。子供の生活に何が本當に必要か。本念の要求は何か。事實子供の生活は簡單なもので、例へばかの經濟生活などはホンの僅に限つてゐる。なぜなら衣食住それは人間生活には大切であるが、それの要求は皆父母兄姉から遺憾なく供給される、其の他欲望の對象となる物的のものは皆家庭から充される。一體人は要求が滿されぬ時に價値の感情が現はれ、多少の觀念が出來る。上流社會の子供には錢の觀念が少く數觀念も低いといふのは之を裏書してゐる。そんなら成長してから必要な國民として文化人として必要な少數も分數も步合算もまして公債株式なんか全然やらないで良いか。上流の子供には錢勘定は不必要だとして子供の生活そのまゝで放つておいて差支ないか。中等學校の生徒に語學の生活はないし代數幾何の生活もないから、それもやめてよいか、公民科材料など子供は公民でなし、さうした生供もしないのだから皆捨てゝおいてよいか。子供はどこまでも子供らしくといふモツトーの爲に教育卽生活といふ美名？　の下に教育された子供、それで立派な家庭の破壞者社會の落伍者國家の異端者になつてしまふものは果して一人もないであらうか。私はかうした無謀な事はどうしても出來ない。

が、私は今迄の教育が單に目的を大人としての倫理學や國民道德——子供の實際を顧ない思辨

方面に採り、形式的に教材を定め課程表を作り、それから演繹的に教材を定め、教科書や法文だけで教へるといふ思想や實際に對しては全然反對しなければならぬ。事實今でも尋常一年や二年を受持つてゐる教師であり乍ら彼等の生活を毫も考に入れず、學校は教科書を教へる所だとして、實際に力を盡すのは一日三時間か四時間の授業だけ、而も放課時間の如きは實彼等子供の遊ぶに任せて、一日三時間か四時間の授業さへすめば我任終れりとして子供を歸校させてしまふ。甚しいのになると、學校の開門時間は授業前二十分か三十分と定め、授業後は直に歸宅せよと命じて朝など何程生徒が門前に集つてゐても門を開かない。子供は雨天などには二三百人も傘をさして門前に佇立してゐるし、授業が濟めば遊びたくても一分も學校には留め置かない。休みの時間一寸教室に入りたくても一歩も入れない。かういふ事實を往々目撃する時に子供の心事を想ひやり教師の沒常識を考へて情なくなる。

子供の生活範圍は家庭と社會である。學校の生活は知育德育體育――云ひかへると、學問したり運動したり趣味に暮すことである。これらの生活が有機的に案排され實行されて始めて學校教育の價値があり、人間教育の仕事が出來ていく。何にしても生活卽教育とは云はないが子供を生

活から教育していく事が本當の道理であり、事實であることは云ふまでもない。

第二節　兒童と生活

兒童の生活――一言でかう言へるけれども決して簡單なものでない。が、私は便宜の上から子供の生活を肉體生活・精神生活――家庭生活・學校生活・社會生活――或は知的生活・美的生活・道德的生活・宗教的生活・經濟生活と色々の規範から大體區分してゐる。

生活を極く大體に區分するなら肉體の生活と精神の生活となる。最も肉體といひ精神と言つても合一して働くものであるから、かう分けた所で完全な區分とは云はれない。例へば物を聽くといふ働、それは一面感覺といふ肉體の方面に關すると共に認識といふ精神の働にもなる。味覺でも同樣味覺を刺激する物理的のことは肉體の上のことであるが、甘いの鹹いのといふ事は心の働になつて來る。思惟し感じることも精神作用ではあるが、一方腦細胞の働と思ふと肉體にも關してゐる。かういふ意味で右の二分法も確然とはいはれないが、私は兎に角蓋然的にさう分ける。

何せ人は生れると直に此の二つの作用――生活の現象のあるのは事實である。飢ゑて食を求

め、刺激されて泣く。かうした生活は一體何を中心にして起るかといふに、勿論人間の本性に出てゐる。其の本性の中の本能――これが初期の生活の基調になることは言ふまでもない。勿論本能以外理性とか情操とかいふ様なものも無いではないが、這般のものは未だ萠芽さへ出さぬ時期だから、まあ本能といつて差支なからう。

人の本能其の中にどんな物があるか、學者に依つて幾分說き方が違つてゐるが、私は大體次の様に考へてゐる。(三浦藤作氏說參照)

一、自己保存の本能

(1) 榮養　飮食の運動、感情發現の運動、身體の運動で自己をどこまでも保存する本能。

(2) 恐怖　危險を避けて個體の安全を保持する。

(3) 爭鬪　自個保存の爲對社會的の本能。

(4) 憤怒　自己保存の爲に安易妨害に對する拒否の本能。

(5) 競爭　他に對する我の優逸を得る本能。

(6) 蒐收　食物其他欲望の對象に對する自己保存の本能。

（7） 好奇　この心から疑を起し研究心を起して我が向上する。

二、種族保存の本能

（1） 生殖本能　種屬を存續させる本能。

（2） 養護本能　種屬を養護する本能。

三、社會的本能

（1） 羞恥心　對他關係に表はれ、次の社會性と反した單獨を好む心である。

（2） 社交性　群居して生活する本能。

（3） 同情　愛他的の情で社會結合の基になる。

（4） 獻身　他人に對し社會に對し身を犧牲にする心。

四、發達的本能

（1） 遊戲　他の目的の爲でなく其れ自體が目的で自由に遊ぶことである。生れてから數年の間は生活卽遊戲といつて差支ない。人によつては此の遊戲に幼年期少年期青年期壯年期と分けて、第一期は個人的第二期は原始的活動第三期は社會的遊戲的第四期は衰頽

時期などゝするものがあるが、事實について考へると、三四才の子供でも、獨りで遊ぶより他と一緒に遊びたがる、人が居なければ人形とでも話したり遊んだりする。少年期は原始的だといふが二三才のものでも土を掘る、石を積む等原始的の事を好む。此の理から餘り細密に分けることは宜しくない。寧ろ簡單に原始的から知的・簡單から複雜・個人的から社會的に進むとでも言つた方が妥當であらう。

(2) 模倣　他の運動なり言語なり思想感情なりを自然に模倣することである。發達本能としては遊戯と共に最も有力なものである。

(3) 破壞　物を破壞しようと言ふ本能。

(4) 創造　新しいものを創造していからといふ本能。

(5) 調整　色々の心を統御し調整していくといふ本能。

(6) 活動　人は何もしないではゐられない。何でもよい、とにかく精神的肉體的に活動していく性がある。ある見方からすれば之は衝動であるとも云はれるが、私は之を本能としておく。

自己保存とか社會的・發達的などゝ分類した爲に、別々に考へると不完全なものになつてしまつた。例へば人の發達にしても左記の樣に嘗遊戲や模倣等で發達はせぬ。すべての本能が直接間接に與つて始めて眞の發達をする。好奇心の如きも自己保存であり乍ら發達の本能とも見られる。同情も社會的の中に入れられると同時に人の發達にも影響する。從つて此の分類は妥當完全といふのでなく便宜であることに注意してほしい。

何にしても以上の本能が、初期の人間生活を營んでいくものである。子供の思惟なり感情なり意志なりはこれから醱酵されていく。

が、人間の性は普通に考へる本能だけではない。玆が一般動物と異つてゐる所で、動物は一般に此の本能に依つてのみ生活していく。而し人には自己意識がある、理想を立てゝ生活する。人間の本性は最高理性によつて本能なり自然性なりが統御されていく。云ひかへると自然に理性の萠芽が現はれ、これが發育して人間生活が美しく營まれるものと考へる。これが眞に人間の姿であり、高貴な所以である。

で、最高理性によつて統轄されない生活は、あるがまゝの生活で、自然の生活であるが、これ

が發達すると、人に理性が現はれて統一される。そしてその統一になるもの——其の標準其の規範は何であらうか。其の姿はどうであらうか。

自然の狀態から當爲の規範に進むことは勿論人生を價値づけることで、結局は眞善美聖の最高規範に進むことであり、其の姿としては他律でなく自律的なものであるが、子供の幼稚な狀態から直に之に入るといふことは中々容易でない。所詮は漸を追うて社會生活しつゝそれに至るものである。で、社會生活に於てはどんな規範があるかと見ると、次の數種がある。

一、自然律

自然界を貫通する理法である。人も自然物の一である以上此の法則を離れることは出來ない。殊に自然法は普遍で公正で永久的であるため人の生活にも關與することが頗る多い。昔は誠は天の道なりといつて道德の基にし又法律の基調にした如きも無理からぬことである。

二、感情律

人格の核心がリンデの言ふ樣に情意であるか、或は又感情であるかは知らぬが、とにかく人間は感情の動物といふ樣に感情によつて動いて行く。子供に於て特にそれが著しい。幼年期のも

のは勿論兒童期でも此の律によつて動くことが多い。

三、習慣律

習慣の形成には色々の場合がある。有意的に事を行つてそれが習慣になつたもの、無意的に行つて習慣となつた物色々あるが、習慣の勢力は侮ることの出來ない絶大な勢力である。子供ばかりでなく、大人でも日々の行爲について見ると一々思慮して行ふことは甚だ稀で多くの事柄はサツサと習慣で律していく。

四、法律

子供には未だ法律といふ考はないが、間接にこれによることは云ふまでもない。法律で禁じたこと、それは法律だからしてはならないとは意識しないが人から又親かから示されて自然に法律に從つて行くことは事實である。

五、宗教律

子供に宗教心があるか、あるとすれば何歳頃から芽ぐむか容易に之を確言することは出來ないが、宗教心の萠芽のあることは否むわけにはいかない。まして成立宗教などに關する考はない

が、それにしても親兄弟等から神佛のあること、その教に反いてはいけない事、かうした教から行爲の規範としていくことは事實である。

六、條理律

子供も少し成長して、三四歳にもなると、子供相當な知識が發達して事の條理の上から行爲を規正していく。元よりそれが果して道德的であるかどうかは解らないが、子供自身としては相當な根據の上に立つていく。お友達が打つたから私も打つてやつたとか、私のものを取つたからいけないとか、惡戲をするから遊ぶのはいやだとか或は私が惡いのではない、お友達が惡いのだとか相當のある知的判斷をしていき、それによつて批判をするのである。で、私は之を條理律といふのである。子供には元々かうした心があり、これが段々に發展していくのだと考へる。かの下層社會のもの或は賤業をしてゐるもの、それ等は私どもから考へると、全く道德を解しない徒の樣に見えるが、聞けばそれらの社會には其社會相應の道義？があつて、それが中中嚴格に行はれてゐるといふ。而も道德や社會の規範から云へば妥當的であるとは云はないが、それはそれとすると相當に條理のあるもの、ある見方からは最らしい條理のあるものであ

る。何にしても子供はかうして條理を規範とするものであると言つて差支ない。

七、道徳律

小兒にはまだ道徳といふことの意識はないが、長じて來ると自然に道徳なるが故に善である。善であるからしなければならない。かうした考が自然に起つて、これが行爲の規範となるものである。

以上自然律から始めて第六になるまで、實は總べて道徳の規範から割り出されなければ價値がない。自然律だからといつて只自然を怖れるとか自然の力に反するのは反利己的であるといふ様なことでは價値はない。感情律でも只自分の好惡だけで行爲の規範とするのは善ではない。習慣・條理・法律すべて道徳を根據にする所に價値がある。が、しかし子供は、かうしたものを規範としながら他律的にするか、或ひは法律なるが故に習慣なるが故に守る規範にするどいふのが多い。而し之を價値づけるには根據に道徳をおき、自律的に之を規範として始めて價値生活であり教養ある人といふべきである。で教育では子供の生活——必然の自然の生活の狀態から自律的に道徳の生活當爲の法則にまでするのが眞の教育であり、眞の人間と考へる。かくて眞善美聖——

云ひかへると科學的良心・道義的良心・美的良心・宗敎的良心により自律的に生活を規正し統制していくことが廣い意義における道德生活・理想生活と考へるのである。

第三節　生活と環境

子供の環境といへば此の自然人事の總ての世界である。勿論家庭も學校も社會もなくてならぬ大切な環境である。從つて一口に環境といつても非常に廣汎なものであつて簡單に又確實に其の內容を限定することは出來ない。

かういへば、環境は何人に對しても同一のものであるかの樣に考へられるが、深く考へると環境は個人別々といはなくてはならない。よし外的の事物は同一であつても之を見る人構成する交涉する人の心は夫々個性によつて認識するからである。極く通俗の話でいへば、始めて子供を生んだ親は商店に行つても勸工場に行つても赤坊の着物が目につく、赤坊の玩具が目につく。然るに子供のないものはいかに多くさうしたものが店頭にあつても目につかない。氣につかない。視聽に入らぬのである。云ひかへるとさうした物があつても無いと同一になる譯である。客觀の事

物事件は同じ樣に存しても見る人により個性によつて夫々皆異なつてゐる。丁度此の我々が住んでゐる世界宇宙は同一である、客觀的に同一であつても、見る人々の心によつて千人千樣であると同一である。しかし子供は此の特種性がある同時に通性がある。通性における環境は子供は子供大人は大人として大體同一である。一疋の犬がゐる、犬がゐるといふ事は我も人も——人たる以上同一である、足は四本ある尾があるといふ事も同樣に見る。此の意味から子供は特殊の環境があると共に客觀的の部面もあるといつて差支ない。

此の意味を又他から考へて見ると、環境は單に外にあるものでなく、子供各自が銘々に作つていくといつて差支ない。學校で何の設備をする、何の機械を供へる、かういへば、立派な環境が出來た樣に思ふが、前の原理卽ち環境は各人が作るものであるといふ理法から考へると、よい機械があり立派な設備があるといつた所で子供との間に交渉がないとしたら必ずしも立派な設備でも何でもない。かの立派なといふ學校などで澤山の機械を機械室に秘めておく、環境がよくても利用しないなんといふ所は寧ろ惡い環境と異る所はない。何にしても人事自然の環境それは結局子供の成長を助けるもの促すもので敎育から云へば意義の最も深いものである。

第四節　順應と調整

環境と被教育者との關係がどういふ交渉を持つかといふことは可成大きな問題である。人は只簡單に環境さへよければ教育は出來る——といふが、人は必ずしも環境に應化する順應するのみとは考へられない。かの生物——一般の動植物それは應化順應だけであるが、人には彼等と異つたものがある。從つて順應や應化だけではない。事實親はよい人兄弟も品行方正交友も總べてよい中にあり乍らそれに應化しないものがある、丁度歴史などで道眞は無二の忠臣だといひ乍らある人は「彼は泣蟲だ」といつて嫌ひ、却つて悪人淸盛など率直だといふ點に憧憬するものがある。自分も子供の時道眞もそれ程嫌ひではなかつたが、より多く牛若などが好だつた。正しい暗示にかゝると共に反對の語示にかゝることのあるのは周知の事である。

何にしても子供は環境に順應するだけでは完全とはいへない。更に一歩進んで自分の理想通りに環境を作る——環境を調整する所に價値がある。理想な環境を創造し理念によつて調整する樣にする所に教育の價値があると考へる。換言すると、子供は環境を創造していく、環境に反應す

るのみではない、機械的の反應では價値がない、理解的の統御をしていく所に價値があるといふのである。

何にしても大體から云へば一般的によい環境が教育的である。教師がよい環境の中に子供を生活させてやる。子供が理想的な環境を自分から作つていく統御していく樣に仕向ける、これが教師の任務だと考へるのである。

第五節　兒童の環境

兒童の環境は千種萬別であるが、場所の方から區分すると、大體家庭と學校と社會とある。家庭は親子兄弟と言ふ樣な主に血族團體で、其の間には自分の差異があり關係は人間本然の情愛によつて成立つてゐる。學校に來ると血族を離れて他人との關係になる、而も師弟といふことはあるが、多くの兒童は互に自分の上で同一であり平等である。これが一般の社會になると――社會そのものには複雜な關係があるが、子供等の社會になると全く同一關係で別に其の間に學校や家庭における樣な不平等關係でなく全く同一平等の關係になつて、別に教師とか父母といふ樣な上に

立つて容喙するとか指導するといふ様なものはない極めて自由な世界である。這般の三つの生活場所は夫々特質があつて子供の精神成長の上には必要な缺くことの出來ない世界である。

兎もすると人は是等の世界について、學校生活のみを重んじ他の生活を輕視することがある。甚だしいのになると學校生活でも三時間四時間の授業のみを見て他を顧い様なことがあるが、誤れるの甚しいものと言つて差支ない。で私は子供を教育するについても此の世界を能く調べ、更に一日の中の時間を考へ、何時間は家庭、何時間は社會、學校と三分し――三等分ではない――更に學校生活も知育・體育・美育・德育――それらに對して最もよい様な時間を採らなければならないと考へる。例へば學校で一分は學業一分は體育一分は娛樂、かくて全體の仕事の中で德育をしていくといふ様にしたい。かの教科課程表の如き教科の時間だけ書いてある爲に教師がそれだけ仕事をすればよいとして學校生活の時間內容を考へないのは誤れるのは甚だしいものだと考へる。ましてや動もすると環境といへば學校生活甚だしいのは設備だけとし、更に笑ふべきは子供の讀み物位に思つてゐるのは寧ろ滑稽といはなければならない。

其の一　家庭生活

一、自然的關係

家が土地の如何なる場所にあるか、附近がどんな場所か、山川・草木・禽獸・虫魚・自然としてどれだけ惠まれた場所かどうかは教育上に大きな關係がある。山家の子供が健康で素朴で自然の知識經驗が豐富であるに反し、都會の子供が多く虚弱で奢侈で、文化的の施設には理解があつても自然の知識經驗に乏しいのは、知識ばかりでなく、性格の上にも大きな影響がある。

二、人事的關係

人事關係も性格や知能に重大な關係がある。これについて調べたいことは次の諸項である。

家族　祖父母の有無　父母の有無　兄弟姉妹の有無　僕婢の有無

家族の折合　知識　德行　趣味　宗教　健否

教育の方針と家風

職業と生活程度　資産

其の家が町村としてどの位の程度か　親戚隣人との關係

其の子を見て其の親を知るといふが親ばかりではない、其の家庭全體が明瞭に其の子供に依つ

て知られる。兎に角子供としては四六時中一番多く家庭生活をする。生れて以來一番多くこの生活を經過した。今後教育は益々盛になる、子供は彌々父母から教育されることが多くなる。私は國を出て二十年近くになるが、東京の子供と田舍の子供と比較すると六七歳で都會のもの丶方が二三年分も田舍の子供に比して知識が勝つてゐることに驚く。尋常一二年など、學校で下手に教へても相當に出來る。皆家庭の力である。家庭の教へ方が良いか惡いか、今の家庭で學んでくる事が將來果して良いか否かは輕々しくはいへないが、家庭の環境が知識なり性格なりに關することの大きなのは今更に云ふまでもない。

其の二　學校生活

一、自然的環境

校舍の位置、何でもない樣な事だが影響は頗る大きい。歷史に名ある場所古蹟であるとか、さうしたものに近いとか、附近に學習に便するものがある等は最もよい。私の學校などは都會としては割合に靜かな所歷史上では有名な古跡、電車の便もよく附近には學習に都合のよい寺だの社だの植物園などがあるが、位置そのものでどれ程教育に貢献するか知れない。

校地といふと誰も平坦な丘も水もない所の様に考へるが、校地は出來るだけ自然の色々の現象を見られるのがよい。川が流れてゐる、泉がある、池がある、かと思ふと丘がある谷がある林がある田畑もある。出來るなら色々の鳥や獸や蟲や魚、四季折々に總べての自然の世界を直觀する様にしてほしい。

二、人事的關係

學校には多くの兒童と敎師小使があり、それに使用人參觀人等の關係がある。職員の間が和合して熱心で誠實であるとか、兒童相互が名譽を重んじ學校を愛し勤勉忠實である等は自然に級風なり校風なりが出來る。今や天下至る所自學とか勤勞とか云ふが、若し學校に校風なり級風なりが成立してゐたら勞しないで自然に化していく。雰圍氣一言であるが最も貴いものである。かの松下村塾、たとへ短日月の修業でも一度其の空氣を吸つたものは一生を通じて輝くものである。

其の三　社會生活

一、自然的環境

子供の住んでゐる鄕土の自然は是又子供の敎育上に少からぬ關係を持つ。同じ東京でも下谷淺

草邊の何等感興をひかぬ自然、寧ろ全く地上の自然には沒交渉で空の自然のみに接する樣なものと、割合に惠まれた山の手邊のもの、或は郊外の一目何十里と知れぬ武藏平野遠くに富士や筑波を見る所のもの、夫々に性格や知能の上に差が出來てくる。

二、人事的關係

子供は同じ年輩のものと多く遊ぶが、それと共に子供でなくても其の人事關係から影響される。交友の有樣・一般の人情・風俗・文化程度・社會の種類（勞働社會農業社會等）それらが大きな關係をなすものである。

其の四　環境の創造

教育の上からは環境が客觀的に自然によいのは勿論よい。けれども事實は環境が常に必ずしもよいとは限らぬ。從つて教師は先づ第一に其の環境を教育的にしていかなくてはならない。勿論社會を直して改造するとか、家庭の環境を全然新にするといふ樣なことは出來ないが、それでも或る程度までは社會教育をするとか家庭改良の聲を高くするとかして直すことは出來る。更に若し社會が惡いとしたら惡い社會から影響を少くする例へば學校生活の時間を多くして子供を自然

の人事的社會に接する機會を少くするとか、學校と家庭と連絡を密接にするとかの方法を講じるのである。

第二には社會や家庭は自分の思ふ樣にならぬが、學校は相當にある程度まで環境を整へることが出來る。私の學校などは幸に都會として廣いからでもあらうが、一寸考へても隨分多種の環境が作られる。此の頃も地理教授の爲校庭を調べると、川・谷・泉・山脈・池沼や色々の地層(斷層)まであつた。更に池によつては土砂の流れること、土砂の堆積すること、水草から魚の習性・昆蟲の成長實に種々雜多の事が一つの池からでも敎へられることを認めた。折角の校地である、十分之を利用する樣にしたら、どんな學校でも算術・地理・歷史から理科國語總べての物を敎へるに都合のよい環境となり得る筈である。更に學校のみでなく其の鄕土に及んで色々の調査をしたら眞に彼等の生活そのものから敎育を十分にしていかれることゝ思ふ。往々學校に依つては學校內から鄕土全體に渉つて各科と關係すべきことを調べてゐるものがあるが大切なことゝ思ふ。

第三には環境は自然に子供が銘々に造るべきものである。この意味から考へて、前にも云ふ通り敎具を揃へるといふだけではいけない。必要に應じ之を作つていく之を使つていく、といふこ

とにしなくてはならない。折角廣い校地によい環境があつても之を使はず學ばうとせず、教師も亦利用しないといふのなら何の彼にも立たない。この態度を子供に作ること、これは本當に人間教育の根本で勿論環境問題の中心と考へるのである。

其の五　環境觀の過誤

近時環境といふことが力説されることはよいが、兎もすると其の環境觀が誤つてゐる。その第一は物の環境と關係の環境との誤見である。物さへ澤山あればよい、設備だけ十分にすればよい。かういつて標本とか模型とか澤山並べて陳列してそれだけで學習はよいとしてしまふ。人と人との關係自然と人との關係云ひかへると無形の環境には少しも意を拂はないことである。勿論物の環境も大切ではあるが無形の環境それは又更に大切である。子供に自學の風が盛だ、生徒間は親しい、公共の爲には骨を折る、作業は厭はない、親子兄弟互に和合してゐる、交友は互に助け合ふ。かうした環境は蓋し如何なる物にでも優るではなからうか。

第二は死んだ環境と生きた環境である。子供の生活から自然に創造されるといふ環境は生きたもので之によつて刻々に育つていくが之に反したものは育たない。子供が喜びもせず要求もしな

いのに模型標本を見せるとか、設備はあつても利用しないとか、子供が機械を使ひたくても使はせないで見せるだけにするとか、甚だしいのは折角子供の欲しい道具があつても戸棚に入れて鍵をかけて六ヶ年に一時間だけ教師机の上において遠くから眺めさせる様なこと、こんなものは客觀的には環境だらうが生きたものではない。

第三には環境をよくするといつて子供に本から勉強させる。勿論本も惡くはないが、本よりは事實から教へるがよい。入日や朝日は美しいといふ說明のものを讀ませるより、入日朝日の美を直觀させる、さうして子供の感覺から情操を練るこれが眞の教育である。東京の子供など深山の幽靜・雲の美・波の壯大は本當に知らない癖に其の美を表はす韻文童謠は作る。而も童謠選集位左方において似せて作る。滑稽も甚だしいと云はねばならぬ。近時自習書など澤山出來た。あれを親が見て子供を教育する參考するならよいが、といつてあれを子供が讀んで暗記するのは感心しない。例へば讀方で自習の時漢字の解らないのを自習書で教へられる位はよいが、早く自分に第一段は何第二段は何、中心思想は何と考へることなしに自習書で手取早く記憶してしまふ。お蔭で學校の教室では考へたらしく巧に答へられるが、お里がわかると實に寒心にたへない。自習は

所詮自習で自分から考へる所自分で研究する所に價値がある、文字語句でも讀みは知らなくても文の前後の關係から大體に推論して假説を立てゝ考へる所に價値がある。環境は大事であるが、考へ誤ると遂には子供を害ふ樣なことになつてしまふ。

第六節　設備と教具

其の一　教育上設備觀の革新

あの學校は設備が整つてゐる校舍が新しくてよい。あれなら理想な教育が出來るが、僕の學校には何にもない、どうして教育が出來よう。かうした聲は時々我々が耳にする所である。果してこれらの人は教育を解してゐるであらうか。私の見る所では今日多くの學校が――設備のよいといふ所は之を利用せず、設備の乏しい所は足りない設備を生かしていく事を知らない。兩方ともよくないと考へる。勿論あるに増した事はない、無いのは不都合だが、それにしても出來ないことはない。丁度大廈高樓で生活に苦しむのもあればテントで滿足する人もある。要は利用善用、着眼が基になる。

前にも述べた樣に環境は總べて子供を教育する。その意味で家庭社會學校の自然人事の現象一切はある意味に於て設備であり教具といつて差支ない。青天井は大なる教室である。日も月も風も人も皆有力な教具となる立派な資格を持つてゐる。只心ある教師にのみ之が利用され、訓練ある子供のみ自分の物としてしまふことが出來る。今日も私は高等二年の讀み方で新聞の事を教へた。丁度二時間で時間の中途に課の終まで問答してしまふと、一生徒がこんな質問をした。

「先生私たちは新聞を讀んでよいのですか。母は讀むなといふし父はかまはんと云ひますが、どちらです。」

次いで又一生徒が、

「先生三面記事といふのは何のことですか。」「私はどこを讀むのがよいですか。」

かうした發問が頻々と出た。不用意な私は讀本の文に捉へられて矢張新聞を用意しなかつたので、直に職員室に戻つて二三種の新聞を持つて歸り色々の話をした。

第一面では商業に連絡して廣告と其の意匠。

第二面では政治記事から支那問題世界のうごき等の話。

次いで學藝欄經濟記事、社會記事、講談、小說、運動記事等から、東京の大きな新聞名、讀む注意、讀んで面白い爲になる記事は切貫く事等、それから〳〵と實際について子供と問答したり說明して遂に三十分も之に充てゝしまつた。只一枚の新聞ではあるが、多方面の疑問が出、趣味が湧き、注意が喚起される。更に又家庭における新聞といふ環境への注意や指導まで出來ることになつた。一事が萬事繰り返すが利用が其の生命である。

前にもあげた樣に先づ學校生活についてはかういふ事を考へたい。每日大體何時間位子供を在校させて環境に親しませるか。それが爲には環境をどうするか、どう指導するか。全く自由にするか又指導監督するか。智育にのみ偏しはしないか、體育にのみ走りはしないか娛樂にのみ流れはしないか。かうした事を考慮するのである。

次には一年の生活を考へねばならない。一年三百六十五日――學業に盡すこと、休養すること、娛樂に盡すこと、體育に骨折ると、言ひかへると。運動會、學藝會、音樂會、儀式、校外敎授、旅行遠足、夏冬の休暇、記念祭等それ等がいかによく案排されて全體として敎育的であるかといふ考察である。

ともすると校長といふ様な人は學校ではなるだけ多く授業をするがよい。休日は意義がない、音樂會は樂みだけで利益がない――こんな事をいふ者があるが、私は前にあげた色々の事項は教育の環境として最も大切なことゝ考へる。休息とか休暇等といふと何だか教師の都合のよい爲に休むのだといふ様なものがあるが、非常な考へ違ひであると思ふ。何にしても此の環境といふことは子供の生命であるから、此の意味から啻に物的の教具だけでなく愼重に考へなければならない。かの幼稚の子供から小學の生徒の休日が長くつゞくと「早く學校が始まればよい。」といふ勉強したいといふでなく、かうした環境に浸りたいといふ自然の要求からである。

＊

＊

＊　編集上の都合により、底本１５５～４４５頁は削除した。

第十章　尋常科第一二學年の學級經營

第一節　一般學級經營の方針と對象

甲　序　論

其の一　學級經營の方針

敎育の目的に就ては、小學校令第一條にあるから、特に敎育の方針といふ事は要らない様にも見える。而しあの目的は全國一般的に何十年の昔からあるので、必ずしもあれだけで實際敎育を施す上に遺憾がないとは云はれない。況して時勢は刻々に變り、場所の東西によつて風習なり氣質なりが違ふ。從つて之を實際化す上に當つては各地により又各敎育者の敎育觀によつて方法を異にすべきはいふまでもない。例へばある地方は一般として身體の發達が惡いとすれば他よりも特に力を此の方面に盡さなければならないし、ある地方は道德が特に頽廢してゐると思へばそれに特に留意しなければならない。或は又今の世態として敎育が他律的である、間にあはないと思

へば特に自學的にするとか、とにかく教育上の大方針を樹立することは目的を貫徹する上からなくてならないものと考へる。近時の方針については諸家のいふ所が必ずしも一致しないが、著しい方針の二三を述べよう。

一、自學的教育の主張

これは今迄の他律的教育に對する反動であつて兒童は自學的にさせなければならないといふのである。知的學習に於けるのみなら教育についても自治訓練を主張し、子供自ら道徳を見出していく、作つていゝといふ主張である。

二、實行的作業的教育の主張

今迄の教育は耳から又目から入る教育であつた。教師が說話をする。子供は之を聞いて知識を得る、教訓を習得するのであつた。が人間は一生働くべきものである勞働は神聖である、子供から勞働させなければならない。又さうすることによつて本當の知識が得られる、道德が生れる、體驗も實行や作業に依らなければならない。かういつて作業によつて德性を練る、知識を收得する、本當の人間になるといふ主張である。かの東京の成溪小學の如きは學業の時間外に勞働作業

—(447)—

に澤山の時間を採り、毎日尋常下學年でも朝早くから午后遲くまで學校にゐて教師と學習したり作業するといふことで、惜に現代教育の弊をついた主張と考へる。

三、創造教育の主張

今までの教育は模倣であつた——少くも此の事が多かつた。人間は創造性がある、人間一代は貴い創造である。個性に從つて夫々に人生を創造していく文化を創造していく、かくて各人相當に人間性を發揮するといふのである。弊に對す一考察一方法としては勿論首肯すべきものである。

三、自由教育の主張

理性の自由によつて人生を創造するといふので、結局人は理性があるから自然性を理性化して理性の自由に至らしめるといふので、更に方法としても子供の自由にさせるといふ主張である。

理性の自由、この說の良いことは言ふまでもない、自由でないなら價値がないからである。方法上の自由としても從來の弊を矯める一箴言としてはよいが、といつて教師は傍觀し子供の自由——衝動の自由に任せるといふ如きは考ふべきものである。まして教師を殆んど無力に見る如き

教育は私はとらない。教師は本當に熱と愛とを以て接し、彼の本心を目覺まさせる所に教育の貴さと强さがある。

四、個性教育の主張

人は通性の反面に各人個性がある、身體的に精神的に同じられない個性がある。此の個性を尊重して個性に適する樣に學習し個性に適する仕事をさせていくといふのである。從來の教育が之を顧ないで教師から全體を一樣に見將來の目的職業まで定めて之に當てはめようとしたことは勿論大なる誤で頂門の一針として意味が深い。

五、體驗教育の主張

知育德育美育すべて人間の本當の力は體驗に入らなくては生命とならない。今までの教育が、淺薄で上辷りして皮層であつたことは何人も認める所である。從つて教育の方針として體驗にまでの教育といふことは方法としていかにするかは別問題として大切な主張である。

六、國家主義教育の主張

人が人として生きるには個人では生きられない。小は家族として大は國家として共同團結して

いかなければならない。私たちは個人の爲にも盡すが、つきつめると我が國家の爲に盡さなくてはならない、教育もこの主義でいくといふのである。時に個人を重んずるといふことからか、生存競爭からか道德上の個人主義に陷るものがある。その反動として此の主義の高潮されるのも謂れないことではない。正しい意世界と協調する意味の國家主義は何人も首肯する所である。

七、國際教育の主張

我が國は封建の餘弊によつてか、國家主義の教育はするが、世界と協調する國際的の教育に缺けてゐる。將來日本は日本としての日本でなく世界諸國と共存共榮する日本である。今迄の樣に外國を知らず外國と協調しないではよくない。宜しく國際的の教育をしていけといふのである。主義の一としては元より異論はない。

八、公民教育の主張

今迄の教育が個人として家族として善良の一員にする事に骨折つたが、國家公民としての教養が足りない。日本は立憲君主國で、國民には參政の權もある。從つて國民としては國家の一員である、我から國家を善くしていかねばならない。公民的知識を與へると同時に公民としての道德

公民としての訓練をし、國人すべてが立派な公民である實を擧げなければならないといふのである。今日の世相として人として大切な一であることは言ふまでもない。

主義方針としては色々あるであらうが、以上の樣な意味で、學校全體として學級として立派な國民とする上に右の樣な意味において教育觀を持ち方針を樹てることは最も必要なことである。

其の二　學級經營の對象

學級經營の對象を一言にして述べれば學級であることは言ふまでもないが、之を細別すると學級の兒童で、兒童教育、身體、知能、道德——云ひかへると知育、德育、美育、體育、宗教育となるわけである。而し教育の仕事は當體そのもの及び關係影響方面もあるから、私は大體之を次の樣に分ける。

一、兒　童　論

教育は兒童の上に施されるものである。當體たる兒童が解らないでどうして教育が出來よう。兒童の身體精神それらが如何にあるかといふ事を知ることが第一であることは言ふまでもない。然るに近時教育をいふものが兒童論をあげず兒童研究しないといふのは大きな誤と考へる。

二、環境論

子供の天賦は環境に依つて發達する。環境を外にして教育は不可能であり發達も見られない。昔から環境といふことを言はないではないが、少くも其の必要其の關係を論じることが少く方法に到つては更に貧弱であることは研究の不備である。

三、教師論

教育は兒童の上に行はれるが教師を俟たなくてはならない。子供の發動や自由を重んじることは私も首肯するが、といつて放任するのは教育ではない。むしろ眞に自由を重んじ發動を要求したら、更に一段と教師の力にまつ所が多い。教師論のなければならないのはいふまでもない。

四、學習論

これは主に知識に關する學習の意である。

五、訓練論

知育につき、德育、美育について訓練することの大切なのはいふまでもない。近時學習をいふもの此の方面に着眼しないのは寒心に堪へない。

身體の養護鍛練に關することである。

第二節　學級經營と個人教育

學級經營といふことを昔の考の樣にすると、一の教師が教育の目的教育の理想を以て、學級全體を同一型にはめ込む樣に見えるが、私の學級經營に關する考はこれと異にしてゐる。學級經營は無論學級といふ團體に對してある方針を以て教育するのであるが、必ずしも之を同一の人形の樣に劃一する意味ではない。教育するのは學級でなく個人である。銘々の個人を個人として國民として人間として夫々個性に從つて教育するので、それらを最も良く導く上に學級教育をする上から、如何な方針によるか、如何なる方法をとるかといふことである。從つて學級教育といふも結局は個人教育である。學級に學級經營の方針がある如く、個人夫々に個人教育の方針がある。否個人教育の方針から學級教育の方針が生れる、かう云つて差支ないのである。

私は前節に學級教育の方針を書いたが、詳しく云へば更に個人について夫々教育方針がなくて

はならない。繁雜だから擧げないが、甲の生徒にはどういふ方針。乙にはかういふ方針、よし文書として記述しなくても、實際としてあるべきことは言ふまでもない。自分が學級經營として特に個人教育といふことを特說しないが、これは一人の教師が一學級を受持つ上から共通したことを書いたゞけで個人教育を等閑にしたのでは決してない。寧ろ個人教育の上からこの經營が生れたといつて差支ない。

第三節　尋常科第一二學年の學級經營

學級經營に關する大體の方針は前にあげたが、それが學年に具體化されることになると其の內容を異にしなければならない。諸家元より自分一己の意見があり、地方と學校により特別な事情があるものであるから、必ずしも之を一律にすることは膠柱の弊に陷ることになる。で、次に私が私の學級を敎育したことを基にし、更に理想を加味して述べようと考へる。

一體學級經營の仕事は非常に廣汎な事で、遺憾なく總てを網羅することは非常にむつかしい。で、私は大體之を次の諸項に分ちて其の要領をのみ述べようと思ふ、その理論其の根據の如きは

擧げて前章にあるから、それを調べようとなら前に溯つて意のある所を探つてほしい。

乙　木　論

第一節　教育方針

其の一　一般方針

一、自學的に學習させる。

二、意志實行を重んじる。

三、個性の發揮につとめ創造的の人たらせる。

其の二　特　殊　方　針

一、學校生活を知らせる事

兒童が家庭から學校に入る。彼等は喜び勇んで入つて來るが、まだ學校の生活を知らない。若し入學の始に當つて恐怖させたり嫌はせたりすると、學校教育の全體が崩れてしまふ。教授としてもそれが全く子供のものになつてしまはぬ。といつて全く彼等が家にある樣に、教師の命令も

聴かない、友達と協調もしないといふでも困る。要は喜んで學び熱心に事に從ひ、學校とはどういふ所か、どんなにして學習するか、自然にそれを會得して後には勞せずに學習していかねばならぬ。

二學年の方では大體學校について學習について會得してゐるから、これからは可成敎師の力を借らずに自分で學んでいくといふ樣にさせなくてはならない。

二、學業と遊戲それらの調節を考へる。

始めから學問を敎へなくてよい。家庭において樂しく遊んだ樣に面白く遊ばせ、始めは遊びか學問するか解らぬ位にし自然に學業を學業として學習する樣に導くがよい。かの合科學習をする如きは第一學期や二學期位には適當な一方法である。

三、よい雰圍氣の中に生活させること。

學業には勿論遊戲にも常に敎師が一緒になり自然と作業遊戲交友間の空氣を美しく樂しくしてやらねばならない。子供はこの空氣を吸ふ時惡も不正も淨化されていく。

四、活動を盛にさせること。

性を培ふには先づ身心の活動を盛にさせなければならぬ。活動のない所には不愉快が起り悪が湧き作業が渉らない。殊に幼兒の活動を殺すとき生命が枯れるからである。

五、直觀を重んじること。

知識は直觀から入り、經驗から生れる。子供は經驗が少い。頭を養ふに先んじて感官を養へ、修身も理科も國語算術も下學年ほど直觀がよい。これが先に立つ。

六、精密な兒童調査をすること。

兒童にどんな知識があるか、どんな道德があるか、どんな性をもつてゐるか、始め知らねばならぬことはこれである。問答法、試驗法、觀察法色々あるが、これら適當な方法によつて詳細を知る必要がある。必ずしも記載しなくても差支ない。

七、子供の自由を許してなるべく叱責するな。

自由がなければ活動は止む、叱責されると恐怖して萎縮し心と行に僞が生れる。正直は一生の寶、教師は眞の愛をもつて親子の樣に交るに限る。

八、教へるな知らしめよ。

なるべく敎へるな命令するな。自然に知らせしめるがよい、考へしめるがよい。知つた知の量よりは知らんとする心の働がどれ程價値があるか解らん。

第二節　兒童調査

入學した時は必ず兒童調査をするがよい。二日かゝつても三日かゝつてもすることは大切である。私のかつて行つたことは次の樣である。

一、身體的方面（個人調査の條の通り）

二、精神的方面

A　知能檢査（メンタルテスト）

B　學業

修身　道德意識、簡單に道德觀念又は道德の判斷力を見る。

國語　言語（言葉が正しいか――巧か――發音はどうか）

文字（知つてゐる文字を書かせる）

思想（繪雜誌によつて內容を尋ねる）
算術　數へ方　數觀念（十以下位の加減）
體操　走る早さ　運動の巧拙
圖畫　美の鑑賞力（醜と美の區別技能の巧拙）（圓形又は直線形をかゝせる）
常識　居所　父母兄弟の名　父母の職業　其の他地理歷史に關する事項

C　操　行
入學當時の行爲を觀察して行ふ。

D　人　物
共に遊戲し問答し交際しつゝ觀察

E　僻性及長所短所、觀察による。

かうしたものを記述しておき他日參考すると思ひがけないことを敎育の上に發見するものである。

次に二學年の方について云へば、大體身體と學業、操行について調査し、これによつて敎育方

針を樹てるのである。

第三節　教　材

教材は定まつてゐる樣であるが、それも地方により加除する必要がある。かの補充材料といふ如きはそれである。そればかりでなく排列についても考へなければならない。なるべく前年の經驗により適當に排列し細目を改めていく必要がある。

正材料と補充材料

修　身　教科書材料の外に例話を所々に加へる。詳細は高師修身細目にある。

讀み方　國語讀本を使つたら副讀本として國定の小學讀本を使ふがよい。若し經濟が許したら又良い副讀本があればそれでもよい。

隨時謄寫刷で良い文を與へる。

綴り方　細目による。前年の細目を改めていくがよい。

書き方　私は毛筆習字はやめたい、理想としては鉛筆習字にしたい。而も毛筆の習字の樣に

時間を特設せず、隨時讀み方の中でやるがよいと考へる。

算術　教師用算術書を持たせる。家庭用として自習用として都合がよいからである。

メートル法として粍、粁、米を單名數として二年に教へたい。

圖畫

唱歌　歌唱材料と鑑賞材料

體操

細目は校長の作成するものとなつてゐるが、これは必ず受持訓導が作らなくてはならない。ともすると一郡又は一部落一緒にして作つてゐる所もあるが、それでは役に立たぬ。每年各學校各學級に於て加除修正していくべきものである。私は大體私の學校のものによるから玆には記さない。

第四節　環境整理

學級は學級としての環境整理が要る。學級圖書館を作るとか、其の書物を買ふとか、或は學校

園を作らせるとかあるが、最も必要なのは次の諸項であらう。

一、學級圖書館

二、自習時間の設定

時間は一週二三時間位である。

三、教具の設備

必要な教具を調べ不足なものを購入する。

四、校外教授の豫定

これは教科書を離れての材料及び教科書による材料それらについて詳細に調べて豫定の場所時間等を記入する。

五、其の他

第五節　學　　習

甲　一般方針

こゝにはダルトンプランを行つて見るとか、自由教育合科教授を行ふといふ意味のことを記述するのである。私は自學主義により第一學期位に合科を加味するがよいと考へる。

乙　各科の方針

其の一　修　身　科

1　補充の例話は童話を取入れて感情陶冶を重く見る。
2　實踐指導を重く見訓示的理論的のことを少くする。
3　例話の學習は、なるべく教具を用意して直觀的に授ける。
4　子供の意見を聞き感想を尋ねる。
5　實踐指導は數を少くし實行になれしめる。
6　教訓に關することは餘りに命令的にせず、自然に心から之に從ふ樣にする。
7　實話は惡の例を少くし善い例を多くする。

其の二　讀　み　方

1　一年と二年の中に兩假名を十分に覺えさせ、いかなる言語も假名なら表現することの出來

る様にする。

2 發音を正しくする、言語は方言から漸次正していく。これは讀み方の時間に注意するばかりでなく生活から自然に覺える樣にすること。

3 どの子供も盛に話す樣に仕向ける。始の中は方言があつてもよい、先づ十分に親兄弟に話す樣な調子で憶せず話す習慣を作ること。

4 假名教授では促音、拗音、鼻音、轉呼音に注意する、中にも、拗長音拗促音は特に注意して念入に學ばせる。

5 文は讀むといふより意味を採ることを主にして學ばせる。讀むは結局意味をとることだから、意味さへ取れゝば一字や二字讀めなくても用は足りる。

6 副材料に他の國定讀本を使へば、正讀本に關係あるものは正讀本の課の次に、さうでないものは纏めて後に學ばせる。大體四、五、六、七、九の四五ケ月に正讀本を教へ、後の二ケ月に副材料の殘りを教へればよい。

7 發音讀み振りは良い教師のない際には蓄音機によるが一番よい。

其の三　綴り方

一、一年の第二學期から始める。二學期の始に假名をすべて覺えない樣なことがあつたら、記述中隨意に敎へてやるがよい。

二、實際にあることを正直に書かせる。

三、何を綴るかの意味を知らせる。方法としては範文を示しては授ける。出來るなら子供も敎師も同時に經驗したことを範文にすれば事實上文章の關係が子供にも解つてよい。

四、範文を學ぶ、友の文を讀む、自分に作つて見る、かうしたことから自然に文がわかる。

五、文話をするがよい。文を作つた、動機、心持、經驗これらを話し、どう構想したか、どんな文が出來たかを知らせる。而し理論はやめて事實だけ簡單に分り易く話す。例へば「私が昨日上野から歸りにこんなことがあつたのです。傳通院の前に來ると雨の中を小僧が自轉車でいく。すると其の子供の通る道ばたに子供が泥のぬかるみに入つて、泣き顏をしてゐる。私も氣の毒なと思つてゐると、小僧はヒラリと自轉車からおりたかと思ふと走つていつて其の子を抱いてよい道につれていき、知らん顏して又どこかへ走つていつたんです。電車の人は皆

感心だ〳〵といつたのですよ。で先生はその事を感心したからこんな文を作つたのです」といつて文を示す樣なことをするのである。

六、二三年で文をかくことが解ると隨分長い文を作るが、これはよいことだから出來るだけのばしてやるがよい。

其の四　書き方

一、學習の時間は毛筆にしても鉛筆にしても一週一時間位にしたい。由來書き方は餘りに其の價値を多く見過ぎた。昔なら兎に角今の世にそんなに重く見るのは時代錯誤である。印刷があるタイプライターがある、モノタイプがある。將來は字を書くことが今より少くなつて器械化することは分りきつてゐる。これから言つても時間を少くしたい。

二、毛筆にしても鉛筆にしても學級教授としたら文字の大さは一定するがよい。これは一方子供の筋肉としてどの位の大さが適するかといふことゝ一方將來書くべき字を考へ、それの準備としてはいかなる大さがよいかといふことである。

三、今までの毛筆では將來の字の目的を大字においたではなからうか。私は將來は細字を目的に

すべきもの、大字は看版屋位が大字を書く様になるだけで他は細字を目的にしてよいと考へる。

四、毛筆大字としては大字の筆法があり、鉛筆ペン字としても亦其の筆法があつて互に同一ではない。世間往々鉛筆細字に毛筆大字の筆法を採るものがあるが誤ではないかと考へる。

五、毛筆大字の練習は大體今迄の樣な風でよからう。間架結構其他について一劃づゝ又全體について示範しては模倣させる。籠書、渡り書等がある。

六、鉛筆又はペン書は五分か六分の框を作り、それにはめて書かせる。左の方から右の方に行を追つて書かせ、一番左に手本の文字が書いてあると都合がよい。

右は大體鉛筆習字を特設し特別の時間にするといふ意味であるが、時間を特設せず讀み方をしつゝ書くことを教へるといふ樣なときは必ずしもこれに依ることは出來ない。

其の五　算　術　科

一、數生活を盛に行つて、これから入らなければならない。例へば讀本を學ぶでも、今日の所は何頁で何行からだと尋ねるとか、書き方で字を書いたら何字書いたと聞くとか、今日は何日何曜とか、花を見たら花瓣の數を數へる、紙を配るにも一行に何枚づゝいるかとか、生活全體に

數量を盛らなくてはならない。幼児の數觀念發達を見るに、母から菓子を貰ふ時、兄弟で分ける時、さうした樣な事から數觀念が擴充する。從つて始はさうした生活を充實させるがよい。

二、直觀による實物計算を確實にしなければならぬ。物を數へるには數詞と數の一と物の一との關係及び一つ二つと數へる筋肉運動この三者が合一せねばならぬ。觀念の不確かのものによくあることである、二つ三つ四つと數へることは十迄も二十迄も出來てゐて、實物を數へさせると五のものを六といひ、十のものを七つ八つといふ。卽ち一物を數へるに言葉では一つ二つと二つに數へるごときこれである。分りきつたものでも直觀的に手指其他の運動を伴はせて確實に數へさせるのである。かくて數の確實な觀念が出來る。

三、敎師用書にある練習式題は、あの順序に行はずに一々よく考へしめ器械的にならぬ樣にする。

四、應用問題は割合に少いから、其の土地其の子供に適した材料を多く採ること、決して無意味なものをやらぬ樣にする。

五、特にむつかしい材料については充分といふだけ時間がかゝつても敎へていかねばならない。

例へば

1　除法における等分の場合と包含の場合

2　答に餘りのある問題例へば四十一の中に八が何べんあつて殘りはいくらか。

の如きがそれである。

六、問題作成は尋常一年からさせるがよい。式題もさることながら應用問題作成は興味も深く算法意義が解る上によい。

七、個別的取扱を充分にすること。子供によつて思考の形式が違ふ、例へば十一から三引くといふのでも十から三引いて一を足すもの、先づ一を引き次に殘りの二を十から引くもの、八と三の和が十一だから其の道を利用して八といふもの等があるからである。

八、論理的に確實な上にも確實にさせたければならぬ。應用問題の如き時々器械的にやるもの、半解りのもの此の科には特に必要だからである。大體として材料を貪らずに緩り確實がよい。

九、下學年から算法其の法を確實に發表させる。例へば十六の三倍といふのでも「十の三倍が三十で六の三倍が十八だから前の三十に十八を足して四十八になります」といふ樣にさせるのである。

一〇、説明、證明にはなるたけ、實物によること、圖說によることから抽象に入らなければならない。尋常一年の加減の如き私は

第一步　全具體　（例へば手指による）

第二步　半抽象　（三に二を足すといふ際三といふ數を頭におき、それに二本の指を出して四―五と數へさせる。

第三步　全抽象

尙ほ詳密に云へば第三步でも、指は出さないが頭を動かして具體的に敎へる事と、さうした事をせずに數へて遂には眞理解から器械的になることがある。

注　意

一、右の要項は一般的抽象的になつてゐるが、實際に當つては其の學級の子供を調べ、前學年にどういふ短所があつたか――例へば乘法除法の計算は出來るが、應用問題が出來ないとか、基本問題が出來ないとか、乃至劣等生が多くて困るとかいふことを見て之を救ふ策を立てること。

二、當學年の材料を一通り調べ其の學級の子供としてはどんな事がむつかしいであらうかを豫定して其の考へ方注意點を書けば實際練習上に非常に爲になる。

其の六　唱　歌　科

一、一學年から基本練習をする。

呼吸練習、發音練習、發聲練習、音階練習、聽音練習、拍子練習等である。

二、下學年には基本練習を餘りに確實にしようとすると、厭きるから適當に行ふ。

三、唱歌は歌ふことゝ鑑賞能力を養ふのだから、歌はしめるものと鑑賞材料を準備し、隨時に聽かせ聽いて味ふ樂む批評する鑑賞能力を養ふ必要がある。

其の七　體　操　科

一、材料は豫め子供の好みと生理上の要件から細目を定め、それに倚るけれども一方子供の意志好みを尊重して課したい。例へば細目にあるものでも一度して餘り好まなかつたら他のものを行ふとか、細目には或る遊技を一週間やるとなつてゐても興味が湧けば二週間やるといふ樣な類である。

二、最も大切な規則は守らなければならぬが、餘り細かな事に彼是多く命令叱責などすると、自由活動を妨げる恐がある。

三、競爭遊技は勝敗といふことにのみ着眼するが、敎師は勝敗だけが目的でなく運動精神の發揮といふことを重視して批評しなければならない。

四、遊技は全體の兒童の運動量を考へねばならぬ。例へば一部のものゝみがよく運動し他のものは運動することの少い様なことがあつてはならぬ。

五、病兒虚弱兒等個人の身體狀態に氣をつける。

六、下學年から運動する際の準備及び運動後の始末等に注意する。例へば汗を拭ふ、手足を洗ふ休息する、運動道具を片付けること等、

其の八　圖　畫　科

一、材料の採り方着眼と描寫について批評したり指導する。

二、子供の個性によつて材料方法等が異なるからそれに注意する。

三、物に對する看方、着眼描寫等について自由とか個性といふ美名に惑はされて客觀的規範を指

導することを忘れてはならない。半可通の人は鍮でもないものに向つて個性が現はれて上手だとか、大膽で有望だといつて賞め、遂に終まで客觀的の事實を學ばせずにしまふことがある。古來名家といはれる人が名人の畫を模寫し描法を模擬し、かくて後個性に立つ創作をする。鑑るべきことである。

三、目を養ふことが必要である。子供は盆を見ると如何なる傾斜でも同樣に見、二三種の色を見ても、よく見れば夫々異りながら正確に見ない。見方が精密でないからである。描く前見る指導が大切である。

四、下學年は同材料を採るにしても自由に先づ表現するといふことを重視するがよい。綴り方で始は自由に長い思想を書いて漸次引きしまつた意味の深いものを書くと同一である。

五、子供の心理を考へ、材料色彩其の他に注意する。飛行機が流行すると飛行機、潜水艇が問題になるとそれをとるし、色彩も下學年ほど原色かそれに近いものを好む等である。

六、材料をとること、描寫について子供の思惟過程を洞察して批評することを忘れてはならない。子供は面白いもので一年のものなど日々立體的のものを書く、平面に軍艦を書いて、次に

戰爭してゐる所にし更に擊沈してゐる畫などに同一畫面に書いてしまふ。心の過程として面白い。

七、子供の畫の發達を考へねばならぬ。例へば幼兒は人を畫くに頭を圓で示し、頭から手足を胴なしにつける。これが進んでくると頭胴とする、更に進むと足や手の指まで書き、更に進むと廣さだけでなく厚さ—即ち平面から立體的に書くといふ樣な類である。

第六節　時間割學習指導案例、細目

後章第五六年の例による。

第七節　訓練養護

其の一　訓練の方針

一、學校を好み學習を喜ぶ兒童にすること。

昔の學校は兒童が喜ばなかつた。かくては如何にしても教育は出來ない。學校を信じ學校を好

む様になつて始めて學習も出來修養も成るからである。

二、教師と兒童と親子兄弟の關係の如く親しくする。親しくなくては互に交ることは出來ない、交ることが出來ないでは感化の仕事は出來ない。兄弟の如く親しく、親子の如く敬愛してこそ眞の教育が出來るからである。

三、自由な樂しい個人的自然生活から漸次協同的理性的生活に向はせる。子供が家庭にあつては眞に自然性が主で我儘勝手であるが、人間生活はいつまでも斯くてあるべきではない。矢張協同的理性的にいつて人間となる。自然にその方に向はせるのは其の爲である。

其の二　訓　練　要　目

次は高師附屬小學の要目により幾分私見を入れたものである。以下同じい。

一年の部　　　　二年の部

清潔整頓

手足等をきれいにする。　　衣服帽子等を汚さぬこと。

所持品を所定の場所におく。　　上履と下履と區別する。

勉學	授業中はせい出してする。	同上
勇氣	元氣よく遊ぶ。	同上
	臆しないこと。	同上
信義	うそをいはない	同上
規律	時刻を守ること	集合を正しくする。
親切	友達と仲よくする。	同上
禮儀	言葉遣を正しくはつきりする。	教場では靜肅にする。

其の三　訓練の方法

一、學校生活の時間

一二年は授業前二三十分前に登校させ、授業後約一時間學校生活の時間とする。

二、環境の整理

學級圖書館を作る。習稿本、繪雜誌、子供新聞等を供へる。休み時間は遊戲、作業、自習を自由に行はせる。運動器具を與へる。

三、兒童調査

四、作　業

二年からは當番、學校園作業を行はせてもよい。勿論教師が主になつて行ふ。

五、其他前述の一般訓練事項

其の四　個人訓練家庭通信

尋常五六年の例による。

其の五　養　　護

一、運動遊戯の奬勵と注意

二、食事の注意

静によく食べて、食後休息する習慣、悪いものを食べない習慣等

三、睡　眠

夏期などは適宜午睡させるとよいが、學校全體一致しなければ出來ない。

四、清潔の習慣

五、衣服其他衛生上の習慣

六、學習の注意、過重な學習はよくない。始は遊びか學習が見分けられぬ位にするがよい。

第十一章　尋常科第三四學年の學級經營

第一節　教育方針

其の一　一般方針

一、自學的に學習させる。
二、意志實行を重んじる。
三、個性の發揮につとめ、創造的の人にさせる。

其の二　特殊方針

一、學校生活を豐にさせる。
下學年のものは學校にゐても、多くは教師に率ゐられ指導されて仕事をする。自ら進んで自分の生活の野を擴げるといふことが出來ない。例へば遊ぶにしても教師の命じる遊戲、他人のする遊びをだけして自ら進んで遊を考へ出すとか、他の好む遊をするといふ樣な事は少い。學業にし

ても、そこにある本を見る、自分の持つてゐる書物を讀む、それも人が讀めば自分も讀むが、人がしなかつたり敎師でも勸めなければ讀まない。然るに三四年になると學校生活になれ、それに下學年も側にゐて自分の優越が解るから精神も自由に平安になり、元より何の不安も恐怖もないので、進んで色々の事を考へたり行つたりする。例へば遊戲でも團體を作つて色々の事を考へ出したり敎師に賴んで時間外に居殘りして行つて見たり、學業でも敎科書外に盛に讀み物を讀む參考書を見る、生活は著しく其の野を擴張してくる。從つて此の機を利用して出來るだけ其の生活の野を擴げてやるがよい。庭球や野球をやり出したら進んで敎へてやる、水泳をしたかつたらそれもさせる。居殘り運動も日曜遠足も勝手に行はせるがよい。學業の方で讀み物を讀み出したら出來るだけ機會を與へ材料を提供させるがよい、授業後居殘つて讀み物を讀みたいといつたら、適宜にさせ指導もしてやる。

此の學年になると總べてが上學年を見、それを學ぶ樣になるから、學校園も與へ、掃除も行はせる、都合によつては學級會も時々行つてやるといふ樣に上學年に準じた生活を行はせるのである。

二、自學的學習の方法に慣れさせる。

一二年でも勿論自學をするけれども、その頃の自學は無暗に本を讀んでみるとか遊ぶとか作業するとかであつて、まだ計畫的目的々でなく其の方法も知らない。が、これでは自學も充分に出來るものでないから、この學年あたりから目的を立て計畫的に行はせ、學習は何をするのか、各學科につきどんなことを學ぶのかの精神を與へ、解らない所はどうして調べるか調べる方法を授けてやるのである。

三、團體的共同的の生活に慣れさせる。

下學年殊に一年などは學ぶにも遊ぶにも團體的共同的といふより寧ろ個人的である。自分勝手なことを隨意にすることを喜び、共同しない。社會生活はさうしたものでなく、個人の修養もそれでは充分でないから、なるたけ共同して行ふ團體となつてやるといふことを習慣づけるのである。勿論團體的といつた所で全級すべてが同一行動といふのではない、三人共同のことも十人共同のこと全體共同のことも時により物に依つてあるのは當然である。

四、活動を善い方に導く。

三四年はなか〳〵活動が激しい、遊びに心が向けば一日中でも跳び廻つて食事さへ忘れてしまふ。從つて善い事にも惡いことにも熱中して、ぐん〳〵深まに入つていく。此の心を決して殺してはいけない、注意して觀察して良い方に導くことが大切である。まして特に暗示にかゝり易いから良い模範を示さねばならない。學校生活と共に家庭社會の世活においても。

五、作業になれさせる。

心の發達と共に大筋肉小筋肉共に發育する。之を適當に使用すればする程良く筋肉も精神も陶冶される。殊に子供は仕向け方によつては喜んで働くから、可成色々の作業を課すがよい。

六、自治心の涵養。

下學年からでも出來ることは自治されるが、此の學年になると相當に自治の出來るものである。私たちは偶々授業も出來ず、監督も出來ない樣な場合に自習させるが、能く言つておけば靜に規律を守つて一時間や二時間自習する。何にしても自分一人の自治、學級の自治、出來るだけ此の兩方面に向つて自治をさせるがよい。

第二節　兒童調査

進級した兒童については是非兒童調査をしてほしい。兒童がどの位出來るか、どんな知能であるか、それを基礎として細目を作り學習を進めていかなくてはならない。卽ち一般の成績はどうか、各敎科につきどんなか、操行についてどうかを調べるのである。最も持ち上り制度で前學年の終に調査したものがあれば、それは爲ないでも差支ない。若し新たに其の兒童を受持つ様な場合には何にしても精密にする必要がある。要目は次の如くである。

一、身體的方面（個人調査の條參照）

二、精神的方面

A　知能檢査

B　學業

修身、國語を始め各敎科に亘る。

C　操行

C　人物

E　僻性及長所と短所

F　履歴

第三節　教　材

修身　教科書材料の外に例話として補充材料を加へる。

讀み方　副材料。

綴り方　細目に依る前學年のものを改める。

書き方

算術　教師用算術書を持たせる。家庭用自習用として他のものを持たせてもよい。

メートル法（高師算術部會の案による）

糎・粍・米・粁

立・デシリ立・瓦・瓩

理科　細目は教科書にあるが事實は其の地方季節により隨意に變更する。
圖畫　普通材料の外に鑑賞材料
唱歌　歌唱材料と鑑賞材料
體操　一般的のもの、外地方的のものをとる

第四節　環境整理

一、學級圖書館（お伽噺の類から實話歴史話科學話に向ふ時期である）
二、自習時間の設定
　時間は一週三四時間とする。
三、教具の設備
　必要なるものを調べ不備なものを購入する。
四、校外教授の豫定
五、諸會合

六、學校園を與へる

七、其の他

第五節　學　習

甲　一般方針

自學的に行はせる

乙　各科學習の方針

其の一　修身科

1　感情陶冶を重視して童話實話の取扱を注意する。

2　日常生活の批判指導を重く見る。

3　修身書其の他の例話は材料を深く調べて理解感得し易い樣に行ふ。

4　日常行爲の批判をさせ、又其の理由を尋ねる。

5　行爲については其の外面と共に內面を話し、兩面に亘り知的情的の判斷を行はせる。

6 自分の行爲について反省し始める年齢に達してゐるから、此の心を伸ばすことに務める。

其の二　讀み方

1 本を讀んだら先づ其の意味を採るのが主であることに注意する。

2 語彙が豐富になり言ひ廻しも色々現はれてくるから、それらに注意する。

3 一言半句でなく、長い事件を長い話で話すことを充分にさせる。

4 文の中心が何であるかを知らせる。

5 漢字については意味・用法・筆順その他を確定に記憶させる。

6 文語文は正確に敎へ、口語と文語の差を明にさせる。

7 副材料は他の國定敎科書を使へば正讀本を敎へつゝ關係あるものを正讀本と並んで敎へ、殘りは正敎科書を終つてから纒めて授ける。

8 文が長くなるから讀み振りに注意する。

其の三　綴り方

1 文の暢達をはかつて、自己の思想を十分に表はす樣にさせる。時に長篇文などを作らせる

のは面白い、自分の經驗でも三年で十枚から二十枚位のものを綴つたものがある。一題必ずしも一時間に作るといふ樣な舊習を脫しなければならない。

2 文話を充分にする必要がある。文を書く心持内部精神の經過・文の中心、書いた苦勞、書き上げた心持等を知らせ又話させるがよい。

3 同一材料について書き方が色々あることを知らせる。長篇にかく短篇にする、敷衍する縮約する、主觀的に書く客觀的に書く、知的にかく情的に書く、普通文にする韻文にする、色々あることを話したり話させたりする。

4 批正を巧にし、それによつて作文もが發達する樣にする。

5 理窟が多すぎるより、良い文に接しさせ自然に綴り得る樣にさせる。

其の四　書き方

一、模倣の力が强いから正確に精密に模倣させる。

二、書き上つたものを見せての模倣と書く運動を見ての模倣がある。前者は出來上つたものを見させすればよいが、後旨は書く所を見させて模倣させるのである。

三、毛筆でもペンで用具の何所の部分を使ふか、例へば穂尖を表にしたり裏にしたりすることを授ける。

四、此の學年からは自分又は他人の書いたものについて鑑賞し批評しては自分の文字を良く書く様につとめさせる。

五、用具は昔の様に一々墨を磨つて書かせる必要はない、時代の進歩に從つて墨汁を其の儘使つて書かせるがよい。

其の五　算術科

一、基礎教材と應用教材練習教材を分け、基礎教材は十分にどの兒童にも解らせる樣にしなくてはならない。これが出來ないと五六年になつてどうにも手のつけられない樣になる。

二、練習題は正確に迅速にするがよいが、それにしても正確を第一にしなければならない。多く計算はするが間違が多いといふより、少いが間違は絶對にないと云ふ樣にしたい。

三、應用問題は說明を十分にし又子供にも行はせて能く理解させなくてはならない。これが爲材料も教科書以外に之を採擇する必要がある。

—(489)—

四、實驗實測を重んじて內容形式共に完全な數量の觀念を養はねばならない。例へば貨幣、度量衡等について計算はあるが、價値を體得してゐないといふ樣なことはよくない。寧ろ形式は客に實質を主にしければならない。一里といふ名を知る前に三十町四十町について十分な觀念があり、一升の名は知らないでも十合の水を見て十合なりと推定し得る樣な心のある事である。

五、數量については其の計算と共に正確に測り得る技能を養ふ。例へば百匁といへば正確に百匁を測り得、一町といへば正しく一町を測り或は筋肉測目測によつても推定し得る力である。

六、隨時檢算を行はせ、又概算する習慣をつける。

七、應用問題の構成は子供に十分に行はせる。

八、教具は十分に用意し、又子供にも一通り持たせるがよい。又教具は一方正確なものを具へると共に子供に作らせるがよい。例へば立方體の如き一方正確なものを見ると共に自分に作つて見ると其の觀念も十分になる樣な類である。

九、直觀を重んじるがよい、それと同時に抽象觀念も段々盛になるから直觀を基として抽象觀念

を養ふ必要がある。

六、生活化して趣味的取扱をする。

其の六　理　科

一、觀察を主眼にするのである。理科はどんなことをするものか、理科研究の興味方法を知らせるのである。自然物に對し自然のものに對し怪異の眼を以て見、興味を以て研究し、觀察すればよい。その指導が大切である。

二、新に學問をするといふ態度でなく、遊びの如くして自然に此の教科學習に向はせるがよい。上學年の樣に形態習性効用とか表記といふ樣な順序でなく、文科の學習か理科の學習か解らない樣にさせる所に興味も湧き研究心も出る。

三、細目に何とあつても豫定に何とあつても構ひなく、子供の興味季節の實際、觀察物の有無によつて進むがよい、形式的の系統はなくとも全體として本質として人格統一點があればよい。

其の七　唱歌科

一、呼吸・發音　發聲・音階・聽音・音程・拍子等基礎になる練習を下學年に比べて正確に時間の分量

も多く課す。
二、鑑賞材料は子供の歌ふもの丶外名家のものを時々とつて鑑賞させる。同一のものでもよい材料は子供が喜び且つ歌ふ力も伸びてくる。
三、高師の方では尋常三年から本譜を見させるが、矢張此の位から本譜に依るがよからう。
四、樂典の大要を授ける。これは勿論餘り理論に深入しない樣にする。

其の八　體操科

一、體操の効果を舉げるには正確に有意的に行はせなくてはならぬ。唯四肢を無意識に動かすだけでは何の役にもたゝない。從つて運動する際には運動の要領効果影響について話してやるがよい。
二、體操は兎角子供に遊技ほどに喜ばれない。而し運動についてよく理解すると無味な運動にも興味を持ち効果も增すから其の用意が必要で自彊術などするものが全心身をこめ、喜んでやる事に思を致さなくてはならない。
三、體操に於ける準備運動・主運動整理運動等につき其の意味を解らせるがよい。

四、遊技は細目にないものでも子供の好むもの社會で行ふものについては其の方法等について隨時授けてやるがよい。

五、體操に於ても鑑賞させる心要がある。巧な技術・面白い運動遊技等を見させるがよい。かつて我が校にミイラーといふ外人が來て子供にも其の運動を見させた。其の槍投を見て感じたは勿論不知不識に其の方法ルールを知り、更に堂々たる肉體美に對しては無限の感に打たれたらしい。正時間でないとか規則だといふ爲に生きた敎育をすることを忘れてはならない。

六、運動遊戲について休息が體育上に價値のあることを忘れてはならない。

七、廣い意味の體育全般について知識を得させる必要がある。毎週少くも二三十分位は靜に體育の話をしてやる必要がある。體操だといつて毎時間動くだけが敎育ではない。

其の九　圖畫科

一、感覺殊に視覺を正確に精密にする必要がある。例へば子供の中は物の部分の概然は見ても全體綜合を見得ないとか、一片は見ても他邊との關係は見得ないとか、漠然線とは見ても濃淡や光澤の多少は見ないとかいふ事が多い、從つて之を繪に現はすにしてもさうした方面が現はれない。

自分は寫實した積りでも決して眞は寫さないといふことが多い。かうした物を出來上つた畫について批評しても其の基が歪んでゐては結局何にもならない。で、其の基の感覺を養ふといふのである。視覺筋は最も大切である。

二、理論卽ち美とか眞とかを抽象的理論的に敎へず實際から感得せしめるがよい。例へば圓形も斜に見れば楕圓になる、それを理論からでなく、實際見させた上から知らせるのである。下學年では餘り深入りは出來ないが、此の學年になると相當に眼が明かになつてくるからである。理論を敎へるでなく、理論を生ませるのである。

三、下學年では表現といふことがむつかしい、從つて自分から生み出すといふ力が十分に現はれ難いが、此の學年になると畫とか表現といふことが解るがために心が發動して畫きたくなる、多方に表現欲が表はれる。で、此の際は妄りに萎縮せず放膽的に其の力を伸ばすがよい、よし惡いものが出來ても何れは反省して正しい方向に向ふ。丁度綴り方で長い文を書く五枚も六枚も書く時期だからである。

四、兒童の作品に對しては畫いた動機。中心思想について尋ね、其の意志を尊重して批正しなけれ

ばならぬ、よし形から見れば良くなくても其の意識に於いては美を捉へ又は美を捉へんとして苦心したものがあるからである。

五、鑑賞の材料はなるべく多方面に材料をとり、それが爲に畫題畫法が固定しない様にしなければならない。

六、用具については其の種類其の取扱に等につき充分了解させなければならない。

第六節　時間割學習指導案例

尋常第五六學年の部參照

第七節　訓練養護

其の一　訓練の方針

一、個性を十分に發揮させ心を自由に豐に生活させる。

下學年は未だ學校生活に慣れない爲に、家庭では我儘なものでも其の鋒をかくして自由に活動

しないが、此の學年になると學校と友達に慣れ、それに下學年といふ幼弱なものがある爲に優越を感じ我儘になるものである。敎師は此の際「それ我儘になつた。」と叱らず怒らず大抵の事は大目に見て、惡事は自分から自然に覺つて改めるといふ程度に活動させるがよい。面白いものでどんな腕白なものでも相當な年齡になると自然と改まる、お轉婆々々といふものでも嫁入前には直る樣に、時機心意を考へなければならない、なまなか規則に拘泥すると陰險になつたり心を小さく萎縮させる、鑑るべきことである。

二、なるべく叱らないがよい。自然に自分に氣付き、自分から改めさせるがよい。喧嘩などしたら始から叱らずヂツト見てゐるがよい、惡い方が必ず良心の呵責から手を引いてしまふ、良心の呵責は貰い敎へである。

三、個人と團體との關係を此の學年頃から意識させ、團體の責任は我が責任であることを意識させる。

四、此の學年では附和雷同といふことが甚だ多い、惡いことゝ知りつゝ團體の空氣に浸ると知りつゝ惡いことをしてしまふ。かうした事がある每に靜に考へ毅然として正しい事に自分一人で

も敢然としてつく様にさせるのである。

五、學級の雰圍氣は此の學年あたりから色彩が現はれる、殊に級中のリーダーになる優等生から生れるから、此の情勢を洞察して自然によい空氣にさせることが大切である。

其の二　訓練要目

	三年の部	四年の部
清潔整理	學用品携帯品を整理する。 教室を清潔にする。	教具校具を整頓する。
勉　學	學用品を忘れない。	よく豫習復習すること
勇　氣	辛棒強くする。 あわてない。	附和雷同しない。

勤勞

掃除や當番をよくする。　同上

學校の作業をせい出す。　同上

規律

學校の規りを守ること　同上

自治

學用品等を自分に始末する。　學習や作業にきまりを立てゝする。

自分の力でなるべく學習する。　同上

親切

友達の困るのを助ける。　同上

下級生をいたはる。　同上

信義

うそをいはない。　同上　約束を守る。

禮　儀

人の惡口をいはない。　　同　上

言語行動を下品にしない。　　同　上

公　德

人の邪魔をしない。　　校舍を汚したりしない。

學校の物を大切にする。

其の三　訓練の方法

一、學校生活の時間

一二年は學校生活に慣れない爲か、まだ家庭を戀しがる。然るに此の學年になると、生活になれて、いくらでも學校にゐたがる、從つて敎師は授業が濟んだからといつて直に歸さず、なるべく多く學校生活させるがよい。授業前三十分か一時間、授業後一時間位は是非學校におきたい。五六年になると科目の增すと同時に授業時間も多いが、此の學年は比較的少いから、さうするには一番都合がよい。

二、環境の整理

學級圖書館を作る、單稿本、雜誌類を供へる、遊戲、作業を行はせる。さうした機會を作り物品を備付けるがよい。此の中、學級圖書館などはなるべく充分に經營して、自由に圖書機械に浸る樣にさせたい。

三、遊戲の奬勵

四、作　業

學校生活に慣れ身體も發育してゐるから、なるべく多くの作業を行はせる。而もなるべく自由に活動させ、束縛しないがよい。學校園の如き喜んでするが、種を蒔き移植する、隨分へマなことをして芽の生えない蒔き方枯れる樣な植ゑ方をするが、さうした失敗が却つてよい結果を得る。

五、のんびりした生活をさせる。

下學年は慣れず上學年は卒業後とか責任とかの爲に充分な活動が殺がれるが、此の學年ではさうしたことがないから、思ふ存分活動させ樂ませ、個性を發揮させてノンビリした子供らしい生活を營ませるのである。

—(500)—

六、教師と兒童の交際を親密にする。

一二年はまだ教師を幾分恐れてゐるが、此の學年になると教師を父母の樣に親しんで來る。此の心を利用して深く交り、自然に訓化することが大切である。

其の四　個人訓練と家庭通信

此の學年になると個性が能く表はれて來る。一般訓練としては勿論前の方法によるが、個人訓練としては、十分に個人調査をして、それに對する方法を考へるのである。

訓練は家庭と氣脈を通じる必要があるから、學校からは學校通信、學級からは學級通信をするがよい。私の例は前にあげてあるから玆には略することにする。

其の五　養　護

一、運動遊技の奬勵と注意

この學年になると漸次大人らしい、否上學年らしい運動をする、キヤツチボールをする、庭球の眞似をする、さては投槍、機械體操さうした心を利用して敎へてやるがよい。

二、飲　食

物の道理がわかつて來るから道理から飲食上に對する注意を實行させる。

三、自分の身體の事を知らせ、衞生上の實行をさせる。

下學年は自己の身體を知らない。がこの學年になると、自己の身體が解る。他と比べてどの點が惡いか、體力はどの位あるか位は自然に解る。この心を利用して理論的に實際的に意識させて養護鍛練につとめさせる。

四、身體檢査の利用

身體檢査は學級全體のものを知らせ、自分がどんな位置にあるか、どの位發達したかを顧させる。尋常一年以來のものを教室に表示し横に縱に之を見ては身體上の知識を得させ養護に務めさせるのは體育の必要を自覺させる上に有効である。

第十二章　尋常科第五六學年の學級經營

第一節　教育方針

其の一　學級經營の通則

一、自學的に學習させる。

二、意志實行を重んじる。

三、個性發揮につとめ創造的の人にする。

其の二　特殊方針

一、學校生活を深化させる。

一二年では學校生活を知り、三四年では生活を擴張するが、五六年では之を濃厚に、深く、味のあるものにさせるのである。勿論どの學年でも此の三方面に注意しないことはないが、此の學年になると、反省の意識も盛に、又學校生活も十分慣れてくるから、勢此の方面に至るのである。ある學者が、此の年齢では大人を縮少した樣に總べての心が調和して來るといふのは味ふべき言

葉である。

私の經驗から言つて見ても、此の學年になつて子供自身で、雜誌を作る、學級新聞を作る、家庭小學藝會を自動的にする。小遠足會をする、小運動會をする、各學校の運動を見にいくと言つた樣に自發的に意味の深く籠つた仕事をするのを見て今更に感じたのである。學業の方で運動の方で趣味の方で斯く自發的に丁度大人がする樣な事をするのが面白い、無茶苦茶にするのでなく眞に趣味に驅られてする所に意義がある。

綴り方を書いても、ある事を叙したかと思へば、一方から書いた自分を客觀する、人生を客觀する。敎師を見るにも他の子供を見るにも自己を離れて客觀的に批評する等面白い事が多い。かうしたことが學校生活の深化といふのである。生活に味が出、人生に意義を認めるのは此の心である。

二、自學心を深くさせる。

自學といふことは五六年では相當に發達する。三四年の自學は未だ自學の要點方法等について不充分なことが多いが、此の學年ではそれを完成させるのである。例へば讀み方地理歴史の自習

でも只無暗に讀んで棒諳記するといふのから、其の要點を把束し經濟的に論理的に理解し、研究の方法でも合理的に巧にする様にさせるのである。

三、團體的共同的の心を固くさせる。

社會生活は共同である、團體的の行動は大切である。この心が本當に出來るには個人と團體の關係を意識させなくてはならない。團體生活に慣れ、更に其の團體の爲に自分を顧ずにする様な心を養ひ、更に惡を避け最善を團體に盡させる様な心を練ることは、やがて愛國の心人類愛の心となつて發動する。

四、責任感の養成。

自分に責任を以て事をする、まして自分は上學年の一人として大なる責任あることを自覺させるのである。

五、自治心の養成

此の學年になると、餘程まで自治が出來る、學校全體の訓育につき學習につき、なるべく多く自治的にさせるがよい。

第二節　兒童調査

此の學年も前同様に兒童調査の必要がある。まして六學年になると將來の方針も定まることだから、更に將來の方針といふ目的につき父兄とも相談して更に一段精しく身體精神の検査をする必要がある。

一、身體方面（個人調査參照）

二、精神的方面

A　知能検査

B　學　業

修身國語を始め各教科

C　操　行

D　人　物

E　僻性及長所短所

F 履歴

三、将來の希望

第三節 教材

修身科教科書材料の外に補充材料

讀み方 副材料

綴り方

書き方 五年から普通ペン習字を加へる。

算術 教師用算術書、及家庭自習用のを持たせてよい。

メートル法

五年 粍、糎、米、粁、浬、

平方センチ、平方米、アール、立方粁、立方糎、立方米、立、デシ立、瓦、瓱等

六年 同前

—(507)—

國史　教科書外參考書

地理　同上

理科　教科書外臨時材料をとる。教科書中のものも地方的にする。

圖畫　普通材料に鑑賞材料

唱歌　同上

體操　一般的のものゝ外地方的のものをとる。

第四節　環境整理

一、學級圖書館

二、自習時間の設定

時間は一週五六時間

三、教具の設備

必要なものを調べ不足のものを整理

四、校外教授豫定　場所と時間目的
五、學級園
六、諸會合
運動會・遠足會・娯樂會・儀式等
七、其の他

第五節　學　習

甲　一般方針
自學的に行はせる。
乙　特殊方針
其の一　修　身　科
1　道德上の道理を確實に知らせる。德の意義を知らせ理想力・判斷力を養ふ。
2　國家的社會的道德觀念の養成に努める。
6　公民的敎材を重く見る。

4 日常生活、社會上の出來事について正しい判斷力を養ふ。

5 實行力を高めて實行させる。

3 自覺を起させ、人生觀を養ふ。

其の二　讀み方

1 本を讀んで意味を採り更に之を批判して身に體得させることに努める。

2 讀書に對する趣味を養ひ、卒業後も之に親しむ習慣をつけること。

3 なるべく語彙を豐にさせる。

4 文語文は讀んで意味を採ることを主とし之を作らしめないでもよい。

5 學力も進んで來てゐるから語法修辭文法に注意する、但し系統的に敎へる必要はない。

6 材料は餘り多いといふではないが、意味の深いもの味のあるものが多いから內容形式共に深く味ふことが大切である。鑑賞は特に氣をつけなければならない。

7 法制經濟に關した材料は難解であるから特に實際について例說する必要がある。

其の三　綴り方

一、物を深く見つめ人生を考へる心を養ふのは意味ある文を作るに至るに大切なことである。
二、文は長くなくてもよい、眞の自分を書くことにつとめさせる。此の期になつて個性は著しくハツキリ現はれる。
三、文は形に捉へられず内容を重視するがよい。
四、自分を見つめて自分を書き、更に逆にさうした事から自分を創造させる樣につとめる。
五、人の文を味ふことが大切である。批判する明が大切である。それに依つて自分も自分の文も伸びていく。
六、文を作ると共に名文に接しさせるがよい。
七、指導に當つては作る指導想の批判をすることが形より大切である。

其の四　書き方

一、技能は表現したものを能く見考へては批評し練習することによつて進む。自然に書いたもの又は手本を精密に見、味つては又練習させる。
二、個性が段々表はれてくる。全體を必ずしも同一の型に入れることは聰明な處置ではない。各

人の個性に從つて伸びさせるがよい。

三、ペン習字については特別の書法があるから其の要點を考へなければならない。

四、書き方時間に書いたものだけでなく、總べての書きものに注意して指導するがよい。

其の五　算　術　科

一、基礎教材、練習教材、應用教材と分ち、其の中の最も難解であらうといふものは豫め特別の注意をしなければならぬ。時間が多くかゝつてもよい。全く解つたといふまで學ばせるがよい。答だけ出來たのでは不充分である。

二、教材を地方化し事實化し兒童化し生活化して取扱ふ。私は株式の問題の時など株式について二三時間も話してから計算させた。

三、實驗實測は本學年も特に必要である。

四、事實問題から形式問題に入るがよい。

五、優等兒劣等兒の差別が著しくなる。個別的取扱をし、それでも不充分なら本科だけ複式的にし、教材を別にするがよい。五年でも劣等のものは三年四年の材料を學ぶ樣な類である。

六、問題を時々作らせるがよい、難解の種類ほどさうした取扱が必要である。

七、考を精密にし確實にさせる、これは人生として大切である。

其の六　國　史

一、事實を教へるのが大切であるが、更にそれに依つて人生觀を與へるのは猶ほ大切で究極である。德川家康を習つたら、それによつて其の人の人生觀を知り更に自分の人生觀を高め深めるのである。古來歷史即古の偉人傑士の話を聞いて發憤した物がどれ程あるか知れない。

二、自學は教科書を教へられない前に之を見て讀み思想を得るだけでなく、顧て自分を高め、更に他の參考書をも讀んで興味を養ひ人生を自學的にするのである。

三、小學の歷史は正史のみの教授ではない。要は國體を知らせ國民精神を養ふのだから、縱令傳說でも譚でも、よし實際無いことでも、思想として存在する以上價値がある。考證の必要はない。特にさうしたものは子供の興味と理解に適するから俗傳でも傳說でもよい價値あるものは採るがよい。

四、事實の眞相を具體的に話し、決して抽象的形式的に終つてはならない、かくては情操陶冶も

事實の理解も出來ていかない。教材の研究は最も大切なことである。

五、人物事件については教師から理解同情を强いてはならない。子供の眞の心から純に率直に素直に見させてほしい。例へば淸盛は惡人であるが僞らず率直なといふことはある、爲朝も忠義ではないが、豪快で、人には率直、行爲は竹を割つた樣に男らしい所は面白い。まして家康の如き人は狸親父といふが、とにかく三百年の太平を開き、水も漏らさぬ幕府創設の頭は決して尋常ではない。牛若辨慶など國家的に大きな働はしないが人間としては味がある、子供は躍り立つて喜ぶ。歷史取扱については必ず這般の意味に省みなければならない。

六、國際觀念の養成といふことが大切である。往時の如く我が國は孤獨には暮せない。世界と交り世界の文化に與る上は此の觀念の養成は最も大切である。

其の七　地　理

一、地理は直觀に依つて敎へることはむつかしい。從つて其の基礎の知識については十分時間を取り、具體的に知らせなくてはならん。例へば都市•港灣•平野•交通•貿易•山脈•溫泉•鑛業。かうしたものがどうかといふことを知らず、人口何萬あるとか、よい港とか、大きな平野といつ

た所で、さうした經驗のないものには毫も解らない。私も地理は小學から何回も習つたが、今實際其の土地に行つて、嘗て習つたことゝ大差のあるのに今更ら驚く。從つてこれが教授には例へば港を教へるとしたら港の地理模型船舶模型などをもつて行つて、港の廣さ。波浪。埠頭。水深。防波堤。船の發着船荷の積込積下し等を知らせるのである。

二、其の土地の個性を知らせる。同じ港でも所によつて違ひ、同じ鐵道も用途が別である。各地各物夫々に個性のある所を知らせるのである。

三、動的の地理を學ばせる。土地は年々に開け、人は歳々に發展する、其の發展のプロセスに無限の味がある。數十年前東京横濱間の鐵道が今は全國一萬哩になり、今や鐵道計畫は全國に渉つて網の如く張られていく。今後十年二十年どんなに變化するか知れない。一個の漁村が港となつて數十年、今は關西最も重要な門司となる。東海道五十三次、驛鈴の音が絶えて以來旅宿は今や產業の地と變つていく。かうした過程を味はせるのである。

四、產業は人生に最も大切である。これなくて一日も生活は出來ない。然るに今迄の地理で此の事の學習が不充分であつた。山河名。名勝の地。政治の中心地さうした事等よりも、もつと重ん

じるのは此の產業の方面の學習にある。生產・交換・消費・經濟・活動は文化の源である。

五、子供の心意に適する樣にする。今の教科書はまだ抽象的である。あれだけでは理解も興味も不充分である。子供を旅行させる、非常に喜ぶにかゝはらず地理書を好まない。教師は子供の旅行した樣な心持で學ばせる所に教育の鍵がある。

六、各材料を孤立的に扱はず關係的全體的に取扱ひ、特に自然と人文との關係に注意する。

七、我が國の眞の立場を知らせるには外國を知らさなくてはならない。外國を知らせ國際的關係を明にさせる。

八、地圖を畫く、實測する・模型を作る・地圖による旅行をする樣なことは眞の知識を與へる上に最も良いことである。

其の八　理　科

一、理科を純知的のものとせず、子供の明知と其の溫な情を以て研究に臨む樣にしたい。殊に生物については猶更である。

二、日常經驗する事物につき理科的の研究をする態度を養ふ。

三、理科殊に自然研究については審美心宗敎心の涵養を忘れてはならない。

四、觀察實驗は學習の基である、決して空理空論になつてはならない。

五、なるべく主觀を無しにした客觀的の科學的良心を養ふことにつとめる。

六、研究は敎師から敎へず、自分から研究させ、同時に研究心を養ふと共に研究法の指導が大切である。

七、身體の生理衛生の事は輕視され易い。つとめて重視したいものである。

八、學校に於ける敎材以外。自由に材料を探つて研究する樣に欲しい。夏休など子供が山に海に行つた時又家庭にあつた時、ある一事一物につき多方に實驗觀察して研究する樣に欲しい。私の考へたものゝ中で尋常三年位で鷄の研究を始め、大人も及ばぬほど調べたものがある。貴い業だと考へる。

九、動的立體的の研究をさせるがよい。ラヂオが流行る。子供は之に熱中して本を讀む、更に之を自分で作つて見る、實驗する、失敗する、又考へては作り直す、始めて正しく聽ける。鳥の研究をする、本を讀む、鳥を卵から孵化させて見る、之を養ふ、雛が成長して卵を產む。或は

種を蒔いて芽を出させる、成長させる、花を咲かせ、實らせるといふ様な研究、之を動的立體的研究といふのである。

一〇、理科的施設に對しては工場なり官公署なり會社なり、可成實地に見學させるがよい。

其の九　唱　歌　科

一、子供の趣味に適する材料によつて、自然に之を愛好する様に學ばせる。

二、基礎練習は此の學年に於ても云ふまでもなく大切である。

三、歌ふ材料の外に鑑賞材料について鑑賞させる。これは一般に廣くとるがよい。

四、變聲期に入つたものについては特別に注意する。でないとそれが爲唱歌を嫌惡する様なものが出來る。

五、家庭又は學校に於いて下品ならざる限り随意な樂器を以て歌ひ又使ふことを許す。

六、一部の學校では歌曲を作らせるといふが、極く特別なものでなければ出來ない。なまなか之を奬勵してつまらないものを作るに努力させる如きは趣味を低下させ徒勞させる。古來優良な歌曲は普通の人の作つたものでない事から考へてもわかる。而し特別のものが随意に作るなら

格別である。

七、時に音樂會を自治的に行はせ、又有名な人の音樂を聽かせることは大切なことである。

其の十　體　操　科

一、特に青年期に入らうとする時期である。男女共に心身の状態を考へて課さなくてはならない。

二、體育に關する自覺を起させ趣味を高めなくてはならない。方法としては

A　身體の生理衞生に關する知識を與へる。

B　體操遊技の實行の利益と快感を體得させる。

C　優秀な體育家の運動競技を見學させる。

D　體操遊技に關する知識を與へる。

E　時々運動競技の會を開く。

F　自分の身體について形態機能の一般を他と比較して知らせる。

三、體育の目的たる全部面から考へて遺憾ない樣にする。例へば競技のみに熱中させたり、優勝

の爲に無理などさせないこと。
四、遊技運動については、なるべく廣く知らせ、一通りはどれをも行ひ得る樣にするがよい。
五、他人の遊技運動を見る趣味を養ひ鑑賞批評の眼を開いてやる。

其の十一　圖　畫　科

一、圖畫にも模倣はあるが、といつて書き方の如くなつてはならない、殊に長じては務めて個性發揮創作意識を高めなくてはならない。
二、鑑賞は同年齡のものゝ畫いたものゝみでなく、大家のものにも接せしめて鑑賞眼を養ふ必要がある。
三、直觀力を正確に透徹させなくてはならない。外部の形から內部の精神にまでくひ入る明を養ひたい。
四、畫いて樂しむといふ事から更に丹靑を畫布に落さなくても心に美を構成して喜ぶ、藝術の極致である。
五、過程を重視しなくてはならない。畫かんとする意識・努力・方法・苦心そこに大きな價値があ

る。たゞ其の結果のみを見てはならない。

第六節　時間表並に學習指導案例。細目

時間割については色々の說があるが、自分は次の諸項から考へて作つてゐる。

一、第一時は一見學習によかりさうであるが、學ぶ者の心が雜念の爲に順應しない、能率が高まらない。高まるのは午前三時間の時は第二時、次が第一時、次が第三時、次が第五時第四時の順となる。第四時がそれほど能率の上らぬのは食後で血液が胃腸に行くことと及び晝の運動の疲れの爲である。。午前四時限の時は第二時の次に第三時、次が第一時か第五時、第四時が一番能率が上らない。

實際の例についていへば算術の如きは始にはしたくない。第二時位にしたい。修身は心を順應統一させる樣に仕向ける爲に第一時でよい。地理や歷史理科は午前三時間の時は第五時、午前四時限の時は第三時位にしてほしい。

二、技能科に屬するもの圖畫手工の如きは一週二時間あると上學年では二時間同日につゞけてす

るもよい。準備として又仕上げる上に都合がよい。是非これは一日の終の方に廻したい。
三、時間割は一定してゐても教材の都合により算術讀み方共他臨時に二三時間位つゞけると能率があがる。
四、一週の中月曜日は雜念の爲に順應しにくい。從つて此の日は之を落ちつける修身の如きもの、又はそれほど疲勞しないもの興味のあるもの價値の高くないものを行ふがよい。次に火曜水曜はよく心が順應し緊張充實するから能率があがるが、土曜は心がソワ〳〵して落付にくい。
五、一年の內春はそれほど落付かないが秋から冬にかけては中々能率があがる。リズムは一日中にも一週一年の中にも夫々あると見える。
六、時間短縮の時は一時限を三十分にするもの四十分にするもの四十五分にするものがあるが、下學年でない限り三十分や三十五分一時限で變つては落付もなく能率も上らない。矢張四十分位はほしい。
七、尙ほ學校生活の時間數と授業時間數と別に調製するが理想である。一年だからとて又短縮中

だからとて授業がすめば能事終れりとして歸宅させるのは必ずしも教育的ではない。終に學習指導案例は各科共前にあげてあるから省略する。細目も是非あるべきものだが玆には省略する。

第七節　訓練養護

其の一　訓練の方針

一、理性が高まつて來る。今までの樣に自然性のみでは生活しない。理性によつて自然性を統制し、ザインからゾルレンに到らせるのである。青年期になると感情生活が盛になるとかして心のバランスが敗れるが、此の期は調和的に發達してゐるから、理性に依る圓滿な生活、味のある生活をさせるのである。

ともすると此の理性は冷かになり過ぎる傾があるが、私の云ふのは温かい血の通つた本性の生活の意である。若し冷かな理性になると感情生活の方と理性の間にギャップが出來て、生活が出來ないとか、苦悶が生れるから此の邊の指導に注意する。

二、責任を以て事をする樣にさせる。下學年では全く無意識に行動するが、此の年頃になると反省作用も强く、行爲については批判の後行ふ樣になるからである。まして一方には下學年あり、自分は上學年といふ意味から名譽として義務として自然に責任をもつ樣になる。

三、自治的に行はせる。學習のこと訓育のこと總べて出來るだけ子供に任せ、教師は之を客觀して指導してやるがよい。自治會の如きは四年以上からは開いて有意義に實行させるがよい。

四、個人的になり易いから、公共的に仕向けるのである。これは只話だけでなく實行に依るがよい。この學年などは指導さへよければ意想外に行ふものである。

五、將來の目的を敎へさせ、人生は何物か、どうしたらよいかといふことについて、なるべく深刻に自覺させるがよい。古來此の年頃で發憤し自覺して名をなした人が如何程あるか知れない。

六、よい級風を作らせ、善良な空氣を漂はせるのである。かうした時全校總べてがよくなる。

七、舊來の道德に捉はれて、極端な排外的國家主義。偉人豪傑主義。高位高官主義。ブルジョア主義にさせてはいけない。偉い人より善い人、いかなる職にでも忠實な人。貧しくても正直な人

—(524)—

溫情仁愛の人、良い日本人良い社會人にしたいのである。

其の二　訓練要目

五年の部	六年の部
清潔整頓	
自分の身體及學校を清潔にする。	同　上
勉　强	
豫習をし、出來るだけ自力で勉强する。	同　上
勇　氣	
自分の考を十分に言ふ。	同　上
善い事は勇んで決行する。	同　上
勤　勞	
作業を本氣で行ふ。	同　上
規　律	

學校の規りを必ず守る。　同上

自治

自分の事。學級。學校の事はなるべく自分等でする。　同上

親切

友達や外來人に親切にする。　同上

信義

責任をもつて務をはたすこと。　同上

禮儀

修身で教へられた作法を實行する。　同上

公徳

學校。學級のものを大切にする。　同上

其の三　訓練の方法

一、學校生活

—(526)

學校生活によつて人となり、よい團體となるから健實な情味のある生活をさせなければならない。それには授業は毎日何時間位するか、體育の方にはどの位使はう、自由な娯樂はとどうしようといふこと等を考へて生活の時間や設備方法を考へなければならぬ。差當り時間については朝始業三十分位前から授業後一二時間の程度にしたい。而もそれも季節により家庭の事情により各人同一に又四季同樣にといふことは出來ない。

二、環境の整理

學校圖書館學級圖書館を作つて單稿本、雜誌類を備付ける。遊戲作業を行はせる設備をする。自由研究をする爲には學校の圖書も機械も貸與へ研究材料も提供するがよい。出來るなら小動物園・小植物園・小博物館・小美術館の樣なものがあれば最幸である。それでないにしても圖畫室・理科室・手工室位は開放してやるがよい。

三、作業

內外の掃除・學級の當番・動植物の飼養培育其の他益々作業を多くさせるがよい。身心が練られる上に實行的の人となり勤勞の人となる。

四、遊　技

體力も强くなり發育も盛になるから遊技を奬勵するがよい、啻に心身が發達するのみでなく惡い行惡い心が起らなくなる。個人遊戲もさることながら團體遊技は特に効果がある。共同一致の德も不知不識に養はれる。

五、自治會

自治會は學校自治會學級自治會を開いて、學級の自治を奬勵し、ひいて學校全體の自治に進めるがよい。

六、儀式其の他の會合

儀式其の他の會合を起し學校生活を豐にする。

其の四　個人訓練と家庭通信

團體の訓練は一般として個人をよくするものであるが、一方個人には個人の特質があるから、敎師は各兒童について充分に身體精神の檢査を行ひ、これによつて個人的に訓練しなければならない。例へば當校の一兒童は學業は普通だが性格が全く普通でなく、粗暴殘忍で神經質であ

つたのに、中耳炎を癒した爲に急に性格が變つた。ある子供は耳を病んでから急に出來なくなつた所が、席を前の方にしたら又元の樣になつた。

精神上については各人樣々の個性があるから、十分に個人調査をし、銘々について訓練の方法を考へるのである。

家庭通信としては、一方學校全體から他方其の學級から行ふがよい。私の行つた例は前に訓練の部にあるからそれに譲る。

其の五　養　護

一、自己の身體について知らせる。

1、身體につき生理衞生の知識を與へる。

2、身體檢査又は運動によつて自分の身體や體力がいかなる地位にあるかを知らせる。

二、體育の必要を自覺させる。(方法前出)

三、飲食。運動。休息。睡眠。清潔等について適當な方法をとる。

四、救急手當の方法を知らせる。最も簡易なもの。

日射病の手當　　　　出血の手當
中毒の手當　　　　火傷の手當
腦貧血の手當　　　　熱の手當
腦充血の手當　　　　下痢嘔吐の手當
創傷の手當
右は教師だけでなく子供に心得させてほしい。
五、體育の奬勵と注意。
六、校舍の採光・通風・採暖・机腰掛の高さ・文字の大さ等の注意。
七、身體につき個人的に調べ、それによつて養護の方法を教へる。例へば心臟の弱いものには激動をさけるとか、少し運動すると發熱するとか、疲勞が著しく現はれる者夫々に注意する。

自學中心 學級經營の新研究 終

大正十四年十一月二十日印刷
大正十四年十一月二十五日發行
昭和五年七月十日八版發行

【定價金参圓五拾錢也】

著作權所有

自學中心
學級經營の新研究

著作者　小林佐源治

發行者　目黑甚七
東京市京橋區南傳馬町二丁目五番地

印刷者　白井赫太郎
東京市神田區錦町三丁目十七番地

印刷所　精興社印刷所

發行所　目黑書店
東京市京橋區南傳馬町二丁目(本店)
新潟縣長岡市表町四丁目(支店)
新潟市古町通七番町(支店)

東京　電話京橋三四一七番　振替東京二八〇九番
長岡　電話長岡一八番　振替東京三六一九番
新潟　電話新潟九〇三番　振替長野四〇九〇番

学校経営新研究

小林佐源治著

學校經營新研究

東京　目黒書店發兌

序

それは丁度私が高等小學を出た十六の春の事であります。わたしは父と一緒に郷里のある野原に行きました。日は吉祥山の上に登つて、空はどこまでも海原の様にはれてゐるのに、あるかなきかの軟かい風が穏に流れてゐます。あたりの草といふ草、木といふ木は皆緑の可愛い手を出して此のなごやかな春の氣を心ゆくばかり吸つてゐます。姿やさしい雲雀は今しがた麥の畑からパツと立つて大空に春の歌を歌つてゐるではありませんか。

ソロモンの榮華も一輪の百合の花に過ぎないといつたが、自然は、なんて、こんなに美しいでせう。私は思はず大地に跪いて感謝の祈をあげたくなりました。

私はかうした大自然の藝術にひたると共に、自ら人生といふことを瞑想しました、シミ〴〵我が身の上を凝視して將來を考へました。

わたしが一生を教育に盡す様になつたこと、それには色々のわけもありませうが、それにしても人生何人にも若し志を立てる日があるとしたら、朧氣ながら私は此の時であつたでありませう。

月日は早いものです。此の時からもう三十年になります。孟子は天下の英才を得て之を教育するのは三樂だと言つたが、私も永い間此の道に從つてゐます。而も日々樂しく此の道

を歩くことが出來ることを思ふ時、先づ天に向つて合掌し禮拜しなければならぬと思ひます。私はかうした永い經驗から前に小著學級經營を書きましたが、玆に再び學校經營を述べることになりました。

學校經營は學級經營と相俟ち、而も高次にして先行すべきものであります。學校經營をおいては學級經營に意義はもちません。學校經營と學級經營とは私共の知識なり感情なりが全意識と關聯してゐるのと同一だからであります。

今まで學校經營といひますと、法令を基にして、それから各自の教育觀で之を演繹していくか、外國の教育說の飜譯にすぎませんでした。從つて經營の實際において、總べてが常識的であり、模倣的であり、形式的であるのは當然の成行ではありませんか。

が、學校經營はかうした形式的常識的なものでは本當の教育は出來ません。教育は人格的活動であり、生命現象であります、どの施設の脈管にも生々しい血潮が流れ、部分の尖端にも全生命の躍動がなくてはなりません、部分と全體の間にも密接不離の關聯を保ち、本質的合理的でなくてはなりません。斯の如くにして始めて教育活動が力を得、生命を附與されることになります。

頑鈍な人間でも相當の年になれば、自然に將來何をしようかと考へます、將來についての目的が定まれば、それに相當する方針をたて、計畫をするのは必然の道程であります。

人の子を教育するに當つて、いかにすべきか經營案のあるべきことは當然のことで、徒に習慣に泥み、自然の成行に放任する如きは、啻に正しい教育を施し得ないのみならず、教育に對する冒瀆であります。

が、學校經營の仕事は非常に廣汎であります。貧弱な私のそれに對する考でも到底三百頁五百頁の冊子には盡せません。本書學校經營といひましても經營の全體でなく、其の中心概念と主要な事項に止るのは止むを得ない事であります。而も私は日夜非常に繁忙な身の上でありながら、暇を得て書いたものだから、私の意を盡さない所、不明な所も多々あることだらうと思ひますが、その邊は特に御諒察を希ふ次第であります。

昭和四年三月

著者しるす

學校經營新研究 目次

目次終

學校經營新研究

小林佐源治著

第一章　學校經營案と教育観

「將來」といふ意識の窓に眺める五十年も「過去」といふ意識に照して見ると本當に一炊の夢よりも淡い。

わしも、若い〱と思つてゐたが、數へると五十になるのも間もない事になつてしまつた。貴い人生をこの世に享けて、さて今まで何をして來たか。これで人としての本務を盡したか、親としての責務を盡したか。かう考へて來ると哀愁と淋しさにこみあがると同時に、過去よりも短いであらう將來に對して、いかにして人生を歩かうか、いかにして教育を行つていかうか、さういつた希望と焦慮が今更に焔をあげて燃えて來る。小さいながらも意味のこもつた私といふ塔を築きたい、私の教育といふ堂宇を小やかでもよいから營みたいとは、今の私の切

なる念願である。

考へて見ると、如何に無知な匹夫匹婦でも、家をなせば、将來どんなに家を經營していかうか、いかに子を育てゝいかうか、それらについて、口に現さないでも厳とした理想がある。犯しがたい強い意識がある。雨の日雪の日、憂さ辛さもこれあるが爲に消され、朝な夕なの苦しさ貧しさも此の希望の華やかしさ輝やかしさの爲にけおされる。理想と希望、計畫と意圖、何といふ強い力であらう。

かうしたことから今の教育界をながめると、いかにも奇しく、いかにも情けないことが尠からずあるではなからうか。

ある學校では新教育を行ふ――かういつて一二冊の本を讀むか人の說を聞くと、翌日から新學校の看板をかける。さうして、どの教師も〳〵舊形式をすてゝ新形式の教育を行ふ――勿論校內一教師の反對もなく。

かと思ふと、一二年過ぎて校長が變る。又校長が變らなくとも倦きてくる。すると、自然に新教育の火は消えて、看板も塵にまみれると共に其の實を失つてしまふ。甚だしいのになると、地方官が變り、視學が變つて悪批評でも受けると、掌を反す様に豹變してしまふ。從來新學校といつたものについて歴史的に眺めると實に面白い。分團教授が流行すると分團教授をやる、自由教育の說があるとすぐ自由教育、ドルトンプランや合科教授がどこかで稱へられる

とすぐドルトン式に合科教授、始終新奇に追ひ廻されて猫の眼の様に變轉してゐるではないか。正しい教育人格相手の仕事の方針がかく無秩序に變轉していくものであらうか。教育の發達に斯く無系統な進歩、不統一な飛躍が許されるであらうか。教育が自己意識ある人によつて行はれる以上は發達の上にも順序がなければならない、系統がなければならないし、統一があるべきことゝ思ふ。而も系統秩序統一を忘れた變化が自覺ある教師の貴い手で人間相手の仕事に施されることは實に忌むべく恐るべき圖ではあるまいか。

一方において右の様に新教育があると思ふと他方には反對に又昔から依然として苔の生えた舊教育の學校がある。明治の中年代に榮えて既に化石したヘルバルト主義の教育を金科玉條として、教材も方法も昔ながらに行つてゐる。而も穩健とか中庸とか堅實といつた美名の影にかくれ、世の文化の圈外に立つて晏如としてゐるものもある。

が、地球はめぐる、世態は變り學問は進んでいく。哲學、科學すべて面目を一新してゐる。これらについて無關心でどうして生きた今日の教育が行へよう。進んだ今日の兒童を教育していかれよう。考へると私が東京に來てからでも教育説が隨分に變つた。明治二十年の初頭に渡つて來て三十年代に全盛を極めたヘルバルト主義の教育が凋落してからは、ベルゲマン・ナトルプ・バルト等に依つて稱へられた社會的教育學が頭を擡げた。エレン・ケイの個人的教育卽ち二十世紀は兒童の世界などの思想は從來の形式主義の上に大きなひびを入れた。

エルンスト・モイマン、ヴイルヘルム・アウグスト・ライーの實驗的教育學も教育研究上に一新時期を劃した。理論としては兎角の論爭批難があるが、實際界の上には有力なウイリアム・ゼームス、ジョン・デユーキーの說も行はれた。ましてエルンスト・リンデ、ゲルバルト・ブッデ等の說卽ち人格的敎育學派の說は眞向から舊教育に破壞を試み、フーゴー・ガウデイツヒの說などは最近益々我が邦に迎へられ研究されてゐる。かくてエドウアルト・シユプランガー、テオドル・リツト、ゲルシエンシユタイナー等の文化敎育學や新カント派のパウル・ヘーベルリン、ヨーナス・コーン等の稱へる哲學的教育學派の思潮等は從來の低迷暗澹たる空氣を一新して新敎育の世界を作らうとしてゐる。かうした學問の進步や、我々の內省から考へて、どうして誰が依然として古い王座にばかり禮讃してゐられよう。元より前說總べてを信じはしないが、動かすことの出來ない眞理には從はなければならないではないか。

私どもは勿論いつまでも〳〵外國思潮に禮拜のみしようとは思はない、內省を忘れてはゐない、國情に無關心でゐようとは考へない。是非日本的の教育を打ち立てゝいかなくてはならない。これは勿論さうであるが、といつて學問の進步に無交涉であつてはならない。而も我が國今日の敎育は依然たる舊敎育であるか、でなければ餘りに新奇に走つて而も其の本旨を逸してゐる。輕佻浮薄か傳統固守かこの二途に出でゝゐない。まして學校經營に及んで之を見ると、何等の方針もなく、何等の統一、連絡もないと云はなければならない。例へば今日

の思潮としていふ「生活」の如き、口に兒童の生活を云ひながら事實學校生活は知的生活のみではないか。人格教育の聲は美しいが事實は人格内容の一たる知識啓培の一途ではないか。情意の陶冶は人格修養の根基だといふ、これに對する施設果して何があるか。文化尊重可なり、而も不幸にして我々は何等その爲の經營を見ることが出來ない。人間本位、個性尊重、社會人の養成意志の陶冶、それらすべてが聲のみにして實の伴つてゐる經營を見ないではないか。若しそれその甚だしいものになると流行に從つて算術學校となり體操學校となり理科學校となつて教育の一部分のみ研究經營して一時の名を博するのを能事としてゐるやうなものがないでもない。殘念な現狀といはなければならない。

之を要するに人として世に出たなら、いかにして人とならうか、いかなる仕事をしようかと、たとへ匹夫でも考へる樣に、一つの學校に職を奉ずる以上一の理想がなくてはならない、理想によつて全學校教育を經營していかなければならない。今日我が國の教育を見ると新を稱へるもの舊に從ふもの兩方あるけれども而も學術的に根柢をもつて健實な新しみのある經營をしてゐるものはない。私どもは將來科學に根柢をおき、系統ある教育觀によつて意義あり、生命ある教育の經營をしていかなくてはならない。動かない健實な系統ある理想の下に生れた學校經營――學級經營――をしていかなくてはならない。この二つが一體となりて實現されてこそ始めて正しい昭和の教育が將來しようと考へるのである。

第二章　學級經營案と學校經營案の關係

近時學級經營研究の熱が非常に盛になつて、何處に行つても此の聲を聞かないことはない。此の傾向は從來の研究が部分に走つて、全體を忘れた事に對して慥に正常の軌道を得たことであり、從來の缺陷を救ふことで大いに喜ぶべきことではあるが、しかし多かる論者の中には或は學級に對する見解を誤つてゐるものがないではない。學級王國論者の如きは即ち其の一である。つい數日前も某氏からかういふ質問があつた。

學級經營と學校經營は何れを主とすべきか、會議においては學級經營を主とするもの學校經營を主とするもの各半數づゝ主張があつて何れとも決しかねた。私の考へとしては學級經營を主とし學校經營は副としたい。

といふのであつた。何にしても學級王國論者の主張をいへば

一　學級は教育の單位である。從つて各學級は一の王國の樣なもので、各學級夫々は國際關係の樣なものである。

二　學級は其の學級に屬する主任と屬する兒童からなる特殊な團體だから其の教師獨自な理想を以て經營していかなくてはならない。

三　學校に多くの學級がある。夫々の學級が各理想的に行はれると學校全體がよくなる。

學校經營は各學級が都合よくいく様にしさへすればよい。

所論の要點は大體右の如くである。これについて以下卑見を述べて見よう。思ふに普通の學級は同年齡の兒童幾十人と教師との共同生活である。云ひかへると一人の主任と幾十の平等關係に立つ兒童の集合である。之に反し一つの學校には尋常一年から少くも六年まで年齡上知能上差のある不平等關係と各學級内に見る平等關係とがあり、更に教師について見ても、一人でなく多勢であるし、男女といふ關係もあることと丁度一の社會の樣なものである。然らば知育德育體育、美育教育全體から見て、子供を平等關係だけの學級におく方がよいか、それとも各種の關係がある學校といふ團體がよいか、云ふまでもなく學校といふ團體の方がよい。否學校といふ團體でなければ教育は出來ないといつて差支ない。而も各學校で學年智能によつて學級を設ける所以は、主としては教育の上の智育を行ふ上の方便に過ぎないのである。勿論德育も行ふけれども、其の方便として學級が存在するのであるけれども、少くも各學級において同年齡者のみの集合にさせる事と一人の主任教師をおくことは決して德育上の理想として行つたものではない。德育を行ふには團體の人數を少くして一教師が個別に注意することも大切だが、同時に子供をして他の性、多くの教師、多くの兒童、差別關係、平等關係等上下左右の諸關係におかなくては到底其の效果を全うすることは出來ない。かうした意味から考へると、一人の教師、四十人の同性同年齡同知能の者といふ樣な今の學級そのものは、

教育の單位とすべきものでなく、學校こそ教育の單位たるべきもの、學級は教育單位たる學校の部分として仕事すべきもの、部分として存在すべきものでなくてはならない。事實學校の各學級で行ふことは日に三時間乃至五時間の授業時間が主で、他の遊ぶ場合は全校一緒になる。時々運動會をする、學藝會をする、朝會や諸儀式、遠足を行ふ、そこに大なる價値があるではないか。又現時の生活教育、其の說の主張は授業時間に依つて教育するだけではない。生活——自由な平常の生活こそ智育德育の根原であるといふではないか。これを以て考へても學級が完全な單位であることの誤であることは何人もわかるではなからうか。

第二に部分と全體とについて見るに、從來は部分の時代、分析の時代であつた。而も部分が先行し上位してゐた時代であつた。人の心も別々な知情意の三である。これを統一したものが心であるとし、實在も精神と物質の結合したものであるとし、社會も個人の集合したものであるとした。而し乍らかゝる學說は根柢から覆された。例へば人の心もたゞ見れば感覺・知覺・觀念・記憶・想像・思考・情緒・情操・慾望・意志、大きく分けると知情意といふ樣に別々の樣に見えるが、これら總べての個々は個々として決して存在しない。各一の大きな心として働く一部面に外ならないのである。全體を他にして部分はない、部分の部分として價値を生じるのは全體があるからである。此の世の中の人間も人間が社會を作つたのでなく、社會があつてこそ人が出來たのである。云ひかへると全體が部分に對して高次であることは新カント派、現

象學派すべて現代の精神科學一貫の眞理である。動かすべからざる眞理であり事實である。例へばある一文章内に「苦しい」といふ語句があるとする、此の語句はいかに語句だけ字引でひいても眞の意味はわからぬ、どんな内容があるか、どんな色があるか、香があるか、それは唯文全體として考へてのみ「苦しい」の語意が解る。或は不肖小林の樣子にしても唯個人としては解らない。全體の他の人間と比較してのみ認識される。即ち他の全體の人間を見つゝそれに比較して、色が黑いとか、瘠せてゐるとか、鼻が高いとか低いとか、或は親切不親切賢愚――すべて全體として意義があり意味づけをされていく、認識が可能になると同一である。此の理論にして間違はないとしたら、矢張學校經營が主である、學級經營が主ではない、學校經營は學級經營より高次なるものであることは論理の必然として證明さるべきものではなからうか。以上の意味から此の學級は、私の學級だ、最高の價値だなどゝ云つて學校經營を顧ないで、勝手なことをする、自由なことをするといふことは理として實際として非とし排すべきである。

第三に學級王國論者は正しい教師觀に立つてゐない。私の考からのべると、一教師は其の主たる自己の學級にのみ沒頭して他を省みない樣なことはお互によくない。一教師は一學級の教師でなく、少くも其の學校の教師である。自己の學級に骨折ると共に他の學級を教育していかなくてはならない。よし親しく授業はしなくても其の心がけでなくてはならない。而も子供から考へて教師と子供の關聯は單一でなく色々の關聯即ちA教師と其の子供、B教

師C教師D教師男教師女教師と其の子供總べての關聯に置かれることが教育的である。かつて某校の父兄が校長に向つて「私の子供は一年から數年同一の女教師に教へられてゐるが、どうか一年間でもよいから他の男教師に教へてもらひたい」といつた」といふが實に名言である。恰も一家において祖父母・伯叔父母・父母・兄弟姉妹等の諸關聯がある方が兄弟なしの家の子供、或は片親きりの子供よりどれほどよいか知れないし或は時に父母兄弟が病氣であるとか中の一人が不幸に遭ふ場合が人格修養上よいことのあるのと同一である。

第四には學校全體は同じ理想をもつて全體が一致しなくてはならない。上は校長と教員、教員相互、或は小使雇人、父兄、來客に至るまで一體とならなくてはならない。少くも各教師は自己の學級に關係すると共に他の學級に關係して他がいかに行つてゐるかを知り、更にいかに行ふべきかの理想まで他と連絡するは勿論實行される樣でなくてはならない。校長の意見は各學級に行はれず、各學級は銘々勝手なことをし、他の學級を顧みないと云ふ如きは單に學校全體の教育が行はれないのみならず、自己の學級の教育も完全に行はれないことになつてしまふ。私の理想をいふなら一學校が一體となるのみならず、少くも附近の學校それまでも一體とならなくてはならないし、之を延長すると國全體の各學校が教育單位となりつゝも互に連絡し一體となつていかなくてはならないと思ふ。

要するに子供を教育するために一學校が立てられてゐる。學校では更に其の中において

學級が設けられてゐる。學校も大切だが同時に學級も大切である。從つて夫々の學級が理想的の考を以て獨自な經營をしていくことは勿論大切である。が、しかし一つの學校は一つを社會である。學級は其の社會を構成する部分である。各個人は學級及び學校といふ團體の通じての個人で學校及び學級生活に依つて人となつていく。從つて個人が個性を發揮することは大切だが、といつて其の爲に學級の他の兒童を害つてはならぬ。同樣に學級も學級としての個性——級風を作つていくことは大切だが、更に學校を心において學校の統一を破る樣なことはよくない。而も全體は部分よりも高次なものである以上學級王國といふ樣な考へ方は現代學術の上から、或は實際の上から承認出來ないことゝ思ふ。

序だからのべておくが、私の說は右の樣であるが、といつて私は學級に獨自性の存在を否定するものではない、又受持教師の獨自な理想手腕を埋沒しようといふものでもない。各學級としては夫々生徒のことなる如く獨自な級風を作つてよい。——全體の學校精神に背馳しない以上協調を破らざる以上あつてほしい。同樣に個性の發揮についても大に盡さなくてはならない、たゞし級生活を通じて發揮させなくてはならない。個人生活・學級生活・學校生活すべてが其の位置を保ち一體となつて始めて完全な教育、理想生活、意義ある生活が生れると考へる。同時に學校長の方も職員と協力して學校經營の方針を以て、學級主任も校長始め關係教職員とはかつて學級經營案を立て、而も各學級において學校としての協調をつとめつゝ

夫々擔任の獨自性を發揮して學級生活案を作り、自然に個性の表はれが級風となり、級風の表はれが校風となる様にしなくてはならないと考へるのである。

第三章　學校經營研究の態度

學校經營をしようといふには先づ學校經營に關する研究の分野を定め、それに對する態度を作らなくてはならない。今日日本の學者でも政治家でも或は教育者でも極端にいふと態度が出來てゐない。何の爲に學問するか、何の爲に政治家をするか、何を目的として教育してゐるかといふと實に心細い、寧ろ哀愁を感ぜずにはゐられない。學者は名聲を博する爲か博士號を目標に、政治家はか利權、教育者は名譽とか利達これが事に處する態度ではないか。これでどうして人としての價値を表はし文化を進めることが出來よう。極端にいふと學者も政治家も教育者も學問よりは態度だ、勤勉よりも知能よりも先づ物に對する態度の確立、これが先行すべきものであり、生命であると考へるのである。以下これについて學級經營研究上重要な態度をのべて見よう。

第一節　合理的態度

合理化といふことは近時法律經濟を始め種々のことで稱へられてゐる。即ち從來の方法

においては多く傳統的習慣的に行はれてゐたが、これを學術上から見て合理的に間違なくしていかなくてはならない。かうしてこそ本當の意味がわかり、世の進步發達が企圖せられるといふのである。私はこの言葉を此の教育の上にひいて、今迄我々が何の意味もなしにしてきた教育、卽學校經營研究の上に用ひたいのである。近時學問が進步し、亦思想も發達して教育の理論方面も相當に進步したが、しかし學校經營といふ上から其の實際を見ると何等根據もなく、たゞ傳統に引きづられて而も何の考慮も疑問もおかれないでゐることがザラにある。一二の例をあげて見ようなら、何のために冬は九時夏は八時始業とするか、何のために夏期は授業時數を短縮して早く子供を返すか、何の理由で夏休は三十日とするか、時間割は每日每時教科をちがへて行くが——考へると數十年來各地で行つてゐるが、我々はたゞこの一事だけでもつく〳〵内省する時、どうした根據でさうするか解することが出來ないのである。これにつき試に後者の例でやゝ詳說して見よう。

從來の時間割について今まで學級經營案等に書かれてある事項を見ると次の樣な條項がある。

一　朝は何人も頭腦が明晰であるから一番大切な教科、例へば修身とか算術といつた樣な教科を課せ。

二　第二時は第一時より、第三時は第二時より疲勞するから、こゝで課す教科も夫々心力を

要する多少や或は價値の順序で配當するがよい。

三　午前と午後と比較すると、午前の方が午後より頭がフレッシュでありシャープである。

四　修身・算術讀み方は一般として多く學習能力を要し、圖畫・唱歌・理科などは之に反し、時に疲勞を恢復することがある。

五　各教科は何れも四十分か四十五分づゝを以て一時限とするがよい。

六　各教科は一時限づゝ課し、一時限終へたら次には異つた他の教科を課していくがよい。

七　一時に同一教科を二回つゞけるな。又時間が離れてゐても一日に同一教科を二回行はないがよい。

八　一週に二時間あるものは互のへだたりを均等にし、月曜に一時間行つたら次には木曜にやるといふ樣にせよ。一週三時間あるものもこれに依つて行かなければならない。

九　大筋肉を使ふ使ふ樣な教科卽ち體操等の授業は終の時間にし小筋肉を使ふ書き方、圖畫等の前に行つてはならない。

一〇　準備や後始末のかゝる教科は午前午后の最初か最後にするがよい。

一一　休憩時間は晝は一時間他は十分か十五分にせよ。

一二　酷暑の時は三十分授業にする。

一三　各時間割は嚴守して決して變更してはならない。

大體からうした原理を立てゝどれによつて實際の時間割が設けられてゐるが、しかし、からうした事についてよく〳〵考へて見れば、中には成程と首肯されるものがないでもないが、多くは何等意味のないものや或は却つて非教育的であり學術的でないものもある。例へば第一時は頭腦がフレツシユで、シヤープであるから重要な教科を課すによいといふが、頭腦のフレツシユ必ずしもシヤープではない。疲勞してゐないこと必ずしも仕事の能率の上るものであるとは言ひがたい。即ち我々の經驗から內省しても朝仕事を始めた一時間の如きは第二時間目より能率が上らない。即ち第一時は學習に對する態度が出來ず、雜念もあつて心が純一にならないからである。これについて二三の實驗を書いて見よう。

數年前第三十七回の日本衞生學會が帝大衞生學教室で開かれた時、農商務省技師古瀨安俊氏は「工場における能率及び浪費時間」と題し、聽衆に興味をひかせた一場の報告をした。

それは四十名の職工八十臺の機織機械を用ひて調べたものであるが、それによると、一日中における仕事の能率はかうなつてゐる。即ち朝の最初の第一時間目は極めて低く、二時間目から相當の率になり第三時間目は更に上るが、四時間目には稍々下る。併し五時間目には一日中の最高能率を示すことになる。それから午后の一時間目には少しく下り、二時間目には急に上つて一日中の第二位の高率を示し、かくて第三時間目には第二時の餘勢が及ぶが第四時には明に下る。そして最後の第五時間目は午前同樣上るけれども必ずしもそれほど高い

とはいはれない。これから考へると四時間以上の連續作業は多少困難で、五時間の連續作業は最高限度であらう。又十時間目に著しく低落することを考へると、十一時間作業を十時間とする方が却つて資本家にも勞働者にも有利であらう。

かういはれてゐるが、有益な研究である。これについて私の内省を加へて見るに、第一時に能率の上らないのは確に彼等の心に雜念があつて之を統一することが出來ないので仕事に順應しない爲である。然るに第二時になると段々順應する、第三時は順應の頂點になる。が、人の心には限があつて、やはり第四時には疲勞が來る。然るに第五時に行つて能率の上るのはどういふこととか。これ一時間後は休憩である、食事である。此の安慰と愉悦との豫期から內面的に自然に努力が加はるから疲勞してゐたにもかゝはらず能率が上るものと解しなくてはならない。デリケートな人の心、實に面白い現象である。

午后の第一時は食後であり消化しきれない時間の爲に或は又順應しない爲に前に比べると下る。而し第二時にはよく順應して餘勢は第三時に及ぶが第四時には下る。かくて第五時には前の樣に休息食事等の豫期から努力するし能率が上るが、流石に疲勞の爲に午前の第五時卽ち最高時には及ばないことであらう。

この例に似たのがアメリカのゲイツの研究である。ゲイツは小學校の五年及び六年生二百四十人について右の樣な實驗をした。卽ち問題は加算・乘算・數字の視覺的記憶・數字の聽覺

第一表

時間 / 作業能率%	午前				午後	
	9—10	10—11	11—12	12—1	1—2	2—3
加算	100.0	102.4	104.2	——	102.0	103.0
乗算	100.0	101.9	105.1	——	100.9	103.0
聴記憶	100.0	105.9	106.7	——	99.4	102.4
視記憶	100.0	103.2	109.2	——	99.1	103.4
再認	100.0	104.7	105.3	——	100.0	103.7
完成	100.0	105.0	109.7	——	106.2	108.8
平均	100.0	103.8	106.7		101.3	104.1

第二表

時間 / 作業能率%	午前				午後	
	9—10	10—11	11—12	12—1	1—2	2—3
抹消	100.0	101.8	104.4	——	104.9	105.5
トレーニング	100.0	104.6	106.7	——	109.5	111.2
平均	100.0	103.2	105.8	——	107.2	108.4

的記憶、無意味の綴字の再認・文字完成・抹消トレーニングの速度及び正確度についてテストした。その結果によると、上記の表の様になる。

第一表によると第一時はどうも良くない。第一時より第二時、第二時よりも第三時・午后も第一時はそれ程にないが第二時はよい。そして一日中で最もよいのが午前十一時から十二時迄の間でこれが第一、次が午后の第二時、第三が午前の第二時で、朝の第一時が一番悪いことになつてゐる。

第二表によると第五時が一番よく、次に第四時・第三時第二時と

第三表

大學生につき加算乘算等についての調査

	時	相對的作業能率%
午前	8—9	100.0
	9—10	104.3
	10—11	106.6
	11—12	105.6
午後	12—1	——
	1—2	98.7
	2—3	100.6
	3—4	105.1
	4—5	104.2
	5—6	100.4

なり、第一時が前表同様によくない。

第三表について見ると、午前午后共第一時は悪く寧ろ第三時第四時がよいことになつてゐる。かくて第一、二表によると、加算・乘算・記憶・再認・文字完成といつた様な主として知能に屬するものは午前に比して午后の能率は低下してゐるが、抹消トレーニングの如く運動が主となつてゐるものは午后の方が午前よりよい事になつてゐる。

右はほんの一例で、これについては右の外我が國のものでも楢崎博士寺澤學士等の説も調査もあつて詳しくのべれば限りがないが、要するに今までの時間割については大に反省しなくてはならない。勿論右表の如き、個性・作業の種類・若くは方法・環境の狀況其他の事情によるもので、これが何人にも斯の如くいくとは定まらない。まして一定の作業を行ふことゝ教科を理解することゝは同一ではない。これを以て每時教科の變る時間割に直に充てはめようとすることは無謀なことであるが、それにしても此の一例から反省しても從來の教科の配當時間割といつたものについて考へるに、從來は總べて傳統によつたもの、常識によつて作られたもの、何等根據の確實なものでないと言ふことだけは考へられる。

例へば午前と午後と午前の方が一般に良いといふが前表から考へれば教科の如何によることになる。或は修身讀方算術は常に學習能力が多く要るといふが根據は危い。まして各教科を毎時四十分四十五分とする如き常識から考へても最善とは思へない。事實私は時に二時間つゞけて或る教科を行ふことがある。算術讀方地理歴史の復習の際の如き二時間か三時間つゞける方が能率の上る場合がいくらもある。而も必ずしもこれが爲にあきるとは定らない。一週二時間教へる歴史地理の如き、必ず二回にして各時間の距離を等しく、例へば月と木、火と金と曜日を當てるのがよいとも定まらない。或は休憩時間の如き大體十分とか十五分にしてゐるが、これ亦確たる根據のある說ではない。私の見を以てすれば毎時間毎に十分十五分の休をおくよりも、或る時間は五分、ある時間は二十分三十分と落ついて休める時間をほしいと思ふ。酷暑の時に授業時數を減ずるのは良いが、といつて三十分授業にし五分休憩にして早く家に返してやるなどは無意味である。時間割の如き大體として定めておくのは大切だが、といつて絕對のものとする樣な從來の考へ方も主客顚倒であると思ふ。

以上は唯時間割について述べたのであるが、これのみならず學校經營の全體知育德育體育美育、教育の全野に向つて、もつと〳〵合理的の態度を以て臨んでいかなくては教育の進步發展は期せられない。まして名譽の爲とか利益の爲とか乃至移り易い學者の說に迷はされて、これに引づられていく樣では結局教育の眞生命を失してしまふことになると考へる。教育

の合理化は第一に高く絶叫する所以である。

第二節　本質的態度

本質化といふことは現代教育の主要な題目である。否教育界だけでなく一般思想界少くも哲學界の主要傾向である。人生の本質はどうか、唯物觀と唯心觀、現實主義と理想主義、決定論と非決定論、機械論と目的論色々論じられてゐる。或は教育とは何か。甲は能力さへ與へればよい、能力を啓發する過程が主である、眼目である。乙はいふ、知識技能を與へるのである。丙はいふ、知識技能を與へると共に能力を得させるのである、啓發するのである。更に降つて教科の本質において教材の本質において色々の說があるが、今日教育界の實際を見ると、此の本質を閑却されてゐるものが頗る多い。人生論認識論についてはさしおき一般普通に日常行つてゐる教科の本質について氣づいた一例をあげて見よう。

數年前のことである、關西の某市で歷史教授の研究會があり、ある一教師が教授者となつて研究授業をした。生徒は自學的に訓練されたので、銘々教科書や參考書に依つて學習した。愈調べた後教師は問答しつゝ纒めて問つた。先づ家康はどこの人であるか、幼時はどうか、長じてどんなことをしたかと尋ねて答へさせ、さて終になつて之をまとめ、一言にしていへば家康はどんな人かと尋ねた所が、生徒は遂に「家康は嫌な狸親爺だ」かう結んでしまひ、教師も之を

是認してしまつたといふことである。

家康はこの教授者のいふ如く狸親爺の一言で埋沒するべき人であらうか。恐らく日本歴史を一讀した普通の人であつたら、決して家康が然るべき人間であるといふ人は天下一人もあるまい。試に私をして家康論を述べさせてもらひたい。

家康は日本歴史中稀に見る英雄豪傑である。否東洋にも西洋にも其の歴史の中に彼程の人を見出すことは少なからう。亂世を受けて實に二百六十年、古往今來あんな立派な封建政治を何人が樹てたであらう。源氏は三代二十餘年、北條九代百十餘年、足利氏政權をとつたといへども十三代百五十年には及ばない。かの秦の始皇の如き、萬里の長城を築いて之を萬世に傳ふといひながら十五年に滿たないではないか。而も二百六十餘年水ももらさぬ緻密周到な用意をして、長き德川の流に小波さへ立たぬ封建政治をした事、たゞそれだけでも敬服に價するではないか。古今政治家にして斯かる遠大な計畫周到な用意をして國政を計つたらいかに國家は幸であらう、いかに人民は幸福であらうか。家康の感ずべきは唯これだけではない。身は微弱な岡崎の豪族に生れたので常に隣國に苛められた。屢々滅亡に瀕する樣な憂き目に逢つた。而も年六歲の時から或は尾張に或は駿河に、いたいけな人質となつて幽囚同樣の月日を送つた。恰もフレデリック大王が狂人の樣な父から虐待されたのと東西其の歸を一にしてゐることこそ不思議といへば實に不思議である。而も彼家康の心は巖にはさまれ

て僅に芽ぐんだ蔓草にも比すべきものであつた。其の撓かな而も強靱な彈力に富む蔓はいかなる強壓の下にも屈せず、しなく／＼と隙を見て不斷に伸びていつた。何たる強い生命の力だらう。世の人せめてこの十が一だでも、かうした心があつたら如何なることも成功せずにはゐられまい。家康は岡崎に歸つてからも強い壓迫は次から次へと渚の波の様に押寄せた。而も堅忍不拔にして雋敏な家將は稀世の才略を發揮して小國乍ら同盟國からは信頼され、敵國からは小さくとも不可解の强敵として恐れられてゐた。

家康の德は克己忍耐ばかりではない、顯悟にして力の利用といふこと機會といふことを知つた。乃ち信長が死んで一時天下に主を失つた時のことである。家康にして平凡の器、普通の將帥なら、之に乘じたかも知れない。而し乍ら彼は功を急がなかつた、烱々たる兩眼は時勢を洞察した。小智光秀が乘じて敗れ、かくて秀吉に命の下るのを悠々として觀望してゐた。

かくて秀吉に對して彼はどうしたか、玆が彼の彼たる人物を見るべき中心の幕である。小牧長久手の役は哨兵の戰であつたけれども明敏な秀吉は家康の操兵について彼は決して尋凡のものでないと深く悟つた。そして彼から枉げて媾和を申込んだ。家康にして、光秀の如きものであつたら必ずや之に背んぜずに戰をつゞけたであらう。ひた押しに秀吉に迫つたであらう。而し乍ら家康は彼秀吉の背後の力を洞察する明がある。功を急がない度量がある。そして云ふがまゝに和して其の下風に立つ様になつた。恐るべき知能ではないか。

家康の人格は單に知的に總明なばかりではなく、幼時から宗教的の修養をした。今川氏の質となつた時など此の道について啓發することが特に深かつたといふことであるが、かの三方原の戰に敗れて濱松城にはひる時の如き、城門を左右に開いて烽火をたき、身は城内に眠つてゐる、流石の武田も兵をひいて歸つたといふことである。これ彼が普通戰術によらず、それ以上に宗教的悟得からあゝしたもので、一般尋凡の將星と撰を異にしてゐる所はこゝである。今日人はよく文化主義といふ、軍國主義はいけないと言つてゐる。而も家康は三百年前に時世を洞察して此の主義を鼓吹した。秀吉の外征を非として自分に行はなかつたのは其の爲である。海内を平定したのも此の主義である、特に幕府を開いて學者を重んじ文教を廣めたのは實に文化主義宣傳の確證である。

思ふに家康は人並すぐれた苦勞人である。克己で忍耐で不屈で而も思慮の非常に周密な明敏な偉人であつたのである。たゞ世間批難の的になるのは彼の大阪城に對する處置であるが、しかしこれも考へ方奈何でどうにもなる。家康の思想から考へれば、世は戰國として長くつゞいた、人民は非常な苦難に逢つた。家康は自分の使命として天下を平安にしなければならない。年齒を顧みると自分にも長い將來はない。早く自分の手で在世中に統一しておかなければ世は又亂れる。大の虫を助ける爲には時に小の虫を犧牲にしなければならない場合がある。この場合がさうである。かう思つてあゝしたことをしたに違ひない。あれほ

どの人格でどうして世の人の云ふ如く利己的に無理を通さうとしよう。必ずや國家民生の爲であつたにちがひない。

世人は往々家康のあの擧に對して甚だしく批難するが、今の道德を以て戰國爭亂の世を律するのは膠惡の見である。ましてあの擧が悪いならあんな事は當時ザラにあることではないか。かの秀吉の如きでも家康以上の不德があるではないか。彼秀吉はどうか。かうした事は絕對にないか。信長の家來であり乍ら信長の死後一年を出ずして信孝を殺したのは誰か、秀吉である。二年を出ずして信雄と戰ひ、信忠の遺孤秀信を侮蔑して君臣の義を逆倒したのは誰か、秀吉である。單にそればかりではない。秀吉も、その母に對しては至孝であつたが、其の母の愛孫であつた秀次はそも〳〵誰の刄に殺されたのか、秀吉の刄ではないか。家康が關原の戰に捷つと、天下は悉く、直に家康が秀賴を殺すであらうと噂した。而も家康は秀賴を大阪に在城のまゝにして實に十有四年間一指さへ染めなかつたのである。かうした事を考へると、褒めこそすれ秀吉と比し又戰國として決して咎むべきではないではなからうか。

家康について正當なる批評奈何は私の問ふ所ではない。が、歷史教材として國民教育上之を扱ふとしたら、とにかく其のよい所をとつて子供の知德を磨く樣にしなければならない。惡口をいつて之を嫌惡させる、百の損あつて一の益する所はない。教師は都合上よし惡人の材料をとるにしても何かよい所があつたら之を採り、惡い所罪に對しては寧ろ同情してやる

罪を憎んで人を憎まぬ様にする所に教育の秘鍵があるではなからうか。ましで家康の如き大人物、性質において行爲において兒童をして憧憬させ感奮させるところがいくらでもあるではないか。

要するにこれは歴史教授の一例であるが、教師がかうした歴史教授の本質のみならず、すべて物の本質卽ち人の本質、教育の本質各教科の大本を逸してゐることは學校經營上大きな問題である。例へば人にしても子供を理性的に見ると衝動的に見ると教育上では大きな差がある。認識にしても模寫的に見ると構成的に見るとは非常な違である。教育上で單に人として教育すると國民として教育するとには差がある、方法も材料も一變してくる。物の本質を極めることの大切なことはいふまでもない事である。

第三節　全體的態度

第二章にのべた樣に近代學問の傾向は全體といふことを高調する。我々の生活に於いて意識において全體と部分の關係を重んじ、かの今迄の樣に分析して部分を重く見ることとの間違であることをいつてゐる。一體從來の研究は分析的であつた。全體は部分から構成されるとして先づ部分の研究をし、後に全體を綜合したものである。なるほど自然科學の方面にはかういふ事も大切である、が、しかし人間は機械ではない、人間の心は自然現象の樣に機械的

に説かれるものでない。Ａの刺激に對してＡの反應があるとは定らない。一の刺激に對して起る反應は人によつて違ふ。こゝに精神科學的に人を研究する際、直観と共に全體意識を重視すると言ふキイがある。かうした事から今の學校經營を見ると全體を見るといふ態度が全く缺けてゐると思ふ。試に數箇の例について見ると。

第一に人の人たる所以は結局道德的の啓培をなすのであつて、科學藝術も結局は廣い意味の道德に歸すべきものである。かの菊池寛氏が甞て我が校の講堂において、眞の藝術は道德に歸しなくてはならない、劇小說すべて道德的意味のないものは必ず將來において滅びなければならないといつたが、あの人にしてこの語を聞く。實に名言であると思ふ。學校經營においで道德は口にしてゐるけれども實際においては知育至上主義である。兒童學校生活中費す時間と勞力は四時間か五時間——授業時間だけではないか。而も成績についても最も注意の焦點となるのは學業成績であり中學校女學校の入學成績である。將來の學校經營上盡すべきは道德教育で、研究上全體を見全體の中心を見る態度の養成の必要なことはいふまでもない。

第二に全人として必要な生活、價値ある生活は道德生活——狹意——宗教的生活・科學的生活・藝術的生活・身體的生活及び經濟的生活である。然るに今の學校經營においては知的生活とか身體的生活については相當に顧慮されてゐるが、この他のことには缺けてゐる。まして

經濟的生活や宗教的生活の如き殆んど閑却されてゐるではないか。各價値が道德に統合されて人間價値を構成し文化を向上さすといふのなら、矢張り經營においても各價値を定位におき綜合的に考ふべきことはいふまでもない。

第三に子供は生活を機緣としてぐん／＼伸びていく。然るに今の學校では學校內の生活は相當顧みられてゐるが、家庭生活社會生活の研究注意が全く不充分で敎育の能率も上らず、社會的精神も陶冶されない。近時西洋にいつて來た人がよく言ふ。外國では家庭や社會が整つてゐるから子供が自然に學んでしまふ。社會的精神も陶冶される。從つて學校ではたゞ其の學んだものを整理さへすればよいことになるから幸であると。若し日本の社會日本の家庭が惡いとすれば其の方面に更に一段と考をめぐらして自然に學校生活が助けられる樣にすべきではないか。或は又學校生活を社會的にすればよいではないか。前述の如く、學校は一の社會である。子供は社會的のものである。從つて學校を社會的によく經營していけば社會的精神も陶冶され、家庭生活社會生治も自然に規正されて行くではなからうかと考へる。

第四に、世には往々自分の學校の敎育全體を綜合統一的に向上せしめようと考へずに、體操だけ上手にして校名をあげようとか或は算術を縣下第一の成績にしようとか、甚だしきは優勝旗を最も多く集めよう等とするものがある。何れも誤つた考、全體を忘れた經營といはな

ければならない。

第五に兒童は生活を機緣として成長するものであるから、彼等の目にふれ耳に聞くものは總べて教材である。教育である。而もさうした廣い方面に注意せず、啻に教科書とか要目のみを教材と見る樣なことや授業時間のみで教育していかうといふ考は狹い考といはなければならない。まして店頭の子供雜誌朝夕の新聞、社會の出來事自然の現象どれほど彼等の德性や知識啓培に影響してゐるか計り知られない。彼等が學校で無心に遊んでゐること、交際してゐること、さうした生活にいかに彼等の性格の上に知能の上に甚大なものであるか知れない。

第六、人の心を假りに智情意と分析――概念的に方便として――するけれども元々人の心は一である。其の一の働く方向見方によつて或は知識或は感情といふけれども元來一のものである。決して性質を異にして單獨に離れ〳〵には働かない。まして理解する場合の如き文化教育ではかういつてゐる。「體驗が表現されたものを追體驗して理解することによつて自我は他我と他我の提示する文化を認識する。理解といふのは他者に對する內面的意味關連である。而も理解するのは單なる知でなく心理的認識の形式でなく對象に同情することである」といつてゐる。而も今日修身教授を始め、すべて知識をのみ與へて當然實行に及ぶと考へたり、これだけ切り離して考へることは大なる誤といはなければならない。更に文化

教育の言葉をかりていへば、人は知識々々といふけれども知識は我々の生活の一部で生活そのもの丶所産である。従つて生活の發展に油となつて貢献はするけれども、さり乍ら生活を進展させるものは寧ろ全生活である。理解も同様に知識單一のものでなく生活そのものであつて、さうして築かれたものこそ本當の自我の發展を促すことになる。

第七に子供の品性なり行爲を見る上にも全體を見なくてはならない。人の行爲は自由意志で勝手に行へるけれども子供の行動の多くは環境から自然にさうさせられることが多い。善事につけ惡事につけて全體的に見なくては善惡の批判も教育の方法も成立つものでない。かの法律の上でも、今人の犯罪について極めて廣い方面から考へて見てゐる、卽ち世の惡人中には素質のよくして而も社會の思想なり生活苦なりより止むを得ず惡事をするに至つたことがある。かういふ場合裁判官はなるべく罪を輕減して罰するよりも教育せんとし、政治家は社會政策を立てなほしていくが深く考ふべきことゝ思ふ。

終に全體といふことは日常の教授にも考へていかなくてはならない。例へば讀方にしても昔は材料を分析し、部分から入つて行つた。先づ摘字と言つて未知の新字を授ける、新字から一個の文を知らせる、次に全體を知らせる、終に中心概念を與へるといふのであつた。が、これは誤つてゐる。始に新字を授ける如き、新字其の者の意味は文全體からでなくては明瞭には解らない。個文も全編の文から綜合して見なければ其の生命は解らない。だから今日の

教授では先づ全體を通讀して全體の概念卽中心概念を想定する、更に全體を頭において部分を極め、全體と照合して全體の中心思想を明確に摑むといふ樣になつてゐる。讀み方だけでなく總べての敎科の學習がさうである。

要するに將來の學校經營では敎育の目的上敎材上方法上或は兒童調査上全體から之を見て而も之を綜合統一していくことが大切なことゝ思ふのである。

第四節　內面的態度

我が國には元より獨自の文明が內在してゐるが、外來文化の影響を蒙つたことも決して少くない。遠くは儒敎佛敎の影響、近くは耶蘇敎を魁として西洋の文明さうしたものゝ影響が今日の日本文化を形成してゐるといふことも大切なことである。而してそれらの思想が過去に入つた狀態を考へると、其の初には總べて形から入つてゐる、よしや內面の精神としては調和すべきであつても外形のことなつてゐたためにすべて混亂を來した。儒敎から孟子の思想が入つて異端者が現はれ、佛敎によつて國內に爭亂の起るなど皆其の例である。而もそれらが本當に內部的に我が固有思想と結合し、其の精神をつかみ得たのは實に渡來後數百年であつた。

飜つて今日の文明を見ると、矢張昔の樣に外國文化の影響が多い。世人にはこの外形だけ

つかんで其の内面の精神をつかまないものが多い。今迄の思想なり文化と内面的統一を忘れてゐることが少くない。明治十年代に外來思想の爲に我が國民思想の混亂したのは周知のことであるが、今日尙ほ外國文化にも其の内面――内面の生命を汲まないで外形に毒せられてゐることが少くない。論より證據ヘルバルトの說が稱へられると直にそれに赴き、實驗教育が稱へられるとすぐ今迄の教育を捨て、理想主義哲學が流行してくると實驗はだめだと轉回をし、文化教育が叫ばれると忽にそれに赴く。これらすべては皆其の說の内面――内面の生命を知らず、而も自己を忘れてゐるからである。

それはとにかく物の内面を見て知るといふことは何れの學問でもつとめてゐる。藝術など其の最も著しいもので、例へば今日の小說――さうしたものを何の意なしに見れば形だけでは實に何でもないことに見えるので、往々素人などは結末のない小說を見て「この二人の男女は終りにどうなつたのだ」「シリキレトンボ」だと言ふ。然るに作者から見れば、又玄人から見れば實に今日の人生や社會問題の機微をねらつてゐることがわかる。例へば忠直卿行狀記の忠直卿は臣下から傳統的に、否自分の祿可愛さの爲に形式的に敬はれてゐることをなげき、どうかして自分と臣下との間にある虛僞の幕を破らうとして眞鎗をもつて眞劍勝負をした。が、しかし臣下は死を以て幕を繕つた。此の小說の作者は此の間の光景を叙して、「忠直卿は自分一人幕の此方に取殘されてゐることを思ひ出すと焦々した淋しさが猛然として自分の身

心を襲つて來た」といつてゐるが、流石に菊池氏の人生に對する洞察力の劍よりも鋭いのに今更の樣に感じ入る。或は又松居氏の楠正成の脚本を讀んで、之を太平記の文と比べて見ると、いかに作者が人生に對する明の犀利さ鋭さに驚いてしまふ。即ち太平記には

「正成上に居つゝ、舍弟の正季に向ひて、「抑最期の一念によりて善惡の生を引くといへり。九界の間に、何か御邊の願なる」と問ひければ、正季から／＼と打ち笑ひて、「七生まで只同じ人間に生れて、朝敵を滅さばやとこそ存じ候へ」と申しければ正成よに嬉しげなる氣色にて「罪業深き惡念なれども我もかやうに思ふなり。いざさらば同じく生を替へて、此本懷を達せん」と契りて兄弟共に差し違ひて同じ枕に臥しにけり。」

としてある。それを松居氏は流石に近代精神の泉をくんでゐるので、右の文から自分の人生觀を以てながめて其の脚本に同じ事實をかう書いてゐる。

(正成)死を見ること歸するが如しといふ境地には、ほんとうに到達し得らるゝものか如何かと常に危ぶんで居たが、かう安らかな心で死ぬとは、あゝ有難い事ぢや。

といふと氣猛の正季は怨敵に對する對立的見地から心未だ平かならず。

(正季)他の人は知らず、わたしだけは左樣は行きません、

(正成)如何してじや。

(正季)わしは尊氏兄弟が憎くてたまりません。七生まで同じ人間に生れ來て朝敵を滅ぼす

事ばかり考へて死にます。

（正成）（淋しく笑つて）例の批判癖が死の際まで離れぬと見えるな。わしの心は違ふぞ。最後の一念が善悪の生を引くといふ事がまことなら、わしは七度聖人に生れて、朝敵佛敵のない平和な世界を作る爲に働きたいぞ。

（正季）（はら〳〵と涙をこぼし）兄上、わたしは間違つて居ました。わたしも悪魔になるより佛になつて死にませう。

（正成）（溫顏に微笑を湛へて）いや正季批判癖はわしにもあつたのぢや。最期の際に人の心を批判しようとは思ひもかけなかつた。許してくれ。

（杜鵑一聲、夏の夜は次第にしらみ行く、佛前の燈明風なきに消ゆ）

（正成）あゝ靜かな朝ぼらけぢやな。さあ、念佛をとなへてくれ。

（一同唱名する、又杜鵑の聲、波の音）」

私は東京の某座で始めて上演された時親しく見て非常に感じたから書いたのであるが「七度人間に生れて朝敵を亡ぼさん」といふよりも「七たび聖人に生れて朝敵佛敵のない平和な世界を作る爲に働きたいぞ」の方がどれほど意味が深く人物が上位か知れない。矢張物を見るにはかう見なくてはならないと思ふ。

序だから今一つ例話を法律の方から書いて見よう。これは明治の三十年代の末期のこと

である。東京のある貧民窟に貧しい夫婦があつた。婦は身に學問の修養とてはないが感心にも夫思ひで一人の赤坊を手の内の玉として育てゝゐた。所が夫の方は生來の酒好きで働いた錢は大方飲んでしまつた。妻は度々夫に向つて赤坊の爲家の爲攝してほしいと願つたが夫は毫も聞き入れない。幾度諌めても聞き入れないので妻はとう〳〵身を殺して夫の酒癖を留めようと決心した。決心はしたものゝ一つ困つたのは子供の處分である。殘しておいたら將來どうなるであらう、夫は仕事は出來ず、子供は滿足にも育たないで、どうせ父子共に人並の人生には取入れられまい。といつて殺すのは忍びない。とやかく考へたが、困じはてゝ一そ子供をつれて共に自殺しようと決心し、涙ながら雨のそぼ降るある夜遺書細々と夫に向つて「人となつてくれ。善人になつてくれ。」と書置して、とある川に子を背負つたまゝ飛び込んだ。ところが幸か不幸か、直に人に見付けられて、母子共に救はれることになつてしまつた。そして親の方は助かつたが赤坊の方は死んでしまつてゐた。

警察から巡査がかけつける、刑事が來る。遂に裁判上の問題となつてしまつた。人を殺すものは法文に明記してある。三年以上死刑までの罪であると。たとひ動機は善くても殺したからには三年の刑を受くべきは今迄の例でもあり法文でもある。

然るにこの問題がどう取扱はれたであらうか。檢事は前後の事情をよく調べ「あゝ夫を思ひ、子を思ふ感心な婦人だ、よし思慮に足りない所はあつたにせよ感心だ」といつて遂に從來の

例を破つて不起訴にしてしまつた。法は人を刑すのが目的ではない、助けるのが目的だといつて無罪にしてしまつたのである。

この検事こそ幾もなく博士になり刑法の教授となつた今の帝大教授牧野英一博士である。私は親しく先生から聞いたことであるが、實際今日では法律の方でも人の行爲については其の內面を見なければならぬ、形は主でなく實體でないと云はれ、既に大學でも法文科といふのが出來、刑法も前に改正され、民法も亦改正されんとして法制審議會に出てゐる。

かういつたことから今の教育を見ると、教育の方ではまだ內面的研究が足りないと思ふ。孝子節婦の昔話さへ聞かせれば皆孝子節婦となると考へたり、たゞ神社に參拜するだけで忠良の臣民になれる樣に考へたり、或は昔の思想をそのまゝ强ひさへすれば或は又自分の信仰を押賣すれば信仰に入るといつた樣な考がザラにある。勿論忠臣孝子節婦の話も聞かせるがよい、神社參拜も勿論よいが、それと同時にどうして人心が惡化するか、どうして子供は話だけでは眞の理解をしないか、或は子供の認識はどうして成立するか——といつた樣な內面の精神——心の內部の動きをつきとめなくてはならない。

近時立派な學校が出來る。或は多くの寄附金で完全に設備が出來る。けれども之に反して校舍も惡い設備も不完全だといふのでも、子供と教師が懸命になつて教具を作つていくとか利用していけば玆にも大なる教育的意味があるではないか。色々の表簿が整ふ、規則書一

覽表が積み上げる程ある。必ずしもこれだけで喜ぶべき現象とは思はれない。規則が嚴格に行はれて幾百人の子供は一人の樣に靜だ。これだけで感心するわけにもいくまい。とにかく學校經營の全體に向つて我々の將來爲すべき所は其の內面であることに歸結せられずにはゐられないのである。

附記

右の內面的態度といふことは結局第一節の本質的態度といふことになり、第二の全體的態度といふことも結極本質的態度に歸してしまふ。本質を知らんとせば內面や全體を知らなければならないからである。從つて右の三をまとめて一としてもよい、ある廣い意味から第一節から五節まですべてを本質的といふのに纒めてもよいが、說明上の便宜から五つに分つたわけである。

第五節　實際的態度

敎育の研究には理想・現實・理想現實化、この三つを極めなくてはならない。こゝにいふ實際的態度といふのは右の理想を現實化することを指すものである。

近代において色々の敎育的思潮がある。理性哲學による新カント學派・生命哲學による文化敎育學派・實用主義敎育學派・藝術的敎育學派・新理想主義の精神敎育學派・實驗敎育學派・自然

主義教育學派等實に多くの學徒がそれ〳〵の主張の下に研究し、我が國教育學者も教育者も相當にそれを研究してゐると思ふ。がしかし特に我が國の學者教育者はたゞ泰西學者のものを紹介するだけで現實の研究・理想を現實化するプロセスの研究が足りない。甚だしきは外國の人が外國の實驗から研究したことをそのまゝ我が教育にも行はうといふものすらある。過去に於いてヘルバルト主義教育が衰へ、分團教授が滅び、モンテッソリー法が影を失ひ、現在において體驗學校や自由教育の影が淡らぐのもその結果である。

時代は移つた。輸入時代は過去の圖である。勿論それを參考にするはよいが、それにしても我が國においては學者も教育者も國の實際兒童の實際、教育の實際から理想を研究し、更に現實化する過程を研究しなければならない。現代の欠陥は空な學問の研究が多くて、心は天空に迷ひ、足は地上につけないものが多いことである。徒に東西學徒の後に盲從して、その說を輸入し紹介するもの丶多すぎることである。

何人も文化尊重の大切なことは知つてゐる、人間本位の教育の大切なことは辨へてゐる。個性尊重・生活教育・創造教育・社會人の養成・國民精神の教養――凡そ學者であり教育者であるもの、誰一人この不必要なことを口にするものはない。而もその實際においていかにすべきかについては――教師は幾分力を盡してゐるが、學者になつては殆んど手も下さず意見さへ持ち合せてゐないものが多い。たまに意見といふ樣なものが學者から出ないこともないが

それらを見ると三十年前學者自身が子供の時教育された事位を今の教育としてのべてゐる。これでどうして學者といへよう。教育者といへよう。

かうはいふものゝ實際研究といふことは人間において特にむづかしい。私はかつて某小學校で夏期に子供を海岸につれていつて其の成績の報告をしたものを見た。それに依ると子供の體重は夏季に家におくと九月になつて量つて見ても增してゐないが、海岸につれていくと、一貫も多くなつた僅に一ケ月で一貫增した。だから海岸につれていくがよいといふのであつた。私も此の議論は間違つてゐると思つたが、反駁に材料がない。よつて自分の受持つてゐる生徒全體について五年間に亙つて每月一回づゝ日を定めて身長體重などを計つて見た。その成績によると、實に面白いグラフを見ることになつた。卽ち春三四月頃は一月頃から見るとやゝ多く成長するが、六月から七月になるとカーブが段々緩かになつてくる。七月末に計つて之を九月の始に計つたのと比較すると殆んど增してゐない。ある生徒の如きは減じてゐる。所が、これが十月になると急にカーブを高めて成長する。そして十二月からは緩かなカーブを作つていく。云ひかへると夏期は成長が鈍るけれども秋期は著しく成長する。秋は天高くして馬肥えたりといふが、馬ばかりでなく人間もさうである。而も五年とも此のカーブが大體一致してゐる所を考へて、大した誤のないものであると思つた。（人には年齢によつて太る時期伸びる時期があつて之を平均するとか、或は比較することは人間の身

長體重關係を毎年齊一に見るにより起る誤解があるから右の樣に「大した誤」といふのである。）

人の身體が若し右の如くであるとしたら、なるほど夏期に一貫目も體重が增すのはよい事に違ひない。が、而しそれから演繹してそれ等の子供は十月十一月にもそんな調子で成長すると、海岸につれていくと一月一貫目增すから一年海岸にゐれば十二貫、十年なら百二十貫と見る樣な形式論理は誤である。なるほど海岸にゐたものは海岸の一ケ月では一貫目も增したらうが、その調子で十月十一月に他の子供と等しく成長するかどうか疑問である。海岸に居なかなかつた者は夏期都會に在つた爲に、夏は增さなくとも其の代り秋に多く成長するのかも知れない。まして同じく夏期都會にあるものでも、ある人は酷暑に對する抵抗性が出來て益々强健になるものもあれば、反對に酷暑の爲に衰弱する者もあるに違ひない。何にしても事實の結論はむづかしいもの、輕々にすべきものでないと考へたのである。

身體上の事はそれにしてもまだ實際硏究が容易だが精神上のことはなかなかむづかしい。容易に教育の方法など決定は出來ないが、それにしても吾々教育者としては實際が大切である。而も日々實際の事に當つてゐる。かの日本の教育學者の如き本は讀むが實際は殆んど知らず、事に當つてゐない。我々は一面學者の說も聽かなければならない、知らなければならないが、同時に實際教育の上に就て充分硏究し、いかにして學理が實際としてよいか惡いかを見、或は事實から理論を訂正してやる樣な考がなくてはならないと考へるのである。

第四章　小學校の教育的意味

小學校が如何なる理由から出來たか、どんな目的をもつてゐるかといふ事につき形式上からの意味は法令にもあり訓令にもあつて餘りに明瞭だから玆にはのべないことにし、教育の內面上から學校の意味を調べて、これに對する卑見を述べようと思ふ。

一　學友と學校

子供には知德の修養をさせなければならない。知德の修養には國家としても責任があり、親としても義務がある。幸に家庭で出來ればよいが、今日の家庭に之を望むことは出來ないから學校に入れ、教師によつて教育させる。そして教師に對しては子供の數の少いほど手が屆くわけであるが、といつて餘りに少い子供について一人の教師がかゝりきりになるわけにはいかない。止むを得ず一人の教師が多くの生徒を教へていく。そして理想的にいへば一人の教師が一人の生徒を教へるがよい位に何人も思つたものである。

が前段の考は誤つてゐる。卽ち多數の兒童が同一學校に行くのは經濟上止むを得ずして行くのではない。個人は個人として單に兒童と教師――この二人の關係では教育は出來ない。教育の出來るのは――乃至有力な教育の出來るのは兒童が學校といふ社會的團體に加入することである。彼等の智も德もこの社會の一員となつて生活することに依つて涵養さ

れる。學校は長者も幼者も、教師も小使も、男も女も、優も劣もすべての人が集つて生活してゐる。縮圖した社會である。この生活――この團體に交渉し關聯することによつて眞に人として子供として身心共に陶冶されるといふことを忘れてはならない。學校の意味ある所は社會の縮圖となり多くの子供が共同して生活する所にある。

二　生活と學校

學校においては智德體すべての教育をしなければならない。其の爲にはどうして其の目的を達しるか。これについて從來の考へ方は先づ觀念を與へることが大切だ、觀念さへ與へれば實行は自然に何人にも生れてくると考へた。この說は今日の教育から考へると間違つてゐるのであるけれども不知不識何人にも承認され、傳統的に信じられて、教育は教室の中で行ふものである、教室以外では行はれない――かういふ考が昔から牢乎として人の頭を左右したものである。

が、此の考は間違つてゐる。教育する所は學校全體であり、生活は教室だけのそれに價値があるのみならず、教室以外の生活に大切な價値がある。今日やかましく言ふ意識生活は、寧ろ無意識的生活に大きな價値を認めて之を整理する意味においてのみ價値が生れるからである。

かうした意味から、後に訓練で述べるであらうが、今の學校で、教師が教室にある教案だけに

注意したり、教授時間さへすめば他はかまはないとして運動場を顧みず、授業がすめばサッサと子供を家に歸してやる教育を私は痛切に呪ふ一人である。何せ、教室以外の教育も入れてその生活全體から教育される、この意味において學校存置の意味がある。

三　性別と學校

一軒の家について見ても普通男と女がゐる。男ばかり女ばかりの家はあつても極めて少い。然らば修養上この兩者の中どちらがよいかといへば、云ふまでもなく男女共にある家の方がよいことは何人も首肯する。男ばかりの家、女ばかりの家では男女の長所も表はれるが又短所も著しく現はれる、から圓滿な人格養成には不適當である。かうした意味から男女が同じ學校にゐることは教育上意味の深いことである。かくてこそ男女共同の社會に出て互に交際することも出來、相互に理解も出來、採長補短も行はれる。このことからも學校の教育上の意味を深くさせる。

四　學習と學校

學校はたゞ生活する所でなく、學習する場所である。一方に教師があり、施設すべてが教育的になつてゐる。子供の足一度こゝに入れば自然に學習の心が起る。まして多くの兒童が學んでゐるし、銘々にも競爭心があるから自ら智德の學習をする樣になつてゐる、學校存在の大なる意味である。昔學校を目して教へる所注入する所としたことは大なる誤である。右

の自學心を滿足させる所指導する所に學校の使命がある。

五　社會心の涵養と學校

神社には神社寺院には寺院夫々建立の目的がある。同様に學校に於いても獨特の目的及び長所がある。勿論學校においては智育德育美育すべてを涵養する目的を以てはゐるが、最も都合のよいのは社會心養成である。卽ち學校には色々の人がゐて共に生活していくことが丁度社會を縮圖したものであるからである。この社會心はやがて公共心であり國家心であつて次記の諸德養成に最も都合がよい。

一　人格尊重

子供の中には富家の者、貧家のもの、貴きもの、賤しきもの、力の優れたもの、劣るものの色々ある。而もそれらを別々に敎育すると、自然に人間に階級を作り、はては人格の高下を思はせる樣にもなる。然るに今日の學校の如く何れの職業の人も階級の人も一緖に敎育し兒童相互も共に人格を平等に貴いものと見て行くことは實に學校の賜で、かくてこそ國民の一致もなり團結も出來奉公の德も磨かれることになる。

二　自治心の涵養

學校は家庭を離れた場所に一團となつてゐて各學校すべて獨立してゐる、自治してゐる。而も多くの子供すべてについて敎師が一々世話をすることは出來ないから勢各自が自治

していかなければならない樣になつてゐる。まして今日の學校の如き此の自治を力說するにおいては自治心養成は益々よく行はれることゝ思ふ。

三　相互扶助精神の涵養

共同生活の團體にあつては孤立して生活は出來ない、互に共同していかなくてはならない、又相互に扶助していかなくてはならない、生活の上から自然にこの精神の涵養が出來る。

四　同情心の涵養

人には自愛心と共に愛他心がある。人の苦樂にあへば自然に同情するのは當然である。まして多人數生活するときは喜も悲も多く、而も人に同情することにおいて、自分も亦自然に同情されるから自ら同情心が涵養されることになる。

五　奉仕精神の涵養

秩序の立つてゐる社會にあつて私利は公利と相關關係を持つてゐる。公共の爲につくすことは自分の爲になり、自分の爲にすることは又公共に關することが多い。從つて奉仕精神も自然に學校生活で涵養されることになる。

心づいたことを以上五つ擧げたけれども、この以外にまだ諸德の養成されることはいふまでもない。右はたゞ著しいことをあげただけである。

六　計畫的指導と學校

兒童はたゞ彼等の生活に任せておいたゞけでは發達はしない。否全然發達しないことはないが指導した方が更によく發達することはいふまでもない。兒童が意識的無意識的に生活をする、その生活を一方に教師が指導してやること、これは實に學校教育に意義の存する所である。

最も指導といふことは唯教師だけの仕事ではない、事實家庭においても行はれる。父母や兄姉はどこの家でも之を行つてゐる。否社會においても之を指導する機關がないとは限らない。圖書館において寺院において一般社會教育において更に政治法律においてやつてゐる。けれども之を計畫的に主義方針を立てゝ且つ連續して、日常不斷に而も的確にやつてゐることは、到底他の企圖の及ぶ所ではない。これ學校なるものが他の教化機關より優秀かつ獨自の任務をもつてゐる所である。

之を要するに學校は昔の人の考へてゐた如く、一人づゝ家庭などで教へるより一緒にした方が經濟的だから教へるといふのではない、教室ばかりで教へるのでもない、まして注入的に知識のみ授けていくのでもない。これよりも、もつと〳〵大きな意義がある。即ち男も女も長も幼も或は優も劣も强者も弱者も共に一緒にして共同生活をさせる、深い意味のある共同生活をさせ、それによつて人格全體の修養をさせるのである。而も大勢一緒に計畫的に教育することによつて生きた學問が修養される、總べての道德特に社會的道德心が陶冶される、身

體が練磨される。而も專門の教師があつて、どの機關も企て及ばない繼續的計畫的な的確な教育、自發的な教育が行はれる、この意味において今の學校が存するのである。

尙は終りに云ふべきは國民教育のことである。日本に生れた民族は國家と離れて存在することは出來ない、何人も國家と一體になつて始めて意義を生じ、個人も個人として價値を發揮される。この國民の教育に於て最も責任の重く、又好個の場所は學校である。かの家庭においてゞも勿論さうした心を養ふことが全然出來ないといふではないが、しかし人各〻心を異にしてゐる、意見を異にしてゐる、銘々の意見別れ〳〵の考に於いては統一はむづかしい。これ學校に於いて特殊專門な教師が國家の意志に從つて、すべてを同一精神で教育し統一的に教へることによつて始めて健全な統一的な國民が養はれるのである。

第五章　新學校の經營諸相

現世期になつて教育の諸說が急に秋の野花の樣に絢爛の美を戰はせることになつて來た。エレンケイ・ルードヴイツヒ・グルリツトの個人的教育學があると思へば一方にはナトルプ、ブヘナウ・ベルゲンやバルトに依つて社會的教育が主張される。モイマン、ライー、シュテルンによつて實驗をかざしてたつた實驗教育學派が擡頭したと思ふと、ブツデ、ガウデイツヒ、イツチネルやウエーバー・リンデによつて稱へられた人格的教育學派があり、更にシュプランガー、リ

ツト、シュテルンによる文化教育の主張がある。哲學的教育學派である新カント派の哲學的教育學派或は經驗主義に基く實用主義の教育學派、實に種々雜多であつて、これらの諸說から色彩を異にした新學校が續々と現はれて來た。

我が國において現在行つてゐる新學校の經營それが果して良いか惡いかは一言にしては云へないが、しかし一新時代を劃し發展する前提としては相當價値があり、暗示も與へられるから次に其の中の著しい學校經營の姿態をのべて見ようと思ふ。

第一節　自由教育

自由教育の思潮によつて學校を經營してゐるものゝ中にも色々の種類があつて一樣に論じることはむづかしい。殆んど全然といつた程自由を重んじて、教材も自由學習方法も自由、登校下校さへ自由にするといふのもあれば、制規の教科書を與へ、教科を課し、比較的自由にしてゐるといふ程度のもあり、或は個別指導を重んじて教材進度上の自由を期するといふのもある。次には私が實際に參觀して親しく教師から理由方針を尋ね、教育の實際を見たものについて一例をあげ、以て自由教育の一般を考へようと思ふ。其の人の說によると。

人には天賦として發展すべき性能が內在してゐる。發展力がある。この性能は銘々が生活することによつて自然に價値を求めて伸びていく。今迄の樣に教師がかういふ人にしよ

う、あゝした人にしようと目的を立て材料を提供し、まして形式的に教へていくことは子供の本性を伸ばすことが出來ないのみならず眞の道徳も知識も得られず、折角伸ぶべき萠芽を枯らしてしまふ。今の教育はかうして全く行づまつてゐるから自分はかういふ様にしてゐる。

即ち子供に内存する性能を銘々に適する様に伸してやりたい。彼等には既に自己發展力が備はつてゐるのだから、その本性に從つて自由に伸びさせてやる。さうするには從來の様な考をすてなければならない。

先づ第一には子供の教育に當つて、とやかくの具體的の目的をこちらから定めてやらない。子供は生活してゐる中に自分を顧みて自然に銘々に自己目的をたてゝるし、日々の仕事にも自分が目的をたてゝすることが大切であり意義があるからである。

第二には特に研究の爲、教材としての教科書を使はせない。教材は彼等の生活である、生活を材料にして自己教育を行はせる。

第三に方法は極めて彼等の自由にし、學びたければ學ぶ、遊びたければ遊ぶ、決してこれをしよ、あれをしよと要求しない。

第四に教師である。教師は彼等の伴侶となつてゐる。彼等と共に學び、彼等と共に遊ぶ。そして彼等から頼まれて何かしてくれと云はるれば出來るだけはする、解らないことで聞かれると教へてやる。が、といつて、こちらから命令したり教へてやることはしない。

第五に、かうした組に子供を入れるには、父兄の承諾を得なければならない。だから入學の際には豫めかうした教育をすることを兩親に話をし、其の承諾を得て行ふ。そして、かうした學級は學校すべてにさうするのではない。研究しようといふ學級を二つ定め、これにのみ此の方法を課して見た。

第六に、かうした教育が果してよいか惡いか、斷言は出來ないが、それにしてもかうした事をして良い結果を得れば勿論幸であるし、よし惡いにしても惡いといふことが解るから、どちらにしても效果はある。そればかりでなく、かうしたことをする中に副産物として色々の暗示を受け、或は思はぬよい副産物を見ることが出來るか知れない。

かうした考でしてゐるといつた。そこで先づ、授業を見ようと思つて一年の教室に入つた。普通教室で別に方便物もなく裝飾もなし、教師は壇上に腰をかけ子供は勝手な事をしてゐた。本を讀むもの、字を書くもの、話をしてゐるもの、遊んでゐるもの何れも自由である。たゞ目立つたのは教室には莚を敷き普通机といふ机はなく、昔あつた二人掛のに使ふ腰掛があつて、それを机にしてゐる。

私が案内されて此室に入ると教師は靜に壇上から下りて机間巡視を始めた。一生徒が「先生字を書いてくれ。」といふと「書かうかな。」といつて三四字方五分位の字を毛筆で書いてやる。その隣のものが又書いてくれといふと今度は方二寸位の字を書いてやる。しばらくし

て誰か「お話をしてくれ。」といふと壇上に行つてお伽噺をしてやる。よく話をきくものも聞かないものもある。話がすむと、子供のあるものと何か個人的に話をしてゐる。その中に一時間すぎると「さあ遊ばう。」といつて出ていつてしまつた。

二時間目になると學校園作業だつた。教師も生徒も學校園作業に行つて土を掘つてゐた。かうして私は第三時間目に二年の組に行つた。其の時二年は郊外教校で、學校の近くの川に行く所だつた。私と主事は色々の話をしながら行つた。郊外教授では地理や理科や算術の指導を多くしてゐる。砂原で石を拾つたり木の葉をとり乍ら算術を教へる。川の水や草木などから地理や理科の事が自然に教へられるといふ様な話を聞いた。

一年には時間割の札がないが二年にはある。なぜかと聞いたら、主事は言ふ。子供たちが相談して作つたのだが、心理的に時間割の必要を感じて作つたのか、それとも兄姉にさうしたものがあるから眞似たかもしれないといふことであつた。で、私は更にあゝして果して文部省の教科案通りに教材の進度がいくか又比較して何科が進み何科が後れるかと尋ねた所、受持教師のいふには國語も算術も文部省のより餘計進む、なか〳〵力がつくといふ。

私はかう思ふ、なるほど子供の言語觀念は早くから發達し、生れて三四歳にでもなれば自分の思ふ所は大抵不充分ながら通じるだけには話すし、話は又特に好きだから、よく導いたら教科書より以上に進むかも知れない。事實東京邊の子供では尋常一年入學前に隨分澤山の話

を知り、本も存外讀めるものゝあるのは事實だから、かうした言も嘘とは思はなかつたが、驚いたのは算術である。算術で果して尋常一年で捨てゝおいて敎科書以上敎材が進むであらうか。數觀念の發達は事實遲い。東京邊の子供でも一年の入學時二と三は五とか、五から三ひいて二などゝいふことを知るものは十中二三である。さうした兒童を學校で敎へてすら容易に敎科案以上に及ぶことはむづかしい。私の學校の如きですら、一年二年では思考力が弱いから算術の時間を減じて五六年頃思考力の發達した頃多くしようといふ程である。遠慮なく私の考をいへば、上手に導いたら言語敎授は讀本以上に行くこともあらうが數知識だけはむづかしいではなからうか。まして自由にしては決して敎科案だけ行くものでない。かう思つたから失禮とは知りながら參考の爲に話してやつたが、敎師は唯々異　な顏色をして沈默し、敢て私の說に反駁もしなかつた。

　こんな事を言つてゐる中にどこかに兒童等の影を見失つてしまひ、見つかる時分は彼等の歸つてくる頃であつた。

　如上の事をしてゐる中に一日すんだが、それにしても充分內容がわからなかつたから更に一日見ることにした。翌日尋常一年の室に入ると、矢張昨日と變りのない樣な仕事卽ち子供が勝手な仕事をしてゐるので二年の方に行かうとした。すると一年の敎師はいふ。二年の方は受持が休んでゐるから止めてくれと。しかし私はさういふ時こそ眞の學習が見えると

思つて其の教室に行つた。所が不思議時間割は國語であつたが誰もゐない。子供等は皆庭に出て、勝手に遊んでゐる。そこで私も外に出て、子供等と遊びながら「なぜ稽古しないか」と聞いた。すると子供は「今日は先生が休んでゐるからしない。」かういふ意外な返事であつた。

そしてさんぐ庭で遊んで十二時頃鐘がなると、思ひくに教室に入り、机に腰をかけたり、窓によりかかつたり、帽子をかぶつたりして晝食をしてゐた。一斑をのべると大體かういふ授業であつた。

僅に一二日の見聞である。これを以て全體を批評するのは餘りに大膽の誹はあるが、試に卑見の一端をのべよう。

一　今までの教育が行きづまつてゐて、更に根本的に出直さねばならぬかどうかは、簡單には云はれまい。必ずしも全部今までのことを破壞しなければならぬとも限るまい。

二　教育の目的として子供の本性を重んじること個性を尊重するといふことはよい。而も子供には發展の本性がある、彼等の力によつて伸ばさしめるといふことは元より贊成することである。が、しかし彼等は人の力を借りずして何人も伸び得るとは云はれない。私の考を以てすれば指導する必要があるゝずてゝおいて自ら十分に伸びるとは考へられない。

三　教材として生活を重んじることはよい。而し、生活は環境によつて支配されることを忘れてはならない。よい生活は多くよい環境に生れる。環境の良否について言及しないのは

誤である。更に大切なことは教科書のことである。教科書は元より完全ではない。しかも一國が國民を教育しようとして主義方針を定めたからには何人もこれによるべきは當然である。人各意見があり、理想はあるが、といつて銘々勝手なことをしたら國の方針と合致しないこともないとは限らない。從つて大方針として之によることの當然なのは云ふまでもない。勿論教材は地方化さなくてはならない、兒童化させなくてはならないから、教科書そのまゝを行ふわけにはいかないが、大體の方針を之にとることは大切なことである。初等教育以外はとにかく國民教育にあつては是非さうなければならない。

近來副讀本といつた樣な名で色々の本が出てゐる。新しい試をしてゐるが、使つて見ると矢張疵がある。何といつても不完全でもまだ今日では教科書以上のものはない。

四　方法を自由にすることと、これも相對的に昔の教育と比較してさうありたいことは私も同樣に考へるが、といつて全く子供の自由に任せることはよくない。なるほど子供には衝動の自由はあるが理性の光は乏しい。捨てゝおけば理性も伸びず衝動ばかりに從ふことになる。かうして何時の日か立派な人になれよう。私の教育觀を以てするなら、教師は矢張り、子供はどれだけ自分の力でやれ、どの事は子供では出來ないかを考へ、出來る所は彼等に行はせて出來ない所を指導する所に教育の生命がかゝつてゐると考へる。

五　教師について、教師を單なる同伴者としたり、乃至知らない所だけと聞く所だけ教へてや

るといつた様に輕く見ず、教師の力をもつと大きく見たい。事實教師は生徒よりも修養を積み、知識も優り又信頼も受けてゐるのだから、教師と生徒の間には單なる關係でなく、教師は靈的の大なる感化を與へ指導するものだといふ様に見てほしい。松下村塾に松陰あり、北海大學にクラークがあつて人材が頻出した如く、教師の力は實に偉大なものである。元より教師が子供の性格なり個性なりを己の思ふ通りな型にはめるといふことはよくないが、とにかく單なる同伴者でなく大なる靈的の指示を與へる同伴者であることを忘れてはならない。

六　次に特別學級に親の承諾を經て入れしめたことはいふまでもなく良い。

七　第七に「かゝる組に生徒を入れて成功すればよし、失敗すれば良くないといふことが解るからよい。」といふのは暴論である。人は一度しか此の世に生れて來ない。かゝる貴重な存在を教育の手段に使つたり試驗に供するといふのは教師のすべきことでなく、人の子を愛する所以でもない。否我等は總べてを救はなくてはならない、最後の一人をも決して捨てゝはならないと考へる。

思ふに自由教育論者の云ふ所において既に右の誤がある。まして方法上においてはこれ以上の誤があるのではないか。事實教師は自由にするといひ乍ら時間を定めて教室に入れてゐる、恐らく朝登校するも子供の自由意志でなく親の命令ではなからうか。教へない〳〵といひ乍ら教師も教へてゐる、勿論家庭で教へればこそ教科書以上にいくではなからうか。

まして第二日目の時「先生がゐないから遊ぶ」といふ如きは如何にかうかした教授が外面自由を叫ぶにかゝはらず内面不自由であり束縛であるかを物語るものではなからうか。

要するに物には一利一害はある。かうした教育は今後の新教育を開拓する礎石にはなるだらう、從來の教育を打開する方便にはならう、新しい教育に對する理想の指示にはならう。これらの方面には大なる功があらう。さり乍ら現在のまゝのすべてに向つては贊同することは出來ない。たゞかうした事によつて舊來の教育に反省を加へる上に於いて有意義であると考へるのである。

第二節　合科教育

合科教育といふことは近時外國でも相當研究され、我が國でも幾分實施されてゐる教育である。これは元來ゲザントウンターリヒトのことだから總合學習とか總體教授といつた方がよいか知らぬが、便宜上自分は合科教育といつておく。

合科教育の主張については人によつて言ふ所を異にしてゐるが蓋然之を綜合してのべると次の如くである。

一　社會的基調

學校は人類社會と別に離れた一の設營でなく、生きた社會の一部分でなければならない。

従つて學校は子供をかうした所に入れて器械的に教へるのでなく、彼等の本性を現はし、それによつて自由な生活をさせる所である。然るに從來の學校は恰も一工場で工業品を生産する樣に教師といふ技師職工によつて勝手に一種の型にはめられてゐる。かくては眞の人間にはなれない。人は器械ではない。少年は少年獨自の生活によつて人となる。故に眞の教育は自由人デル・フライメンシュにさせなくてはならない。社會人デル・ツイアレメンシュの養成を期すべきである。それが爲には子供を學校といふ社會に入れて自由に生活させる、自由の生活の中で自然に智も德も教育される樣にしなくてはならない。

二　個人的心理的基調

教師は教へるのでなく、指導するのでなく、誘發するのである。そして學校は子供の生活する所である。從來の學校では子供本來の個人的心理を考へず、各人皆同一の能力同一の性能のあるものとし、同一の仕事を同一に課して來た。かくては結局子供の眞の生活は出來ない。ましてて教科案・時間割・細目・豫定表など同一のものを課していくのは誤である。よろしく子供の自由に任せ、教科案も時間割も細目も撤廢し、自然に家庭において心のすゝむ儘に書を讀み、字を習ひ、或は遊ぶ樣にしなくてはならない。自然に子供が自發的に目的を起し、努力して經驗する時眞に子供の體驗によつて學ぶのだから本當の認識が出來、眞の歡喜も得られる。而もかうした經驗歡喜から更に理想目的を樹てゝは努力して進んでいく樣になる。

學術的根據は大體からいふことであらう。而して實際にこの教育に當つてゐるものゝ授業については外國の例(人より親しく聞き又は書による)も日本にある例も持ち合せてゐるが、何れも大體似てゐると思ふから茲には私の見たものを基とし一例を次にのべて見よう。

一　研究題目の決定

先づ兒童相互の考によつて研究しようといふ題目を提出させる。すると色々な意見が出る、討論が行はれる。かくて漸く鯉の研究をしようとか、日の丸の旗の研究をしようとかいふ題目が一つ決定される。

二　自由研究

題目が決定されると、それについて隨意に研究が始まる。無論時間に制限はない。隨意な方面から研究を始める。鯉が題目となつたとすると、鯉の算術問題を作るものがある。鯉の文を作るものがある。文が出來ると、鯉の繪を書く、韻文が出來ると曲譜を作る、鯉の縫取をする。或は文學的に或は理科的に夫々研究する。これらの仕事は單に一日でなく二日三日にも亘つて自由に行はれる。

三　整理

子供として出來るだけの仕事が終へると整理に取りかゝる。文を作つたとすれば、それを朗讀させて批評させる。或は參考文を讀みきかせる。算術であるとそれを檢答してやる。

(作問したものは黒板に記さしめて他の生徒にも計算させる)圖畫についても共の他についても全體の生徒に批評させて教師も意見をのべる。

大體からういふ様にして一の題目が終ると次の題目を考へさせては研究を命じるのである。

これについて卑見をのべると、

一 從來の舊教育が社會とかけ離れて社會事情を顧なかつたことは事實である。この點に向つて學校を小社會と見、こゝに生活させていく、生活によつて教育していくと言ふ考のよいことはいふまでもない。且つ又從來學校では教師が目的細案をたてゝ教へることは務めたが、自由な生活をさせることに依つて教育することについて思を向けなかつたことも事實で、此の點に向つて右の考をのべたことは、妥當にして有益なことだと思ふ。が併し、それかといつてすべて自由に彼等にのみ任せて生活させるだけが教育とは思はない。よい環境を作り指導してやることも大切だと思ふ。無意識的に生活させると共に一面窮屈な所もあるが意識的に材料を課したり、考へさせ反省させてやる所にも進歩もあり向上もあるではなからうか。

二 從來の教育では子供の心理を考へたり、個性を省ることが乏しく總べてを一律にして、かの時間割の如き、教材の如き一度定めたらキリスト教における經典の如く絕對犯すことの出來ないものとした。若し時間割にちがつたことをしたり、他の事をしてゐたら手續書ま

で書かせた様な愚なこともしてゐた。從つてこれらについて新しい考を提供したのは流石に卓見だと考へる。

然し、もし此の說を極端に解したらどうだらう、いやな教科はしなくてもよい、好きな教科はいくらでもやれと。かくて果して初等教育として差支ないであらうか。私の考をいふなら、人格としては文學的知識も理科的知識も必要である、技能教科も藝術教科もなくてはならないものである。嫌ひでも普通人となるには普通の諸知識が必要である。算術が嫌ひだといつてすてゝおけばやらないものがある。それで果してよいであらうか。否子供は面白いもので始には嫌ひで手をつけることさへ嫌ひながら無理にでも努力させると其の中に好きになるものがある。好きなものでも指導してやらなければ厭ふ樣になることもある。かうした意味には概念論としてはよい所がある、舊教育を反省させる所があるが、といつてすべてかうしようとは思はない。時間割の如き適當に時間を定める事は必ずしも惡くはない、教材の豫定それも子供の心理を考へ教育の目的を思つて蓋然立てたものは必要かくべからざるものではなからうか。漫然思付でする如き縱令心理的であるかは知らぬが大なる短所もある。たゞこれについては(一)尋常一年位はかうしてもよからう(二)從來時間割をあまり堅苦しく考へたが、これは教授上の都合其の他から考へて、時にもつと長くしても短くしても差支ない。(三)諸教科は今までよりも、もつと連絡していかなければなら

ない。地理に歴史、理科に家事、實業に理科、修身に國史特にさう考へるのであるが、それにしても全然今の合科教育の樣にしてしまはなければならないとは考へられない。

三　次には前揭實際の授業について第一の題目を選定することと、これは外面から見れば全體の生徒の意志が一致した樣に見えるが、內面から見ればさう許りにも考へられない。丁度地方自治團體などで有力の人の說が出ると皆それに從ふ如く、子供も有力な兒童の說には不贊成でも從ふものである。まして四十人五十人內面的に一致した題目など殆んどあり得べからざることで、かうなると時宜に適した題目を巧に教師から出されるのと五十歩百歩の差ではあるまいか。

四　次に材料を自ら選定して自學することは良い。又勝手な順序で學んでいくことにも長所はある。が短所として考へると、どの教科も普遍的に學ばれないで銘々の興味によつてある教科に遍してくる。勿論ある時代に童話や理科に赴くもののもいつかは他の方に移るといふこともないではない、尋常一二年位では遍しても差支なからうが、之を上學年にまで及ぼすと大體に各教科に亙る普通教育が出來ないことになる。第二には材料を銘々が勝手に選定することは個性には適する、心理的ではあるが、論理的順序を失ふことになる。文科的の教科ではそれがよいにしても數理的の方面でさうなつたら由々しき大事ではあるまいか。私たちはかうした學校參觀者から往々聞くことである、尋常二年で隨分むづかし

い材料卽ち尋常五年程度の問題をやつてゐたと。なるほど生活から考へたらさうならうが、事實論理的順序を離れたら支離滅裂になつて本當の理解も出來ず、大切な材料も逸してしまふ。或は又却つて不經濟になる。算術ばかりでなく理科でもさうである。理科としては人として生理・衞生・物理・化學・動植鑛物是非心得させなければならないが、彼等の自發研究に任せてしまへば順序がくづれたり重要なものを逸してしまふことになつてしまふ。

第三には研究をするについては方便物が必要である。然し乍らさうした學校のそれを見ると方便物が少い。結局自習書とか參考書になつてしまふ。從つて知識として得る所はあつても直觀は養へない、情味を缺くことが多い。止むを得ないとは云ひながら大なる缺點である。

五　整理するといふことは大切な仕事である。この場合子供の硏究したもの丶みに制限するると大切な順序を失したり重要なことを教へないでしまふことになる。といつて更にそれらを附加することになると結局題目を選ばせたことが無意味になるか形式的になる。例へば一年の算術である生徒がむつかしい除法の問題を出した。それを一般に知らせるには之を解く前に乘法を知らせなくてはならないとか、一つやつただけでは不充分だから類似題を出すといつた樣な場合である。或は又この授業を徹底的にしたとして、ある生徒が理科とか算術とかに興味がなく自由研究の場合にそれほど力を盡さなかつた樣な場合

には整理の所で說明された所で前にしてゐない兒童には單なる說明ではわからないではないか。かうしたことがあるとしたら不自然でも嫌ひでも定めた時間定めた材料を總べてに考へしめた方がよいことになりはすまいか。

之を要するに合科教育については長所もある、從來の教育を改良すべき多くのものを藏してゐる。連絡のこと、時間割のこと、兒童心理のこと、良いこともあるが私は現在のまゝを以つて全體をおし通していきたいとは思はない。事實この方法が尋常二三年頃までに限られてゐて上學年に及ばず、上學年は寧ろ反對の授業をしてゐるのは何等か合科教育自家の中に缺點を見出してゐるではなからうか。

第三節　ドルトンプラン

數年前盛に稱へられた教育案はドルトンプランである。當時は各所で試みられ、今も尚ある地方では大體にそのまゝ行はれたり或はこの主義を加味して行つてゐる。而して共の中心概念及方法は次の如くである。

人は互に集り、共同して社會をしてゐる、社會事情は結局人々の生活によつて行はれる。學校も同樣に大勢の人が集つて生活してゐる。教育は教室で教師から教へるものでない、教師は學校を社會生活と一致させ、その中において子供が共働して生活することによつて學ばせ

なくてはならない。更に云へば自由に自發的に學習室で實驗し研究して本當の知識になるといふのである。

以上の意味から學習室を教科目ごとにおき、實物標本とか圖書・繪畫・標本といつた様な參考材料を提供し、兒童は自由にその室に入つて思ふ教科の研究をするのである。最も研究に先立つては教師が先づアッサイメント即ち指導案を與へる。即第一週には何第二週には何第三週第四週には何(四年以上は月にまとめ)を讀め、何を調べよといつて要點や問題を示し、かつ參考書名などあげ、例へば、誰がペロポンネサスで戰つたか、なぜ二國が戰つたとか、參考として「誰々の何の本の何頁を見よ」といつた様に親切に丁寧に記してある。

其の上生徒に都合のよいことは各教室に教師――夫々專門の教師がゐるからこれによつて指導される。大體の學科はかうした學習室で個人々々で調べるが體操とか圖畫手工は午後に學級教授が行はれることになつてゐる。かうして生徒は銘々日々學習して學習がすむと進度表に記入し、一方教師は子供の學習帳によつていかに學習してゐるか誤はないか、正しく學んだかを檢査していくのである。

我が國で行はれたものは教師がかうしたアッサイメントを作るのでなく、大體教科書とか教授細目を標準にし、自習室(主に教室をあてゝる)をこれにあて、專門の教師でなく其の級受持のものが主として指導し、整理といはうか檢討といはうか、兎に角結果を調べるのに個人的に問

答によるとかノートによるといふ方法である。

以上の方法なり原理については一方長所もあるが短所もある。

一　原理として學校を一つの社會と見、豊な社會生活をさせるといふことは卓見である。單にドルトン案獨特のものではないけれども顧るべきことである。

二　次に自學自習を重んじること、これもよいことで勿論かくあらねばならぬことゝ思ふ。

三　以下短所についてのべると、自學自習はよいけれども一も二も總べて參考書について勉强するといふことはよくない。眞の知識は直觀でなくてはならない。生活といひながら本を通しての生活は眞の生活でない。まして發動的といひながら、アッサイメントにより完成期日を定めること學習事項を定めることは自家撞着といはなければならない。

四　參考書による學習は知識としては收得されるが、教師に說話されて學ぶより情味に缺ける。幼稚なものには人の話を讀むより聞く方が印象も强く感興も高まるからである。

五　期限をきつての仕事は、多くの場合始の內は緩かに學び、期日に迫ると急ぐ弊がある。從つて本當の落ついた學習が出來ないことになる。

六　書物にすべての事が說明してあると、自分が考へないで、說明したまゝを記憶することになる。理科でも歷史でも自習書の如き本當に考へさせる樣に作つたものは殆んどない。よしや教師が說話しても考へさせる樣にすればそこに大なる價値があるではないか。

七　日本に於ては參考書が少い。あつても大人用のもので子供のに適するものがない。不完全なもので徒勞させるのは非教育的ではなからうか。

八　中等以上の學校なら出來ようが、小學の而も下學年など、まだいかにして自學するか方法さへ知らないものに行はせるのは最良の方法とは思へない。

九　主として銘々が調べるために個人的になり易い。學習は個人的にも調べるが、同時に共同して生活することによつて學習することも大切である。

一〇　本來は硏究といふことが主であるが、事實は結果主義に陷り易い。

要するに長短共にある。從つて之を現時の我が國教育に採るとしたら大體次の樣なことではなからうか。

一　教育を社會的にする、自學的にすること。生活によつて學ばせること。

二　出來るだけ子供に調べさせること。

三　自分の硏究したことについてよく考察し檢討して正否を自分から見つけさせる。

四　時に應じ時々かうした問題を課す。例へば夏休冬休などにおいて、色々な題目を與へて、其の中で自分に適する硏究をしてくる。

1　夏休中に海にいくものは海の生物をしらべる。一方法を示し硏究事項を知らせてやる。

2　夏休中に郷土の地圖を描いてくる。

3　夏休中に自分の家の系圖や歴史を調べる。

といつた様なことや、時々學藝會小運動會遠足會などプランを立てゝ自治的に行はせるとか或はある書物を調べさせるといふ様なことをさせる。

五　要するにこれは一學年からは出來ないから、この精神で教育する。云ひかへると所謂自學的にし、自習の時間を設けるとか方便物を提供する、研究方法を指導する。やがて自分一人で研究の出來る様にするといふ様なことが妥當ではなからうか。

第四節　ゲーリーシステム

かういふ組織の學校が、現在我が國にあるといふのではないが、此の組織は近代の教育思潮に依り、かつ我が國教育の改革に向つても參考に資すべき點があると思ふから其の梗概を述べて卑見を加へようと思ふ。

これはアメリカのゲーリーといふ町にある學校の組織で、デューイの思想に依り、學校を特殊化された社會と見、生活經驗によつて學習させようといふ試みの學校組織である。

ゲーリー組織の要點は第一職業を重視し、小學校において、職業に關する知識を與へ、職業の基礎陶冶をしてやる。即ち職業指導が大切であるが、總べて之を怠つてゐるのは現時の缺陷

であるから、此の缺陷を救濟しなければならぬ。第二にはゲーリーといふ町は新に出來た工業の町で、人々は四方から集つたものである。且つ職業は種々雜多で、而も家人は多く夫婦とも外に出て働いてゐる。從つて學校は家庭の事情を考へなければならない、社會の有樣を考慮しなければならない。

かういつて學校の授業は正科として毎日四五時間であるが、生徒はこれがすんでからも學校に居殘り實際生活に必要な職業的事項の實習をして、夕暮父母の歸る頃歸宅する。その爲學校には教室の外に工場もあり、農園も學校店もあり、運動場の如き總べての設備を遺憾なく施してある。

次に教師の方には夫々普通教科擔任の外職業の上の專門の教師があつて、それが丁寧に作業實習の指導をして行く。教室の方に於ては、設備を專門科目流にし、教室は各教科目によつて別けられた特別教室で、そこには夫々專門の教師がついてゐる。從つて子供は毎時教室を變るけれども、各教室は時間割さへよくすれば一日中空きの時間なしに使つて行けることになつてゐる。最も低學年卽ち一二年は普通教科以外に專門の職業の實習はしないが、それにしても遊戲的體育的の仕事を普通時間終了後日暮までしてゐて、どにかく總べての生徒が終日面白く生活することになつてゐる。

右のゲーリー組織について其の長短を考へるに、先づ長所としては

一　學校を一の特殊な社會と見て、この中において教育していかうといふ考は大によい事で何人も賛成する所である。かの授業だけを重視して知育だけしか行はぬ近時の學校の多くは之によつて反省すべしと考へる。

二　學校に子供を終日留めおくといふことは低學年などには疑問がある。が、然し今迄の様に授業前十分か二十分に來させ、授業がすめば直に家に歸らせるといふよりも意義がある。まして教師がついてゐて教育するのは良いことゝ思ふ。我が國に於てかの成渓小學校ではかつて夏の日も生徒を朝から夕方まで留めおいて、朝の中に學業を二三時間し、その後は作業とか遊戯とか娯樂など課したといふが良い企てと思ふ。夏日學校が暑いといつて家に歸せば、家は學校より暑からうではないか。

三　職業といふことを重視することは良い。まして實習を重んじ專門の教師が實際的に指導することは採つて學ぶべきことゝ思ふ。

四　今迄の様に書物や話で教へていくのでなく、實際の生活によつて授けていくことは眞の學習になり、學習に對する興味も油然と湧いてくる。

五　教有は郷土化さなくては噓である。この案において土地の事情父兄の事情を考へて、それに適する職業教育をし又一般指導をすることはよいことである。希くば我が國に於ても農村・漁村・山村すべて其の土地の事情を考慮していきたいものである。

次に此の組織の短所として述べると次の如くである。

一　色々専門の教師がゐるとか、特別の充分な設備をすることはよいが、さうなると經濟上非常な困難がある。專門の教師も費用の點その他でなか〳〵得られない。一寸貧弱な町村では出來ないことになつてしまふ。

二　職業を實際について指導するのは良い事であるが、さうなると勢教師の方では狹く深く入ることになる。狹く深くすると多くの事が出來ない。子供の將來の職業も正確にわかつた時職業學校でそれをするのはよいが、普通教育でそれをすると、一の職業はわかつても他の職業を知らないことになつてしまふ。東京邊の、ある學校では、子供に職業的陶冶だといつて活版印刷をさせるとか或は玩具の人形を造らせる所がある。なるほど出て活版工になるならよい、又人形を造つて收入を得るのはよいが、一般職業については概念が出來ないことになつてしまふ。私の考をいふなら小學校の授業は多方面にわたつて淺くとも博くやりたい。而も實習をさうさせたい。この意味から缺點はありはすまいか。

三　普通の教師の外に職業專門の教師があると事實普通教科との連絡又は訓育上の連絡統一を失し易い。事實ゲーリーの學校でもさうした缺點を暴露したといふが當然のことゝ思ふ。これが中等以上の學校なら教師に統一がなくても生徒の方から統一して行くが小學校ではむつかしい。

四　中等學校以上ならとにかく、小學校では教室を一定したい。これは私の教室だといふ觀念は心の落付の上にも學習上にも便宜であり、教育的である。私の机私の教室からうした觀念はやがて愛級心となり愛校心となつて美しい德が養はれる。

五　學校で長く生活することはよいが、といつて終日學校に留めておくのは教師の方もさることながら、子供の側から見ても感心しない。子供には家庭生活と學校生活の外に自由な社會生活をさせたい。友だちと山登をする、川游をする、友達の家を尋ねる、村人の活動を見させる、家の仕事に參加させる、非常に有意義なことゝ思ふ。私は四十年後の今も思ひ出すのは自由に友と山遊をしたことだ、川游をしたことだ。目高すくひをする「かいどり」(川の水をほして魚をとる事)をする、父母の野ら仕事に伴つて果物をとる、まして父と一緒に豐川詣をしたり本宮山に行つたことなどあるが、今思ひ出すさへコミあがる程懷しい。こゝに知育が行はれ德育が行はれ、趣味の芽もすく〳〵と伸びて行くではなからうか。いかに學、校が社會的に設備されても自然の大きな世界、微妙な人間の動き、全く自由で拘束のない世界は、到底今の學校には作ることが覺束ない。

第五節　田園寄宿教育

學術上の根柢によつて斯うした教育を行つてゐる學校は我が國に於ては未だ私の耳にし

ない所である。が、色々の事情から個人的にさうした境遇に子供をおき、乃至一年中のある期間これに類する教育を行ふことはある。かの夏期海濱學校、キャンピング等がそれである。

然るにこの教育を教育的根據から割り出して實行してゐる學校が外國にはある。まだ親しくは見ないが書物によれば近來かうした學校が所々にあるといふことである。そして其の教育の實際については人により異つてゐるが其の中に有力なリーツはかう言つてゐる。

人としては個性が異つてゐるけれども身體的活動をする能力と歡喜とを有することは事實である。子供の最多數は將來身體的活動を基とするものである。從つて勤勞を愛好し、活動的實行的のものでなくてはならない。各人の人格は冷靜な知識や空虛な文學では建設されない。只歷史から發展成長させなくてはならない。又今日の學校では一定の法規で少年を將來あゝーよう、かうしようと機械化しようとするが、それはよくない、本質を發展させなくてはならない。又人は環境からどうにもなる。今日の都市は俗惡である、醜汚である。かうした所では教育は出來ないから田園がよい。家庭的で、自由で、閑靜で、美しい自然に圍まれた田園でなくてはならない。かういつて身體的活動を重んじ、手工・作業を重視し、又國民的教育を重んじて田園に寄宿的の教育、社會的感情及行爲にまでの教育・道德的世界觀人生觀にまでの教育、宗教的感情及行爲にまでの教育を其の精神とするのである。

かういつて先づ學校を山間又は森林の中に立て、山獄・高原・牧場等美しい自然にいつでも包

擁されてゐる樣にする。生徒は普通の學校の如く、家庭から日々通ふのでなく、教師と共に日夜此の學校の中に勉學し飲食して寢食を同じくする。

校內においては單なる教授でなく、知識的·藝術的·勤勞的·手工的生活をすると共に僚友と共同の生活をして全人教育の場所とする。そして生徒はいくつかに組分をして各部に少數の指導少年をおき、尙ほ一人の教師を中心にして全く家庭的な生活をする。校內には寢室·食堂·集會室·工場·庭園·農場等の設備があり、兒童の樂土·兒童の共和國·兒童の家庭といつた樣になつてゐる、(以上小川氏獨逸における教育參照)

右の學校について其の長短を批評すると、

一　知育にならずに子供の生活によつて學ばせようといふことはよい。

二　私の教育觀から考へても國民的の教育をしようといふことは小學校においても勿論、いかなる學校においても然あるべきことで、斯くてこそ其の國の文化が進展し、ひいて世界各國文化に及ぶことゝ考へる。世界各國夫々各地各人の價値を發揮することにおいて總べてが文化の花を咲くからである。

三　身體的作業を重んじること、學校を社會的にし又家庭的にするといふことも元より何等異論を挿む餘地のないことである。

四　然し、茲に考へさせられることは、學校が田園にあること、美しい自然の懷に抱かれてゐる

ことはよいが、といつて全く社會と交渉のないこと、少くも其の干渉の餘りに稀薄なことはよくない。自然人事の生きた實社會は、たとへ理想的でなくても教育を實際的ならしめるのになくてならぬ材料であることである。かの修道院の如く、一生其の中に人を入れて聖的生活をさせるならとにかく、生きた實社會に入る人の教育――而も普通人の教育には是非あらねばならぬことゝ思ふ。よし惡い環境でも指導者にして心を盡せば必ずしも惡いことに染まるとは云はれない。ましてなくてならぬ材料示唆のあるに於てをやである。

五　いかに教師が慈父の樣にならうとも決して全くの家庭における兩親の樣にはなれない。神の如き人ならとにかく普通人に於ては猶更である。暖き慈愛に滿ちた家庭、眞に自由な長閑な家庭に少くも一日中ある時間は是非おかなくてはならないものと考へる。

六　教師の方もかゝる社會に離れることはむづかしいし又修養にもならない。而も事實かうした生活を年中營むことは教師自身不可能ではないが、といつて又決して容易な業ではない。

色々短所もあるけれども又獨特の長所到底普通學校の企て及ぶべからざるものもあることは事實である。不肖私も子供と一緒に寢食したことがある。經驗がある。本當に子供と一緒に話をしながら長い途を歩く、一緒の室で食事をする、湯に入る、色々の仕事を共にする、衾を接して寢る。まして教師の病氣の時には藥をのませてくれる、擦つてくれる。之に反して

子供の病氣の時はこちらが寢食を忘れて介抱してやる。外出しては土産を分けてやる、子供の家から食物でも來ると分けて味ふ。一年の學校生活より一日寢食を共にした方が親しみが出來る樣な感じがする。從つてかうした點については他の學校經營の決して追從する所でない。が、前言つた短所もあるから、要はかうした經營を加味するといふ方が理想ではあるまいか。即ち夏の休には一緒に海岸か山間で共同生活をする、時に二泊三泊の旅行をする。或は可成學校で情意的生活を共にするとか、學習とか食事遊戲作業を共にするとか、寄宿におくとすれば一週寄宿に置いて、次の週は又家庭に生活させる……といふ樣な風にするのが自然であり、教育的であるのではなからうか。何にしても此の意味此の長所を今の學校經營に加味することの必要なことは言ふまでもないことゝ考へるのである。

第六節　體驗教育

近時小學校經營について體驗といふことが叫ばれてゐる。この說は恐らくディルタイ、リツカート其の他の精神科學派の學者のいふことから之を教育にもつて來て述べられてゐることゝ思ふが、とにかく教育に對する重要な考へ方であることはいふまでもない。

何にしても此の說を奉する人は認識其の他の問題から發して更に學校經營全體の上に及ぼし體驗教育とか乃至體驗學校などの名を冠してゐる。そして言ふ。

我々が佛について色々話を聞かされる。神について種々の觀念を得る、然しこれだけで信仰の域に入つたかといふに信仰の側から之を見れば全く無價値である。本當の信仰なら佛の教神の信條が自我の中核とならねばならぬ、よしやそれに關する知識は豊でなくとも我が價値意識を動かして無關心であり得ない情態でなくてはならない。道德でも同樣である、單に君に忠親に孝といふだけでは何等の價値がない、眞に自我の止むに止まれぬ眞理として要求として自我の中核をなすに至つて始めて燦然たる生命の光をはなつ。知的の認識でも同樣である、從來の認識論者は經驗とか認識とかを單に表象作用から導き出さうとした。生の直接活動を知的概念的に抽出して生命を捉へようとした。然し乍らそれは無駄である、認識主觀の脈管には稀薄な理性の液が流れてゐるのでなく現實の赤い血潮が流れてゐる。意志し感じ又は表象する全人の立場から明にせねばならぬ。かくの如き體驗はどうしても單なる刺戟や經驗からは得られない。實に體驗は自己活動であり自己意識的の活動自由活動である。從つて子供をこの境地に立たしめることが教育の目的であり、これに到達させる過程が方法としての體驗である。

かうした原理から教育上に次の樣な方針を立てゝゐる。

一　生活教育　教育は知識や表象からでなく全人としての生命活動卽ち眞の彼等の生活から教育しなければならない、かういつて學校を生活の場所とし、知的道德的美的の自然生

活を行はせる。

二　自己經驗　經驗は命令したり、まして强制してはならない。體驗活動は自由な彼等の獨立意志によつての目的活動である。かうさせてこそ眞に意義のある生活が出來生命の成長も期せられる。

三　直觀行動　體驗的活動は具體的統一的全人的である。從つて共の教育は直觀行動に始終する教育でなくてはならない。

四　國民化　個性は歴史的存在である。個性の發展はやがて社會國民性の發展である。人格完成の生活はやがて社會完成の教育及國民教育である。國民化とは國家が要求する忠良の國民を作ることである。

大體からうした信條から見て、すべての學校經營を行ひ、しかも單に知識として授けるのでなく、彼等を生活させることによつて教育しようと云ふ試である。而もかうした主張者は單に理論としてゞなく實際の教育について非常な熱心を以て當り、相當優良な成績を得てゐる樣である。これについて思ひついた二三を次にのべて見よう。

一　一般に從來言ひ來つた經驗は十分でない、自我の核心を養はない、體驗でなくてはならない。かういつてゐるが、體驗といふことは人々思ふ所を異にし、ハツキリした概念がない。たゞ蓋然知的の働の加はらない直觀で、直覺的に認識する作用だといひ或は物を見るに單

に悟性によつて見るでなく、自己の情意を以て物其の物の中に入りこんで物を活かして見るのだとか或は又生そのもの丶直接的内面的經驗を體驗といふなどのべてゐる。まして經驗といふことについて體驗論者は知覺によりて與へられたるもの丶みを云ふものが多いが、眞の經驗はそればかりでなく、反省的思索によつて得た經驗もあり、純粹經驗卽直接現象、主客未分何等論理作用の加はらざる經驗もあるではないか。或は又經驗といへば感官知覺を形式的な知識による判斷の樣に見てゐるものがあるが、經驗は意識全般に亘ることではないか。何にしても此の說においては一般實際家に體驗の意味がハツキリしない事經驗との關係が的確に說かれてゐないことである。

二　次には體驗が大切としたら、なぜ其の爲に生活によつて教育するか、まして直觀行動によるか、此の邊の論理について餘りに飛躍が多いではなからうか。もつと何人も悟得する樣な說明をほしいものである。

三　目的としての體驗はよいとしても、方法上の體驗について論者は子供に自力發展とか目的活動自己活動をさせよといふが、此の方法に關することは人各個性があり、而も個性が方法を生むから一律に何でも自力發展とばかりはいかない。何せ對者は子供である。自覺力は萌芽である、獨力では事實出來ない。從つて助けてやらなければならぬ、時にはいやでも注入してやることもある、模倣させること、或は目的々活動の外無意識に生活させること

も事實あつてよいではないか、それが又子供の生長に資するではないかと思ふ。子供は無論の事吾人の行動を顧てさへ目的々活動と無意識活動がいくらでもあるではなからうか。要するに淺い經驗他律的の經驗は十分ではないが、といつて如何にして體驗教育をするかの實際はまだオソマツといはなければならない。

四　以上はいかゞと思ふ點であるが、然し良い點も頗る多い。即ち生活によつて行ふことは何といつても烱眼の人の言である。私もこれを主上のものとしたい。そして論者が亦事實學校生活を知的にだけ見ずに經營してゐるのは敬服してゐる。さうなくてはならない。

五　論理はとにかく自己經驗自己發展といふこともよい。

六　直觀行動によつて教育しなければならないといふこと最ものの事だと思ふ。言葉や文字から學ばせるでは眞の認識は得られない。情意を否全意識生きた生命活動は是非とも直觀行動でなくてはならない。

七　國民化といふことと立論の過程については私の意見と異るか知らないが當然なことである。否貴い言であると思ふ。近時動もすると此の心を忘れるものがあるが、眞に國を知らぬもの我を知らぬものゝ言である。

八　體驗の理論はとにかく從來多くの人が情と意の陶冶を忘れてゐた。而も體驗教育においては此の情意の方面を力說し、これが人格の核子であることに說き及んで其の實際の施

設を行ふことは時勢に適した良い企畫であると思ふ。

九　體驗學校の施設を見るにかの自由教育とか或は合科教育などと云つた樣に外面に捉へられないで、つとめて內面的の研究を行ひ、子供の內面生活を指導していかうといふことは眞に教育の生命を捉へたものだと思ふ。

一〇　說が極端に走らず施設も奇をてらはないばかりか、現時新教育の精神であり、從來教育の欠陷たる、作業教育・自學教育・個性教育・其の他主要な題目が總べて取込まれてゐることはよい。而も之を採るにしても、これらを集めて寄木細工の樣に作りあげるのでなく、ある原理を把握して當然さうなつたところに大なる價値があると思ふ。

第七節　自學教育其の他

人格は自己意識的の存在で、自己活動・自己發展の力がある。勿論完全に子供の中にこの力が完成されてゐるではないが、萠芽としてやがて來ん春をまちつゝあることは爭はれない事實である。同樣に人は價値を永遠に要請して止まないものである。本然の性として眞善美聖もさうした價値を追求して行く。が、しかし唯彼等のするがまゝにおいては必ずしも文化生活に入るとは限らない、價値を創造するとは斷言できない。教育は兒童の環境を機緣とし、彼等の自意識自活動によつて是等價値を創造させ、自然生活から文化生活に入れしめるので

ある。指導の生命はこゝにある。茲に自學教育といふのは子供の自學力を基とし、而も之を指導して自覺的に自學的に――全然の自學でなく――學習させていくことである。詳細は後にするが、私の口にする所奉ずる所はこれである。

この他プラトーン案、プロゼクトメソッド・分團教育・公民教育・ウイネチカシテスム・ゲマインシャフトシューレ……等々色々あるけれども。要は右にあげた諸説に似たもの而も其の精神は彼等の中のどれかに屬するものであるから之を略することにする。

第六章　小學校經營の方針

學校長となつたり訓導となつて一學校に奉職するからには第一に其の學校を如何に經營していくべきかと云ふ方針が大切である。教育の目的として何をなすべきかは小學校令の第一條にあり、而も道德教育の標準としては教育勅語があるから、一言にして云へば、小學令第一條の主旨によりお勅語の旨に添ふ自覺ある國民を教育するにはちがひないが、それにしても之を實際に適用する上からは色々の考慮を拂はなくてはならない。卽一方人によつて教育觀を異にし土地により兒童により環境なり性格の上に差異があるからである。從つてある特殊の具體的な學校について云ふ時には夫々斟酌していかねばならないが、今次には私の教育觀から卑見の一端をのべようと思ふ。

第一節　教育に對する方針

一　自學的の教育

私の教育觀は自學的の教育である。教育は外部から形式的に子供を統制していくのでなく、被教育者の自發自展を導くのである。而も自己發展は彼等の有する止むに止まれぬ内部生命の力で、これによつて眞の學習が出來、眞の訓練が行はれる。必ずしも教科の學習だけではない。道德的の訓練養護すべて此の心を基にして發展を期したいのである。

二　生活による教育

知識が生活を生むのでなく、却つて生活が知識を生む。論理の形式から歸納したり演繹した認識より生活體驗による認識の方がいかに有力で生きてゐるかわからない。四六時中意識的に教室で學ぶ時間は果して何時間か。元よりこれも一面として生活であり意義もあるが、それにしても無意識的に又意識的に家庭・社會・學校生活から自然に學ぶことがどれほど有力かわからない。過去の教育に於いて破産したのは此の生活を省みなかつたからである。豊かな生活——生活の深化そこに始めて人間の魂が芽ぐむのである。

三　作業による教育

作業を單に筋肉の働きと見たり、物を生産すると見るのは偏見である。作業をなすことは

心身全體の正確な統一活動である。作爲生産された事物の結果の良否多少は論ずる所でない。作業せんとする動機・努力・作爲・歡喜の過程に作業の生命がある。まして現代認識論の根柢をなす概念の如き以前の主知傾向を脱して主意的傾向となつた。その結果教育上自己活動に意味を認めて作業を重んじ、かくてレルンシューレからアルバイトシューレ、教へることより學習させることになつたのも當然の成り行と思ふ。小學校ばかりではない、中學も女學校も、どの學校も益〻作業を重んじなければならない。是單に職業教育だけの問題でなく人格教育の問題である。

四　個性の教育

人には夫々個性がある。教育の理想は人をして夫々社會的生活によつて普遍的の個性を發揮させることだ。かうすることによつて社會の發展がはかられる。ゲーテはいふ。個性の完全な發揮は眞の人間生活である。個性は永遠に製作し活動する生々の力で內に統一し無限に發展する小宇宙である。個性は獨立であると共に大宇宙卽神の本質に屬すべきもの全體宇宙に從ふべきものであるといつてゐる。

近時精神科學的心理學の方から或は實驗心理學の方から研究されて色々の議論もあるけれども、全體をなす個人の發展をはかることの大切なことはいふまでもない。

五　社會的の教育

個人があつて社會が出來たのではない。社會があつて始めて個人があるべきである。我々は一日も社會を離れるわけにはいかない。社會によつて始めて人となることが出來る。教育の本質は社會的である。個性が客觀的價値を實現し、かくて社會人となることによつて人格が完成される。かの兒童教育の如き決して一人で教育さるべきでない、實社會或は學校といふ社會に入らしめて教科の學習も道德上の訓練も出來る。思へば社會的教育が稱へられて數十年になるが、尙ほ今日さうした方面に注意せず、社會的價値を知らず社會的精神を涵養することを忘れてゐるのは殘念なことである。かうした心を養ふとき立派な社會生活が出來、社會的文化が創造され、社會結合の第一である國民生活も幸福に惠まれることになる。

六　鄕土による教育

教育において個性を顧み個性を伸ばすことを計ると共に我々は鄕土による教育を行はなくてはならない。鄕土は自分が生れた所、育つた所、教育される所だからである。教育上教土を知り鄕土を利用すると共に鄕土の個性を發展させなくてはならない。鄕土を眞に知る事は、ひいて愛鄕心となり、鄕土價値を發揮し、遂には全日本全世界の價値を發揮するからである。今の教育に於いて町村がすべて都市の教育と何の變異なき如きは決して鄕土を顧みたものでなく、やがて鄕土を荒癈に導くものである。

第二節　兒童に對する方針

新教育に於ては兒童に對する方針も舊時と大分異つてゐる。次に私の兒童に對する方針を列記しよう。

一　兒童の人格尊重

世人やゝもすると、兒童の人格尊重といふことを誤解して、徒に尊稱を同輩か大人の如くしたり、惡戯を知りても之を制止しない如きものがある。斯の如きは決して人格尊重ではない。子供を呼ぶに敬稱の奈何は問ふ所でない。總べての子供を獨自優秀なもの、將來社會文化創造に當る分擔者と見て、眞に愛を以て各人格を敬し、各人格を最善に導いてやる意志と熱情があれば形式はどうでもよい。まして惡戯を看過する如きは人格をふみにじつてゐると云はれても差支ない。

私は昭和三年十二月十三日東京市の御大典奉祝會に赴き、誠に恐多い次第であるが天顔を拜し、玉音を拜聽して非常な感激に打たれた。その中でも陛下がお若い上に御壯健にましてて龍顔殊に美はしく元氣旺溢でゐらせられることについては昭和將來の國運も象徵されて無限の感激に打たれたことであつた。かうしたことから子供の顏を見ると實に美ましい。洋々たる前途が前に開けてゐる、幾多の星霜が彼等に許されてゐる、千萬金を以ても代

へがたい希望に滿ちてゐることである。何にしても次代の日本は彼等子供である、二三十年後の我が國家の柱石は彼等だ。かう思ふ時彼等を教へることが出來る光榮を負ふことの嬉しさと共に責任の轉た重大なことを痛感する。私のいふ人格尊重とは此の意味に於いて彼等總べてを殘りなく敬し彼等の人格を尊重して育てたいといふのである。

二　兒童の個性尊重

兒童はそれ〴〵個性をもつてゐる。學校においても試驗でもすると成績は特に雜多で、よいもの惡いもの色々ある。ましても成績の惡いものについては、どうかすると將來何の役にもたゝないものゝ樣に思はれる。然し乍ら實際について見ると、成績のよかつたものも惡かつたものも存外世に出ては相當に暮していき、時に劣等生にして小學時代の優等生よりも人間價値を發揮してゆくものがある。從つて學校教育では兒童の能力にいかに差別があつても總べての人、優も劣も共に優秀なもの獨自な者と見なければならない。そして出來るだけ夫々の個性を發揮して、適當な職につかせれば總べてが天下の適材となるわけである。この心をもつて日夕兒童に接したなら兒童がいかに幸福か、又いかに立派に教育されるか恐らく測り知るべからざるものがあらう。

三　兒童の心理研究の尊重

心理學は相當に發達したが、人の心の精確な奧底は神ならでは知悉することが出來ない。

思索による心理が滅びゝ實驗心理が盛になる。今實驗心理が盛になるかと思ふと又精神科學的心理でなければいけないといふ。

斯の如く心理學は今正確を期することは出來ないけれども、而しながら教育の對象は何かといへば兒童である。兒童が解らなかつたら如何に教育の原理を研究しても或は熱誠になつても所詮は無駄である。從つて教育者は學として與へられてゐなくとも日々彼等と生活してゐて、最も良く彼等を知るべき地位にあるのだから、日々彼等の實際から研究して、彼等を誤らない樣にしていかなくてはならない。

第三節　學校に對する方針

一　學校は智育のみの場所でなく、子供を全人として教育する場所である。從つて今までの如く智育からのみ見ては誤である。知育・徳育・體育・美育・總べてに亘らなければならない。

二　學校は子供の愉快に生活する場所である、學び、遊び、作業し、歌ひ、飲食し、休息する場所である。而して校舍は我が家、教室は我が室、運動場は我が庭である。今日の學校果してこの見地から建てられてあるか、又使はれてゐるのであらうか。

三　學校は本來の目的は子供教育であるけれども理想的にいへば――今日の日本現狀から――科學藝術道徳等すべて郷土文化の中心となつていかなくてはならない。

四　學校は一つの社會である。多くの兒童・教師・小使・來客・父兄――さうした人々からの關係から出來てをり、教師・生徒・小使夫々の人が夫々社會人としての義務を盡してゐる。而も校内には經濟現象・道德現象・科學・藝術すべての現象が嚴然として社會の如く行はれてゐる。從つて教師は之を小社會と見て理想的に經營していかなくてはならない。

五　學校はある見方からは家庭的になつてゐる。教師は父母であつて小使ば使用人、生徒の長幼は兄弟の關係に類してゐる。そして共に遊び共に學び共に飮食してゐる。父兄卒業生兒童教師總べて一家の如く一體とならなくてはならない。經營上學校を一社會と見ると共に更に家庭と見ることは愛の生活として大切なことである。

六　學校は單に生徒を教育するだけでなく、社會教化の機關である。而も小學校は全國何所にあつても存在し、教育專門の教師のあることは絕好の便宜である。社會を教化することは單に國家社會の爲のみでなく各學校兒童の爲である。近時各地に青年教育處女教育大人教育など行はれてゐるが、將來益々盡すべきことゝ考へる。

要するに將來の學校については、斯うした見地から考へて色々の施設をし活動をしていかなくては眞の教育は出來ない。

＊編集上の都合により、底本８８～１３２頁は削除した。

＊

＊

第九章　小學校の學級編制

小學校における學級編制といへば數十年來、定つてゐて學年の始に當つて殆んど何等の考

慮を拂はないといふ様な有様である。學級編制は然く一定して科學的になつてゐるだらうか。何せ今まで學級編制において信條として守つてゐたことは

一　同年齢同學力のもので一學級を編制する。

二　年齢が違つてゐたり學力が違つてゐてはいけない。

三　女子は女子男子は男子別々に編制せよ。

四　同能力のもので編制せよ。優等兒學級・普通兒學級・劣等兒學級などと粗別をするものは理想的だ。（一部の人）

五　人數は尋常科は七十人以下高等科は六十人以下とする。

六　學級の人數は其の數が少いほどよい。

七　同一學級で能力に差があつたら學級內の組織を優劣によつて分團せよ。（一部の人）

八　教師が不足か教室の足りない場合には二部に編制せよ。或は三學級二教員制にせよ。

といつた様なことである。これに依つて考へて見ると、從來のやり方は大體かういふことを標準にしたと思はれる。卽ち第一は知育上の見地である。子供に教へるのは觀念である、知識を與へるのである。從つて學級は知育を主として編制しなければならない。第二には教育の主なる作用を行ふ所は教室である。教室をおいて外にはない。運動場などあるけれどもあれは體育の場所である。それらの場所からは知育などは全く出來ない。第三には子

供には教師から教へてやらなくてはならない。教へてやるには教師の話が同様に解らなくてはならない、同様な舊觀念がなければならない、又同時に同能力でなければならない、かう思つてゐたとしか考へられない。

が、教育の考方も明治の初年と今日とは變つた。かうした考の誤である事は何人も氣付いて來た。言ひかへると舊教育は明治の末期から大正にかけて見事に破産した。昭和の教育は決してこんな考ではいけない。百尺竿頭一歩を進めて改造しなくてはならない。

教育は知育ではない、知育も教場だけの仕事ではない。教室は知育否教育專有の舞臺ではない。眞に一部分の仕事しか使命を持つてゐるだけである。まして教育は與へるのではなく伸ばすのである。教へるのでなく學ばしめるのである。云ひかへると子供は生活によつて學ぶのである。知的・美的・道德的・經濟的・社會的の生活・意識的の生活と共に無意識的の生活によつて本當の知育・體育・美育・德育が行はれるのである。今までは餘りに教育の外面に走つた、形式に走つた。今後の教育は全然それと行き方を異にして形式を脫しなくてはならない内面からいかなくてはならない、子供の内部生命の發展を基にし生活に根ざしてぐん〳〵伸びていくといふことを考への見地に立つ必要がある。教科・教材・方法は勿論のこと學校經營上學級の編制に當つても、まづペンをおいて靜に如上の事について考へ、かくで教育の眞諦に入らなくてはならない。反省して全然舊習を一變する必要がある。

第一節　能力別學級編制

近時學校經營の上で新しい試をし、相當世間で注視の的となつてゐることはいくらもあるが、中でも其の大なるものゝ一は能力別學級編制の問題であらう。即ち新しい學校經營をするとか、新人といつた樣な人には往々かういふ編制を無上のものとして喧傳し、又學者の方でも之を極力推奬してゐるものがある。由來優劣兒童學級編制の問題は突如として今日に始まつたものではない。既にこの編制を數十年前に實施してゐたものもあることを思へば相當世間には經驗されてゐるものといつてよい。而し乍ら昔日之を行つたのは、そこに學術的根據の深いものがあるといふでなく、常識的に優劣兒を一緒にして教育しては共に不便である不得策であるといふのであつたが、近來之を行ふに至つたのは單なる常識の根據に依るのでなく、一方學術的に理論づけ、その基礎の上に此の編制を試みようといふのである。換言すればライー・モイマン以來ビネー・シュテルン、ラスク、ホール、フリーマン共の他の心理實驗に依る教育説即ち心理學的教育説から演繹して此の編制をしようといふ樣になつたものである。我が國に於ても哲學的教育學者は之を否定してゐるが心理的教育學者の多くは皆之を賛し聲を大にして呼號してゐる。

即ち今日之を主張する説によるとかうである。人の知的素質に就いて見ると、各人の間に

驚くべき差違がある。推理・記憶・想像・學習・注意等についてある尋常六年について調べた結果によると被驗者約七百人中最下點は二十九點なるに、最高點は百七十一點になり、最高は最下の約六倍になつてゐる。更に此七百人の中の各段階を見ると五十九點以下四十人、百四十點以上のものの四十八人ある。

かくの如き知的素質の相違は兒童日常の具體的活動力に影響を及ぼし、從つて學校における學科の學習力に差等を生じ、其の學科試驗の成績に甚大の差異を生ぜしめる。

素質にかゝる差がある兒童が卒業成長すると、相互に結合して次代の社會構成をするが、これら兒童の社會に對する意義は必しも一樣でない。即ち世界の文化活動又は事業の大部は普通の精神力を有つ成人によつて大成される。されば普通の兒童を有効に教育するには優等兒並に劣等兒から分離して學級を作らなければならない。又他方において次代の文化活動の指導者となるのは優等兒の中から現出する、從つてかゝる兒童は始から他と分離して授けるがよい。小學は勿論出來るなら幼稚園から分離せよ。更に劣等兒は文化活動に積極的の意義を有すること少く、時に文化生活に防害と無益の負擔を與へ、社會を毒する不良分子たる點から消極的に重大な意義がある。これと同時に彼等は人類中の憐むべきものであるから矢張學級を別にしてそれに適する仕事を課さなくてはならない。

現時の心理學者特に實驗心理學者の學級編制論は大體右の如くであると信じる。以下こ

れに關する卑見の一端を述べて見よう。先づ其の長所をのべると、

一　昔の學者は兎角象牙の塔に立てこもつて實際の問題を閑却してゐた。少くも實際兒童について調べるといつた樣なことはしないで、唯に外國の書物の飜譯をしてゐた。然るに今日の心理學者が竿頭一歩を進めて我が國の兒童について調べ、而も我が國今日の學校經營の上に論及し、教育の實際を建て直さうといふ企をしてゐる、それは一段の進歩で本當の學者としての態度であると考へる。

二　今日の心理學者は個性といふことを力說してゐる。而も個性を實驗的に研究してゐる。元より十分とは云はないが、それにしても昔より更に深く研究して個性の本體に近きつゝあることは事實である。教育は個性の長養にある。昔の心理學者が個性といひながらガレンの四氣質位でお茶を濁したのに比べると雲泥の差である。從つて我々は此の効を沒却してはならない。

三　社會には優等兒もあるし普通兒もあり、同時に劣等兒もある。それらに對して今日の學者が總べてを救はうと考へてゐる。教育上のデモクラシーといはうか文化を總べてに均霑させようといふこと、又これによつて健全なる社會を建設しようといふことは大に其の努力や着眼に對して敬服しなければならぬことゝ思ふ。

以上は今日の心理學者の効績で、二三十年前の心理學者の努力業績に對し一段否數段の大

なる効績であると考へる。

がしかし、かうはいふもの丶私は、と言つて今の心理學者の言に從つて其の總べてをそのまま從はうとはしない。全然從ふには餘りに所論が不徹底であり、研究が粗雜であるからである。次に右の短所をあげると、

一　實驗心理學は今より百年前卽ち一千八百年代の初に當つて、醫學者ヱーベルに始まりフエヒネルによつて心理學として樹立されたものである。かくてヘルムホルツやヴントによつて益々研究されたものである。從つて當時より感覺方面のことは相當に研究され、それについては餘程精密に計量することも出來る。がしかしそれ以上觀念記憶想像推量判斷になると感覺ほど正確にはわからない。まして情緒だ情操だ、意志だ欲望だ、更に人格だの個性だのといつた樣な事はなか〳〵むづかしい。最も今日の心理その專攻のものでは物の味まで精密にはかれるといふけれども。――而し蓋然はわからうが、所詮今日といへども蓋然は依然蓋然として存してゐる。ある哲學者が人の個性を他人が見たり實驗して知らうなど丶云ふことは人生に對する冒瀆であるといつたが、名言だと考へる。個性人格はさておき、とにかく人の知能といふことは充分にわからない、所詮蓋然に知るに過ぎないと確言する。學者は實驗してかりに甲は何點乙は何點など丶するけれども決して數量的にわからないといふのである。例へば記憶の檢査について「學」といふ字を書かせて見よ。甲の生徒が書けて乙の生徒

が書けない場合甲は滿點乙は零點となるに定つてゐる。然るに乙に對して書かせずに「學」といふ字は「與」かと尋ねよ。必ず違つてゐるが、しかしどこか學の字に似てゐる」といふに違ひない。更に「學」の字を書いて、これが學かといへば「さうです」と認めるに違ひない。云ひかへると乙は學と正しくは書けないが「與でない、似てはゐる」といひ更に學を書いて「あゝ學の字だ」と言つたとすれば、甲と乙との觀念上の差は極めて僅少である。而も甲を滿點乙を零點とすることの妥當でないことと不正確な試驗であることはいふまでもない。かうした意味から不完全な知能檢査で組分をすることは所論が既に粗末であるといふのである。

二　第二に人の知能は素質そのものとして表はれずに其處に努力が加はつてゐる。即ち記憶でも熱心に人の話を聞いてゐる場合と不熱心の場合では記憶率の違ふのは當然である。心理實驗の場合でも被驗者其の日の氣分身體狀態精神狀態の奈何で成績が違ふ。まして練習の奈何では非常に違つてくる。これ素質を見ることのむづかしい大きな理由である。

三　次に人の知能は境遇によつて違ふ。植木屋の子は植木のことはよく記憶し反物屋の子は反物のことを記憶し易い。從つて同一問題である力を檢することは公平を失する。

四　今の實驗心理は昔ほどにもないが、人の心を自然科學的に記憶推理想像と分析的に檢べようとしてゐる。然るに人の心は一である、全一である。全體を考へにおかないで全體は部分の合成だとして寄木細工の樣に考へてゐることは間違である。

五　今の實驗は多く反應の試驗である。僅な時間に早く多く反應すればよい。從つて反應の遲いもの、例へば一旦記憶すれば忘れないが、しかし記憶するには時間がとれるとか、時間の餘裕がないと思考力がよく働かないといふものはすべて點が悪い。結局神經過敏のものが勝を制するといつた樣なことになつてしまふ。不完全な大なる事項である。

六　知能が正確に解らないことはさておき、心理學者は知能によつて組別をしようといふけれども、教育の全野を考へると、人は知能ばかり大切でなく道德も藝術身體も大切ではないか。教育の目的はこれら全體の完成であるとしたら德育上からも學級を別にする方が得策でないか。道德的に極めて低劣なものがゐたら感化上別組にした方がよいとも云へよう。優等のものは優だけ別にする方がよいとも云はれよう。藝術において身體に於ても同樣である。知育德育美育體育それぞれに組分をするとして果してそんなことが出來るであらうか。まして知育だけで分けたり、この方の完成だけで得たりとするのは片手落である。

七　論者は個性をのばすには學級を別にするがよいといふが、學級を優劣によつて分けなければ教育が出來ないだらうか。否少くも論者は優劣一緒にゐる長所を逸してゐる。即ち一學級から數人の優等生を除いたら一學級はどうなるが、凡クラばかりの組になり指導者がなくなる。意氣も元氣も衰へるのは當然である。之に反し一級に數人優良なものがゐると組全體が引きたち良い級風も自然に起る。恰も、ある地方に優良な名士偉人が出ると鄕黨のす

べてが之を目標とし憧憬して後から〳〵追つていくこと明治維新の頃薩長に名士が出たと同様ではないか。

八　次に社會的見地から考へると、學校は一の社會と見なければならぬ。この社會を構成する人は男も女も優も劣もあつた方がよい、あるのが自然であり、同様に生活關聯も豐になる。優者が劣者を教へ導き、强者か弱者を助ける。劣を見て自分の優越を感じ、優を見て劣者が自憤心を起す、こゝに實に良い所があるではないか。

九　何にしても論者は舊教育觀に立てこもつてゐるから斯うした議論が出るのである。即ち教育は知育だ學校は教へる所與へる所であると始から考へてゐるのが抑もの間違であり不論理の歸結を得るのである。學校は知育と共に德育體育の場所である。學校は一の社會である、生活する所である。さうして教へる所でなく學ぶ所である。各人が自發的に生活によつて學んでいくことによつて人となるのである。而も生活を單純にし知育に走り、與へていいからなどゝしてどうして立派な教育が出來よう。かうなつてくれば個性の異つてゐるのがよい、知能に相違があつても非常の差のない以上大丈夫學習されていく、「分團より自學に」といふのは近代教育の大思潮で動かすことの出來ない鐵案である。

一〇　何にしても分團していけば成程優等生の組は幾分知育だけから見ると成績がよい、たしかに中學や女學校の入學試驗には歩合がよいであらう。まして中學や女學校入學のものの

を優組とし、それらの學校に行かぬものを普通組などゝしたら教師の努力の上からでも自然に差が生じてこようが、德育上其他からは害こそあれ利する所はない。

一一　更に見のがすべからざる一事は子供を劣等組に入れて人格的に自尊心を傷けしめることである。或は知育至上といふ心をおこさせることである。學級の名は天地人とか雪月花と名けた所で子供は聰名のもので、いつとはなしに劣等兒組といふことがわかる。自分は劣等組だと考へるとき、いかばかり彼等の自尊心を傷けるだらう。而も學問さへ出來れば優組であると思はしむるごときは許しがたい罪惡だと考へる。

尚ほ數へ上げると劣組を受持つ教師が喜ばないこと、優組も普通組も其の父兄や兒童が知識の競爭をすることなど欠點はいくらもあるが、これで筆をおかうと思ふ。何にしても優劣の能力別に編制することは知育上ある部面には利があるが、其の他にあつては更に利がない、失ふ所のみ多い編制で心あるものゝとらない所である。

第二節　性別編制

同學年の男女の數が二組以上ある場合に學級を編制するに男女をどう編制しようかといふことは大きな經營上の問題である。普通の學校では大體法令に從つて男女を別にしてゐるが、これは教育上大きな考慮を拂ふべき問題である。之を別にするといふ人の意見による

と男女によつて個性が違ふとか將來の目的が違ふからといつてゐる様だが、これは私見として言へば大なる問題にはならない。根據にはならない。

私の教育論からいへば――重複するが――學校は小社會である、男と女一緒に共同して生活するがよい、多種多様な生活關聯が成立して始めて十全な生活といひ得る。一家についていへば祖父母もある、伯叔父母の關係もある、兩親も健在、兄弟姉妹もある、召使もある、農業もすれば商業もするといつた方が、どれほど子供等の爲になるか知れない。學級も全く同一である。男子ばかり女子ばかりの組でどうして男が女を知り女が男を知らう、どうして男女の性の長短が補はれていかう。かゝる訓練を受けて長じたが最後、男尊女卑の思想も出來離婚も出來よう、男女間の間違も必ず增すに定つてゐる。男女共學が學術上から見て理想であることは今日に始つたものではない。今世界の學者中でも十四歳以上の男女共學については理想はさておき實際上からとかくの論があつて贊否相半してゐるが、十四歳以下については何人も共學を理想としないものはない。

が一つ問題になるのは事實として小學上學年の事である。即ち上學年では――今の教育の形を基として――裁縫家事など課することとである。又同じく修身とか理科・算術等のことである。今の制度としては女子には裁縫家事を別に課さなくてはならない。さうなると教科の時間數が男子と同一にいかない。修身・理科・算術にしても生活を基にし將來のことを考

へると男子と同一にしていくことが出來ない。否少くも女子は女子としての修身を課したい。理科の如き、是非家事裁縫と密接不離の關係におきたい。算術の如きも其の教材は女子の生活を省みなければならない。從つて此の方面から考へると組を別にした方が良いことになつてくる。どうも一緒にしては教授上不便のことが少くない。

如上の見方から考へると理想論はとにもかくにも、實際論としては少くも高等科の方は男子と女子と別にする方が現在の制度としては止むを得ないことになるではなからうか。

一方からうする場合には男女夫々の學級間においては勉めて男女一緒に教へるとか學ぶとか、とにかく交渉ある生活を豐にして右の短を補つていかなくてはならない。當校高等科の如きも級こそ別にしてあるが、學校の訓話朝會學校の自治會や遠足旅行學藝會は勿論運動場も同じ場所にしてなるべく交渉を多くし、共同生活の實を失はせない樣にしてゐるが、一般においては男女共學が學術的に見てよいこと正體であることを考へてほしいものである。

第三節　低能兒劣能兒編制

どこの學校にも低能兒劣等兒がある。こゝにいふ低能兒とは子供百人中一人位の程度にある知識の低いものであり、劣等兒といふのは一學級四十人中一割近くある能力の子供をいふのである。(詳細は小著劣等兒教育參照)これらの子供は知能が全く低劣で、どうにも普通兒

と一緒に教育していかれない。縦令前述の論に從つて學級が一社會であるとはいへ現在の制度において之を一緒に教育していくと、知識は益々劣り元氣は衰へてどうにも一緒に學んでいかれない。從つて之を別に教育していくのが當然である。國家が義務教育といつて强制し而も一面低能兒劣等兒に不適當な教育をすることは、制度の缺陷であるといはなければならない。それならどうして之を救濟して行つてよいであらうか。

世には低能兒だから又劣等兒だからといつて學校を別にするものがあるが、私はそれはとらない。かくては父兄や子供の自尊心を傷ける許りでなく、教育的にもよくないからである。私の考をいふなら矢張りこれらも普通兒と同じ學校におき、共同に生活させていきたい。そして教授の方面だけ別にせよといふのである。

第一の方法は一つの學校に低能兒劣等兒の學級を特設する。そして教室だけ別にして教材方法を異にして授ける。例へば算術にしても尋常三年で二年の力しかないものは二年の教材を使ふ。讀み方が六年でありながら三年位の力さへなければ三年位の教材をあてがふ。云ひかへると學年相當の教材をつかはせずに能力相當の教材を提供する。そしてある年限が來たら、卒業させるのである。最も家庭で許すなら長くおいてやればそれにこしたことはない。

今の教材について見ると、教科書は普通兒標準に作られてゐる。これらの子供に使はせる

には適當してゐないから出來るなら別に材料を選ぶのである。さうして一學級の人員を少くして十人か十五人として個人的に授ける。

第二の方法は一學校に特別學級が出來なかつたら、都會地なら數校の小學が聯合して一學校にまとめて二三の學級を作り、そこで特別に敎へる。

第三の方法は止むを得ないからするのであるが、一學級を複式的に編制する。即ち極めて成績の惡い能力の低いものだけ別にして、ある特殊の敎科例へば算術讀み方位を他の生徒と同じ敎室におきながら別の材、料能力相當の材料を課すのである。さうして他の修身歷史地理體操唱歌といつた樣なものは普通兒と同樣に課す。

第四の方法は劣等兒をある組に集める。(優等兒も普通兒もゐる組)そしてなるべく人數を他の組より少くして複式的にある課目だけ授ける。

以上の方法は勿論理想ではないけれども今日の實際としてはこれ以上良法はなからうと思ふ。勿論中には劣等兒には宿題を課すとか授業後に敎へるとか晝の休みに見てやるとか色々說があるが、敎師の力には限りがあり、生徒も出來ないからといつて普通時間の上に又一二時間やる樣なことは敎育的でない。こんな考から私は以上の方法に依るのが目下の處置であると思ふのである。

第四節　優等兒學級

これは嘗て某知事が某府に試られた編制である。即ち附近の各小學校から極めて優良な兒童を集めて一學級を編制するのであつて、天才學級といつてもよからう。其の主旨は、優才は社會の文化を向上させ普通人を指導する人である。かうした人を他のものと一緒に教育すると折角の天賦が害されて伸びずに終つてしまふ。須らくかうしたものだけで一學級を作り出來るだけ天賦を伸ばすといふのである。私はこれについて其處の學校でどんな成績を得たかは知らないが理論としてはかう考へてゐる。

一　音樂についての天才は早くから表はれるが、其の他の天才は早くから現はれるものでなく、むしろ少年時代は平凡で中年以後に表はれる。而も小學校の三年や四年でよく出來るもの必ずしも長じてさうした成績になるとは考へられない。

二　天才の組だなどゝ言つて勉強させておくと、慢心するかさうでなければ知識上のみの競爭をする。勝たん爲を目的とした勉強は爲にならない。

三　現代の學校組織では小學を終へて中學か女學校に入るのだから、家庭としても教師としても生徒としても其の入學を目標にして、よい學校に入るとか、一年早く入學するかにのみ熱中する。從つて優等兒學級を作つても個性を伸ばずといふ樣なことは出來ない。

四　設立の精神としてはよい所もあるが、とにかく知育至上である。學校生活も不完全である。德育上から決して良いといふことは出來ない。

要するに以上の所論から學術的に考へても實際的に考へてもよいとは思へない。幸にさうした學校に小學中學大學といふ樣に上級學校でも出來てゐて、入學試驗などに父母も敎師も兒童も頭を向けず、のんびりした敎育をしたら採る所もあるか知れないし、子供も相當に個性が伸びて、よし天才になれなくとも敎育上意義があらうが現時の實際からは決して感心しないし、又事實もよい結果を得られようとは考へられない。

第五節　分團編制

一學級の兒童について能力の良否學習力の奈何を察して二組以上の分團とし、敎材を夫々に適當にし、方法を異にして授けるのである。これには可動分團と固定分團とがあり、可動分團は隨時に分團を變へ、固定分團はある期間固定しておくのである。

これに就いては能力別編制にのべた樣な長所もあるが、又一方には短所もある。其の最も困難なことは一學級が二組三組、多きは四にも五にも分れて敎師の敎授力が全般に行き亘らず、かつ敎師の勞の多いことである。その他分團を區分するに當つて適當に分つ苦心があり、かつ分團變更の難題がある。一見一寸は良かりさうに思へるが採るべき方法でないと思ふ。

我校にかつてゐた某教授は此の組織が米國にあるといい聞いて見にいつた所が、先方では、良くないから止めたといつたといふ事であつた。而も當時我が國新教育者によつて盛に喧傳されてゐたのはいかにも面白い圖、いまはしい皮肉ではなからうか。何せ「分團から自學へ」の語は三省すべき言と思ふ。

第六節　秋季學年制

法令上滿六才になつたものは秋季に入學するといふ様にしても差支ない。かういふ學年を秋季學年といふのである。この長所は

一　適當の年齢に達した時に入られる。今までの如く一日のことで一年も待つ様なことがない。

二　尋常一年あたりで滿六才になつた許りのものと六年十一ケ月にもなるもの即ち約一年もちがふものを同様に教育することは低學年だけに心身の發育上に無理がある。教育上にも困難がある。それが秋季學年で約半ケ年の差となると非常に教授上に便利であるし、心身の發達上にも自然である。

次にこの缺點を述べると

一　現代の制度では上級の學校に入る接續がよくいかない。普通から言つたら尋常の六年

の半途で行くか、でなければ半年待つてゐなければならない。中學女學校の規則が變らぬ限りこの缺點があり、所定の教材收得の上にも不自然がある。

二　今の教科書は四月入學のものゝ爲に作られてゐる。從つて之を秋季學年に使用するとすれば修身を始め各教科の排列を變へていかなくてはならない。理科などの變更は容易だが國語などになると、一寸では手のつけられないことになつてしまふ。

三　一學校に秋季學年の組が相當の數だけあればよいが僅であると子供も教師も氣分が一致しない。例へば花の三月鳥歌ひ蝶の舞ふのに普通の子供は皆學年が上になり試驗もすんで、いかにも、ノンビリするが、秋季學年のものはさうでない。一學校においても一家庭においても此の氣分の不一致は考へてほしいものである。

要するに理想としては結構であつて、上學級への連絡・教材がこれに叶ひ、更にさうした學級が相當あればよいが、それでない場合はさしたる效はないと考へる。

第七節　目的別編制

これは公然良いとして行はれてゐるではないが、事實は小學卒業後中學や女學校にいくといふ者の爲に一學級を編制することである。この長所としては入學準備が出來る、同じ目的のものゝ集合だから互に勵みあふ。かういふ長所があるけれども短所としては見逃すこと

の出來ないことが多い。第一國民教育の立場としては、どこまでも總べての人を一様に待遇し一様に教育しなければならない。上級學校に行くからといつて別にするのは國民統一の平等基礎教育を破壞するものである。第二に右の組別をすると一方は入學準備のみに走つて一般陶冶が忘られ、一方は卒業後の注意は出來ても知的修養が自然に等閑に附せられる。私の如き長く高等科をもつてゐるが、其の成績の著しく悪くして他の上級學校入學生と比して低下してゐるのを見るたびに其の弊を痛感する一人である。

此の他卒業後農業商業さういつた職業になるといふことから組を分つ方法があるがこれも良くない。但し高等科は此の限でない。

第八節　複式編制

其の一　二級學校

二級學校とは一つの學校生徒を二つの學級に編制した學校の謂である。普通は之を

尋常一二三學年　　下級

尋常四五六學年　　上級

としてゐる。この長所は(一)大體近寄つた年齢の者だから心身の發達が似てゐる。從つて氣も合ひ、同じ仕事をするに都合がよい。(二)學科の學習にさしたる懸隔がないから、自然に上

學年のすることを覺える。例へば乘算九々の如き一年生であり乍ら教へないで覺える。上學年の話が大抵下學年にわかる。(三)訓練事項は大體同じものを課することが出來る。

短所としては(一)上學年が下學年の世話を見ることが少い。(二)ある學年は同一の教師が持上つていくが、ある學年は時々受持教師が變ることになる。(三)四五六年も一二三學年も常に同じ樣な日々の時間數だから、ある組だけ單獨に細密に見てやることが出來ない。

第二の方法は

尋常一二六學年　甲級

尋常三四五學年　乙級

これによると、尋常一二年は朝の中によく教授されるに引かへて、一二年が歸つてからは專心六年に手を盡してやることが出來る。或は又一二年の管理など六年が自然にしてやつて教師の勞が省ける。短所としては尋常三四五年が同じ樣な學年で共に日々の時間數が多いから、手が廻りかねる。又五六年は綴り方讀み方修身など同じ材料を使ひたいが、それが出來ない。まして三四五年の修身など教材の案排に苦心が要る。

第三の方法は

尋常一五六學年　甲級

尋常二三四學年　乙級

この案である。が、これも一利あると共に一害がある。一五六の方はよくいくが、二三四學年に手の廻りかねるなどは其の大なる缺點である。

第四の方法は組別が年々移動する方法である。

第一年度

尋常一二三學年（甲級）　尋常四五六學年（乙級）

第二年度（以下右の各學年を同一の教師が持ち上つていく即ち）

尋常二三四學年（甲級）　尋常一五六學年（一年は新入）

第三年度

尋常三四五學年（甲級）　尋常一二六學年（乙級）

第四年度

尋常四五六學年（甲級）　尋常一二三學年（乙組）

即ち四年目に又元の樣になるわけである。この長所は一人が持上つていくこと、同じ組のものがいつまでも一緒に生活していき離合しないことはよいが、短所としては一組の上の學年のものが常に固定してゐる。即ち他のものは常に頭を抑へられてゐて六學年になつて始めて一回一年だけ上の組になること、及び二三學年三四五學年など教授力の分配上困ることがあることである。

以上何れにも一長一短はあるが、教師さへしつかりした人が揃つてゐる場合は第四の方法がよいではなかからうか。しかし各學校色々の事情があり、一様にはいかない。例へば性格の偏した教師などであると持上り必ずしもよいことはない、中途變る方がよい事がある。或は又一方男子の教員一方女子の教員の場合、一人本正で一人准教員の場合、色々あるであらうから、色々の方面から考へて適宜にやつていくべきものである。

其の二　三級學校

これは一學校の兒童を三學級に編する學校の謂である。これも其の種類をあげると

第一
尋常一二學年　尋常三四學年　尋常五六學年

第二
尋常一六學年　尋常二三學年　尋常四五學年

第三
第一年度
一二學年　三四學年　五六學年
第二年度（各自夫々今までの學級を其のまゝ持上つていく。
二三學年　四五學年　一六學年

第三年度
三四學年　五六學年　一二學年
第四年度
四五學年　一六學年　二三學年
第五年度
五六學年　一二學年　三四學年
第六年度
一六學年　二三學年　四五學年

六年で一巡していく。即ち七年目に又前の如くなるのである。これも二級學校の第四案の様に、ある學年は五學年まで上の組の下になつていくといふ缺點はあるが、教師さへよければ――勿論難題はあるが――比較的よい編成でないかと思ふ。

第九節　單級學校編制

一學校の兒童を一學級とするのであつて、中には尋常科の單級高等科の單級及び尋常高等の單級がある。由來單級といへば不完全學校の代名詞の樣になつてゐたが、人數さへ少なければ決して惡いことはない。舊來の樣な注入教授ならともかく、自學を重んじる教育では全

然悪いとは云はれない、長所も相當にあると思ふ。それはとにかく、かうした學級に於ては今までかげた様な考慮はさしおき、單に時間表と教材の問題を特に考へたい。

之を一言にしていへば六學年以上の單級では二部的に編制し、矢張朝から各生徒に學習させて、一二三年は朝三時間直接教授、後一時間自習、四五六學年は朝の內自習時間又は自學的の教科を排して三時後に教師の教授力を多く要する教科を課す。そして出來るだけ合同教授の時間をおき、かつ全體を自學的に訓練するのである。かの教材の如きも一々學年別にしては到底教へきれないから修身は複式用讀み方は五六年は同教材理科も四五六學年同教材歷史地理も五六年同教材にするといつた様にするのである。かうして行つていつたら必ずしもむづかしいこともなく成績の上らないこともないと考へる。

第十節　二部教授編制

これは同學年の兒童或は一學校の兒童乃至異學年兒童を二部に編制するので、教室の足りない場合教師の足りない場合に限つて行ふ方法である。其の編制方法を記せば

A

甲部	第一時　第二時　第三時
乙部	第四時　第五時　第六時

B
甲部　第一時　第二時　第三時
乙部　第三時　第四時　第五時

C
甲部　第一時　第二時　第三時
乙部　第四時　第五時　第六時　第七時

D
甲部　第一時　第二時　第三時
乙部　第三時　第四時　第五時　第六時

E
甲部　第一時　第二時　第三時　第四時(自習)
乙部　自習　第四時　第五時　第六時

その他色々の種類がある。右の交叉時間は合同して體操唱歌修身等を課するのであり、自習といふのは教室があつて教師の足りない場合に教室で自習させるのである。何せ不完全な編制で元より十分にはいかないが、かゝる場合には教授時間を減じることとなるべくは自習時間をおき、或は合同教授等を行つて其の短を補ふ様にすることが大切である。

第十一節　種々相の批判

右の諸說から見る樣に編制には色々の方法がある。然しながら總べてに一長はあるが中

には大なる短所がある。而も大なる短所は編制そのものゝ中核をなす教育観のよくないことである。

第一に從來の編制は總べて外面的に見た。物の內面的に見た物の內部をない形だけ見たことである。能力別、分團式すべて子供の本質教育の本質を逸してゐたことである。將來はもつと〳〵物の內面奥底から見る必要がある。

第二には主知主義的見解である、能力別・優等劣等兒教育すべて、いかにして知育を完うしようかといふことに歸結される。知育は一面である。而も知育を知育として斯の如く課すと生き生きた知識は與へられない。

第三には子供の生活觀の遺忘である。教育は教室から生れる、教科書によつて培まれるといふのは大なる誤である。將來の學級編制は其の點に主力を向けていかなくてはならない。

第十章　教員の採擇と排置

第一節　教師と教育

從來の教育では教師が中心になつて子供を教育してきたのであるが、近時は之に反して教師中心でなく兒童中心でなければならないといふ。ある自由教育論者の如きは全く教師の

力を見ないで、子供は子供獨自の力があつて伸びていくとさへいつてゐる。が、私の考は兒童中心と教師中心とは異つた概念ではあるが、といつて矛盾の概念とは思はない。教育の對象は兒童である、兒童の爲に教師もあり學校もある、日々の授業もその爲に行はれてゐることは事實である。ましてや教育は兒童の心身を基にし兒童の生活を基にする以上子供中心といつて差支ない。

が、更に教育といふ仕事を考へると兒童と環境及び教師の關係である。いかに子供が天賦として惠まれてゐても環境が惡かつたら發展は出來ない、いかに伸びようとしても直接間接に指導する人がなかつたら致し方がない。何にしても教育は子供と教師とが各理想をもつて生命生活をしていく火花である。而も教師にして人格が低劣であつたり教育に對する愛と熱がなかつたら如何にして成績をあげよう。この意味から云へば又教師中心とも云はれないことはない。松下村塾における松陰を始め中江藤樹山崎闇齋すべて之を證して餘があるではないか。

第二節　學校長と教師の採擇

教育において效果の擧ると否とは教師によるから校長は教師の選擇を過つてはならぬ。

第一に優良になる教師はいかなる人か。

(一)教育は愛である。愛は宗教道徳の眞髓で天地の大德である。教師の第一要件は熱烈なる教育愛に燃えてゐることである。いかな設備も方法も愛の火に照されて始めて其の光を放ち、生命を附與されることになる。

(二)第二は指導感化する熱望と之に適する心身の能力である。まして國民教育において國民たるの自覺あることは最も大切なことである。

(三)人格の豐なことが第三である。宗教に藝術に科學哲學すべてのことについて理解經驗あることは人の師として大切なことである。

次に學校長としては右の外實際的にはかういふ事を考へなければならない。卽ちある校長は熱心なる人を求め、他の校長は從順なるものを集め、更に他の校長は頭腦の明敏なるものを集める。元より教師の一般的條件としては、身體の健全なるもの、德操の優れたもの、教育的良心の優越なるもの、知識の該博なるものでなければならないが、實際からいへばなか〳〵完美した聖人君子ば得られるものでない。從つて大體論として云へば私は普通の身體、道德、教育的良心のシツカリしたもので多種多樣の人を集めるがよいと思ふ。元より餘りに偏り過ぎたものはよくないが、全體としては色々の人が一緒にあるがよいと考へる。

卽ち年齡の若い人年とつた人、男・女家庭をもつた人獨身の人、學科の方なら文科に秀たもの理科に秀たたもの、音樂圖畫に優れたもの、思想としては新しい人古い人德操としては從順な

人、快活な人、元氣な人、親孝行な人忠愛の念の燃える樣な人、身體としては軀幹長大の人運動の巧な人等々……といつた樣に色々の人がよい。何にせ、學校は一つの社會で、さうした社會に色々の方面に優れた人のあることは總べて學校兒童の教育の上に影響する。それ〴〵持つてゐる個性が、それに依つて伸びることになつてくると、學校そのものゝ空氣も一方に偏しないで中庸で穩健なものになるからである。

之に反して老年のものだけとか若いもの許りとか、まして從順なものばかりといふ樣になると、ある思想の纒りはよからう、一致の上にも統一の上にもよからうが、斯の如きは其の影響が偏狹で十全な人格を養ふことが出來ない。繰り返すことであるが、種々雜多の影響があり交渉があつてこそ子供は始めて人格の多樣を知り、多樣の豐な感化を享けて人格内容も廣く豐に深くなり、個性も夫々にのびることになる。從つて校長その人は經營に當つて先づ此の意を解し、各教師をして其の長所を發揮させることにつとめなければならない。

第三節　科任制と級擔任制

昔の古い考からいふのなら一つの學級は一人の教師が總べての學科を教へて一人で入學から卒業まで教へるのがよいとしたものである。若しも一人で教育すれば其の目的も不變であり方法も一方針に出て、教師の思ふ樣な風に教育が出來るからである。がしかし教育上

にかうした考は大なる誤である。即ち子供が器械なら其の通りにいくし又さうなつた方がよいが、子供は器械ではない、教師の思ふ壺にはめるといふことはよくない。むしろ之に反して銘々が生れながらに持つてゐるものを伸びさせねばならない。まして始から同一人が教へてゐて常に同一刺激だけ與へるとか己の型にのみはめようとすることは人間を單調にし、形式的にすることになる。それよりも子供に獨自なものがあつて之を觸發するとせば色々の刺激各人からの刺激を與へるがよい。由來人間は神でない以上偏寄つてゐる、德に長けても知に欠けるとか、知德に長じても趣味に缺けるとか、完全は得られない。同じ影響を與へるとしたら單方の影響より多方の影響の方がよいに定つてゐる。

かうなつてくると今迄一學級一教師が始から終まで持ち上るなどは決して褒むべきことでない。今迄は唱歌だけ、出來ないから止むを得ず唱歌だけ他教師に賴むとか、止むを得ず理科教師を賴んだといふことが、むしろ有益にして必要かくべからざることになつてしまふ。これは單に一學級だけでなく一家でも嚴なる父・慈なる母・愛なる兄姉・無邪氣な弟妹に接して始めて嚴格な德・敬愛の德・無垢純心の德が養はれると同樣である。

が而し茲に問題となるのは人々が皆神の樣ならとにかく、さうでない以上級の主任とか世話係があつて主として其の級のことにあたることは仕事の能率を上げる上から必要である。まして幼弱なものを扱ふとすれば尚更必要となつてくる。此の意味において私は級に級主

任のあることとは必要であると同様に教育的なことであると思ふ。と同時に私は其の級に關係する人は單に一人だけでなく、なるべく多く關係するがよいと思ふ。最も理科二時間づゝあれば一時間づゝとか、體操三時間あれば三人關係するなどの事は仕事の連絡統一上よくないが、さうでない限り多い方がよい。そして級主任が二分の一とか三分の一の時間を受持つ様にしたい。而もかうした事は幼學年には級主任が比較的多く關係し、上になるに從つて少くしたい。そして專門の教師がそれ〴〵もつ様にしたいのである。

かくて一學校には一方に比較的多くの教科目を受持ち得る人とか事務になれたものが級主任となり、他方特に專門の知識技能あるものが專科的に各學級に科任されることが理想であらうと思ふ。さうして一學校の教師は出來得る限り各學年に關係し各學級に行き亙るのが學校を單位とする教育の上から穩健にして至當なことゝ考へるのである。

更に具體的にいつて見ると尋常一年二年など未だ人に馴れ易くない時は主に一人の教師が之に當つて多くの學科を授け、さうして他の教師は僅かに之を助ける程度にする。さうすると生徒の個性もよくわかり、教科聯絡統一もつき、又子供もよく懷いてくる。かくて上學年に行くに從つて段々他の教師が其の中に入つて、夫々專門の教科を教へて行く事を多くする。更に級主任の受持つ時間數は尋常三四年までは約三分の二、五六年では二分の一、高等科になつては三分の一位が適度ではなからうかと考へるのである。

第四節　學級持上り制と學年固定制

學級を擔任するに當つて現時行はれてゐる方法は大別して二つある。一は學年固定制であり他は持上り制である。甲はある教師が尋常一年とか六年とか毎年同一學年を受持つので、長所としては其の學年の教材に精通すること、方法に熟達することであるが、短所としては各學年との聯絡を欠き、僅か一年しか受持たないから教授訓練の徹底を期しがたいとか乃至毎年同一のことを反覆するために生氣を欠くことになつてしまふ。

次に持上り法によると、長所として學年上下の聯絡がとれ統一がつき、教授訓練ともに同一の兒童に長くついてゐる關係上徹底を期せられるが、短所としては感化が單方に傾く。文學的のものは、子供を其の方面に率ひ、理科的技能的の人は夫々其の得意の方面に力を盡すことになる。かつ各學年の仕事は毎年新しくなる爲に研究·調査注意等に缺けるところがある。

要するに一長一短は何れにもある。從つて私の考を云へば、大體持上り主義として尋常科約三ヶ年を一期として變つていく方がよいと思ふ。勿論理想人なら兎に角普通の者には必ず一長あれば一短があり特色があるから、刺激を相當に長くすることはよいが、その反面には短所もあるから、一方に偏するとか或は色々の刺激にあふといふ必要上相當の期間で變へた方がよいと思ふ。これが理論的實際的によい方法と考へる。

＊編集上の都合により、底本166～293頁は削除した。

第十八章　兒童圖書館と利用

第一節　兒童と圖書

私には今年滿二才になつた子供がある。毎日下駄をはいてヨチ〳〵歩いたり、羽根をつく眞似をするが、言葉なんと來た日には殆んど格を破つてゐる。リンゴとダンゴと間違へたり、箸と足と同じ發音をしてゐる。所が不思議なことに兄弟が本を讀むのを見て急に本に親しむ樣になつた。それで時々私や家内の所に來て、本を讀め〳〵とせがむ。しかたなしに讀ん

でやると熱心に聞いてゐる。試に繪の事を尋ねると存外知つてゐるから不思議だ。

こんな事實は只東京の子供だけでない。この間私が田舍の親類へ行つて菓子の土産をやつた所が、今年滿三つになつた子が急に變な顏をし出して淚をこぼした。どうしたわけかと聞いて見ると菓子はいやだ本をほしいと言ふのであつた。私も實に驚いてしまつた。此の二人でなく天下の子供、子供といふ子供はこんなに小さい時から圖書が好きなのである。かうして圖書に親しむ事に依つて不知不識自然人事の現象も理解感得し、自己も太つていくのである。田舍の人が都會の學校に參觀に來て、此の學校の子供は良く出來る、よく自學する、むづかしい本が讀める、よい文を綴るといつて褒めていく。そして其の原因を學校或は教師の力だと見るものが多い。が、しかし正直に言つてしまふと子供の力子供の讀書力は單に學校や教師の力ではない。全く幼い時から彼等が本に親しむ賜である。かりに我々が入學まで本を持たなかつた子供を受持ち、あの教科書だけ正時間に教へるとしたら、どうだらう。決して今の都會の様な子供の力は出來ない。都會の子供は本當によく本を讀む、正直にいふと私は都會の子供には本を禁じて山川草木禽獸蟲魚さうした自然の中に思ふ存分生活させたいと思ふほど、それほど本に親しんでゐる。それだからこそ教科書も樂々と覺え、他の教科も苦なしに教へられる。この見地から考へて私は子供の爲に日本全國全般に兒童圖書館を作つてやりたい、よい材料を提供し、親しむ時間機會を作つて十分に指導してやりたい。かくて一

方正時間に國語算術地理歷史さうした教科によつて之を綜合し統一し整理してやりたいのである。思ふに古往今來多くの書に親しまないで、立派な人になつたものが何人あらうぞ。儒を坑にし書を燒いてどうして文化に惠まれよう。自然に書に親しむ生活、豐な文化環境にひたる事それが教育の正體ではないか。さうした文化に自發的に親しむことによつてこそ眞の文化人になるではないかと考へるのである。

第二節　獨立圖書館と學校學級圖書館

圖書館の必要なことも段々にわかつて來て、中央でも地方でも之を建てることになつた。大正四年には全國で九百しかなかつたものが、大正十三年には三千四百四といふほどの盛況になつてるし閱覽者の數も段々增していく。中には兒童部をおいて兒童の爲に圖書を閱覽させるとか言ふ樣になつたことは誠に結構なことゝ思ふが、こゝにいふ兒童の爲の圖書館については其の位置によつて得失があるから次に卑見をのべて見ようと思ふ。

一　獨立圖書館

これは普通の圖書館の樣に兒童の爲に學校以外のある地域に獨立して建てられた圖書館或は圖書室の謂である。暇のある時子供がそこにいつて遊んだり又讀書する爲のもので、勿論相當な効果はある。ないより無論よいのであるが、それにしても短所はある。即ち第一に

は町の中央とか村の中央といふと其の附近のものには都合がよい、行つて本に親しむ事が出來るが、離れた所のものは行きにくい。行くにしても澤山の時間こゝにゐるわけにいかない。東京邊の圖書館には私も度々行くが、其の兒童室にあるものの如き僅に二十人前後である。これでどうして大なる効果があらう。第二には圖書館には監督する人が必要であるが、其の監督がしにくい。まして指導などは思ひも及ばないことである。かうした意味から私は獨立した子供の爲の圖書館を以下述べようといふ圖書館ほど有難くは思はない。勿論無いよりは大に優つてはゐるが。

二　學校圖書館

これは學校の中に一棟を設けるとか一室を定めるかして圖書室をおき、自由に兒童に閲覽させるのである。この長所は毎日時間を定めて各學級のものが行つて書に親まれる、何時でも必要に應じて簡單に出入が出來る。或は教師がついてゐて普通の授業との連絡もはかれ、自習監督も出來る。かういふ意味で大きな利益がある。獨立の圖書館に比べると非常な益である。次に短所としては一學校の生徒が入るとしたら相當大きな設備をしなくてはならない。卽ち閲覽室も其學校兒童の二割や三割の人が入る位ほしい。かりに一校千人として二割と云へば二百人で五十人一室で見るとすると四室要ることになる。若し又一室位であると結局利用がされないで、一週一回とか或は二回位に限られて自然に親しむことが出來な

いといふことになつてしまふ。かういふ短所はあるけれども、獨立圖書館に比べると大した利益で、單に圖書に親しませ得るのみでなく、この室でお話會をする、小展覽會を開く等利用される方面はいくらもあると考へる。

三　學級圖書館

これは學校内夫々の學級に於いて各一つの圖書館を設けることである。理想的から言つたら教室の外にそれが室つゞきにでもあれば良いのであるが、これは現在の狀態において設けることは出來ないから各教室を以て之にあてる。即ち教室といふものを單に教師が教授する所としないで子供が教師から教はる室樂しく遊ぶ室生活する——丁度家庭に於ける子供室といふ樣にさせるのである。そして教室の一隅に書棚をおく、學習する生徒机は直に自習用の机を兼ねるといふ樣にするのである。この圖書館の長所をあげて見ると、

一　何時でも自由に隨意に圖書に親しむことが出來る。以上のどれよりも最も多くの生徒に最も多く利用される。

二　設備といつても書棚さへあればよい。他に殆んど何物もいらない。

三　學年相當の物をおくから、各兒童の心理に適してゐる。

四　學科の指導上有益な關聯をとつていくことが出來る。

五　各級の教師が教師机を其の室におけば事務をとりながら、兒童の監督が出來る、而も教師

は他の教師より兒童をよく知つてゐるだけに充分適切な監督が出來るといふことになる。

次に短所としては、各學級に書物をおくとすれば其の書は唯其の組だけに使はれて、他の組に及ばない、又比較的多くの本をおかねばならぬことになる等の不利はあるが、何にしても利用の點からいへばこの圖書館が最もよいものであると思ふ。若し經費にして許すとしたら學校全體として學校内に一の純然たる圖書館があり、更に各學級には夫々の圖書館があるとしたらそれこそ理想的であると思ふ。

人によると、かうした問題を費用にかこつけてむづかしいとし、手をつけない者があるが經費位何でもない。戸棚一本五十圓として三本あれば一千五百冊の本が入れられる。是れも古い戸棚でも改造すればもつと安くて出來る。本の購入も一時にしなくてもよい。數年かゝつて完成するつもりなら何でもない。子供一人一ヶ月十錢出すとすれば四十人で四圓、一年で四十八圓・一冊一圓内外の本を買ふとして約五十冊——五十冊でも各人が一冊一週間によむとすれば一年分以上ある。一方生徒にも出させるとして他方父兄會の寄附とか學校の費用を割くとすれば事實は決してむづかしい問題ではないと思ふ。

尚ほ以上の外巡回文庫といつた樣なものがある、數冊又は數十冊の本を各家庭に回覽させるのであるが、あれは餘りによい方法とは思はない。書は一ヶ月の内三日とか四日とか讀むといふのでなく、常に讀むものである、精神の食物である。從つてこんな風にすると、ある時期

だけ讀んで他は讀まないのだから學習力をつける上にも趣味の上にも完全といひ得ない。勿論これのないのに勝つてはゐるが、學校圖書館學級圖書館には遠く及ばないことである。

第三節　兒童用圖書の採擇

今兒童に向つて提供してある書は隨分多い、相當な大家まで筆を染めてゐるけれども、さあ自分の子供に之れを提供しようといふとなかなかよいものが少い。あるものは著者は大家だが、古い頭の持主で今の倫理觀が立つてゐないとか、あるものは内容はよいが、子供の心理に適しないとか、あるものはすべてよいが値が高い、或は子供的の言ひまはしをしてない、或は教育的でない――と言ふ樣に甚だ乏しいものである。次に選擇上の條件を書かう。

一　教育的な材料

どの方面から見ても内容が教育的であつてほしい。ある大家のお伽歌繪といふのに「よくばり爺さん腹を立て、その犬鍬で打ち殺し」といふのがある。その句の下には犬が尾をたれ如何にも悲しげな風をしてゐるのに、其の側に一見獰惡な爺さんが鍬を振りあげて犬を慘殺しようとしてゐる繪がある。何といふ慘忍な場面をことさらに出すだらう。私の子供など之を見て泣きだしてしまつた。小家ならとにかく何十年何百といふ本を作る一流の人でこんなことをしてゐる。それはとにかく慘忍な場面などあるのはよくない、話の筋にそれがあ

つたら作者は之を現はさない様に其の場面をボカすかカットしてしまはなければならない。第二には男女淫猥なことを聯想させるものはよくない、一流小説家などで温泉の場のことなどの中にこれに類したものがある。大人にはよいかしれぬが純眞な子供には禁物である。第三には惡逆の場面惡戲の場面をことさら鮮かにしたのはよくない。繼母が子供をいじめる而も子供を殺さうとする様な場面のものが西洋の有名なお伽噺にもあるが、それは避けたい。或はある善い子供をほめる爲に他の惡い子供の惡戲を長たらしく伸ばし誇張して特意になつて子供の好奇心をそゝらうとする人がある。是非さけたいものである。

第四には陰欝なものはよくない。子供は實に秋の日の様にカラリとはれてゐて春の日の様に樂しい心持をもつものである。從つて憂欝をそゝる様なものはよくない。

第五はあまりに悲觀的なものはよくない、涙を出しつゞけて讀む様な本は子供には適はしくない。子供は樂天的でなければならないからである。時に教師は悲しい場面をいかにも涙をそゝる様に話して、泣かせるのを以てその話術を誇らうとするものがあるが考ふべきことである。

第六冒險・奇矯・劒戟も普通なことと又僅かあることは差支ないが、といつて餘りに多くあるもの、それに失したものはよくない。さうしたものは子供の好奇心をそゝり、遂には其の日常の生活まで、それに眞似させるからである。かの活動寫眞の害など顧るべきである。

第七窃盗掏摸其の他の悪事等其の方法について具體的に書いてあるものはよくない、たとひ事實の全體はよくとも或は善人を表はす爲でもよくない。悪事は不知不識感染するからである。

要するに自然に知識を磨き德を練り、さうして藝術心を培ふ樣な美しいアッサリした明るい快活な元氣に滿ちた子供らしいものでありたいのである。

二　自學し得る材料

むつかしい文字・文章や思想を以て記述してあるのはよくない。子供の力でぐん〳〵讀めていくもの、文次から次へと興味をおこして自然に子供の力で學習していかれるものでなくてはならない。

三　各般の材料

童話だけとか歷史談だけといふのでなく、地理・理科・體操・實業各般の材料をほしい、多方に子供の力を養つていかねばならぬからである。各科といふことを考へると共に他方學習事項の上から考へて、直接教科書を研究する方便になるもの例へば辭書指導書といふ樣なもの、教科書を離れて趣味として讀むもの、日常社會の出來事とか常識を養ふもの、各種をほしいのである。私は小著圖書館經營に次の樣な分類をしたから試にあげて見よう。

第一類　叢書(詳細を略す)

第二類　宗教（神話・傳說・佛教・基督教）
第三類　修身（傳記・逸話・立志傳・訓話・實話・童話・小說）
第四類　文學（詩歌・童謠・文章藝術文・童話・小說・物語・劇・對話）
第五類　語學（國語・外國語）
第六類　歷史（國史・東洋史・西洋史）
第七類　地理（天文學・地文學・日本地誌・外國地誌・地圖・紀行名勝記）
第八類　雜（辭書・雜誌・新聞）

四　兒童の心意の發達に適する材料

文の形の上から或は內容の上から見て一年は一年二年は二年と心意の發達に適はしいものでなくてはならない。

五　生活に卽した材料

生活に卽したものでないと正しい認識が出來ない。從つて材料はなるべく彼等の生活にシツクリ合するものにしなくてはならない。勿論この中には現實の生活といふことゝ他面思想の生活といふことを含んでゐる。從つてかの空想の話でも彼等の心に合ひさへすれば生活に卽すると考へて差支ない。

六　鄉土的な材料

子供は其の郷土に生れ、其の郷土に育つていく。郷土には夫々郷土を背景として生れた文化がある。郷土の文化は郷土の人々に特に意味があり趣味がある。從つてなるべく之を基にしなくてはならない。決して都會を眞似で、固有の獨自な文化をすてゝはならない。この意味から田舍人に都會の而もブルジョア相手の雜誌など讀ませるのは百害あつて一利なしといつても大なる誤ではない。

七　男女夫々に適した材料

尋常一年や二年など一緒に敎へてゐると、男女性質の上に大した差異のあるものとは考へないが、上の學年になると著しく其の差を認める。まして男女は成長後夫々仕事も異つてゐるから提供する書物も之に適はしくなくてはならない。

八　衞生的經濟的な材料

少年に向つて六號活字や又は活字が質の惡い紙の裏面に浮いて讀みにくい樣なものはよくない。一節が長くつゞいてゐて而も書きつゞけてあり、視力を勞しすぎるものがある。或は書物はよくても非常に高價なものがある。共にさけたいものである。

第四節　圖書と利用

近時諸所の學校で兒童圖書館を作つてゐる。相當立派な室があつて書物も澤山並べてあ

る。然るにそれがどれほど利用されてゐるかを見ると實に情ないほど利用されてゐない。何時行つて見ても圖館室には子供の影もないし、書物も依然新しい姿をしてゐる。これではあれども無きに等しである。圖書室には所狭いほど子供が入つてゐなくてはならない。書物は二三年目にはボロ〳〵になつて取換へる程にならなくてはならない。實際私の教室について見ても一二年で單稿本は表紙を取換へ、二三年で全く用ひられなくなつてしまふ。かの辭書の如き、ともすると一年でくづれてしまふが、さうなくてはならないと思ふ。これについて思ひ當る二三を述べて見よう。

一　圖書館は常に開放しておかなくてはならない。授業前授業中は勿論授業後といへども開くがよい。日曜でも出來るなら開放してやつてほしい。

そして何時でも子供が入つて書に親まれる様にしなくてはならない。

二　正時間中教師も兒童も之を利用し、隨時圖書利用のしかたを教へなければならない。例へば子供の知らない文字が出る、すぐ教へないで子供に字引を引かせる。歴史である人物が出る、すると圖書館の本を出して、詳しいことは之にある、讀めといつて話をしてやる。教師もわからない事があつたら正時間中でも引き出して調べる。學校は教へる所でなく研究のしかたを導くのであるといふ考をもつのである。

三　授業前授業後又休憩時間など教室や圖書館に入つてはならない、運動場にゐろといふ様

な舊習をすてるがよい。學校の教室圖書館は我が家であり、居間であるといふ様にしなくてはならない。それでこそ圖書の利用が出來る。あれを調べたいが、今は休み時間だから入れないといふ様では決して利用されるものでない。之を家庭に依つて見るがよい。何時でも我が室に入られ、何時でも本でも玩具でも自由に使へる。これでこそ利用の目的が達しられるのである。

四　書物は學校で之に親しむ、のみならず貸出しをするがよい。一人一册一週間といつた様な期限をつけて貸出しをするのである。たゞし毎日要る辭書の様なものは貸出しをするにしても日々學校に來る時持參して學校で事をかゝない様にする。

五　晝食の際又は正時間中に新聞雜誌にあることの一部分を話をしてやるとか、圖書館の本を讀み聞かせなどして自然に本に親しむ様にする。下學年など休みの時間にさうしたことをしてやると、自然に本には面白いことが書いてある事を知つて、我も我もと自然に讀みたくなる。

六　教師の机を教室又は圖書室に置いて常にそこで監督しつゝ讀書したり事務をとる様にする。すると子供は教師に眞似て、自ら本を讀んだり勉强したりする。不知不識圖書に親しんで不審なことを尋ねたり、面白いことなど語りあつたりする様になる。

七　圖書館の書は常に子供に書名其の他よく見える様にしておく。すると子供は常に之を

見せつけられてゐる爲に自然に本を手にしたくなる。讀みたくなるものである。要するに書物を手近におく、勝手に手にとられる樣にする、よくわかる本をおく利用の方法を知らせる、興味を起させる事は彼等をして書を利用するに至らせる最もよい道である。

第十九章　訓　練

第一節　訓練の意義

教育といふ仕事は兒童をして個性に應じて之を發展させ、人として又國民として其の任務を果さしめることである。卽ち養護に依つて等しく健全な身體の發達をはかつて生命の根源を培ひ、他面には所謂教授卽ち教科の學習と訓練によつて人格的發展を遂げしめねばならない。

由來人間には本能がある、衝動がある。飢ゆれば自然に食を求める、刺激があれば反應する。從つて之を捨てゝおいてもある程度の發達はする。が、しかし自然に任せ、自然に生活するだけでは價値はないし又十全な發展は望まれない。人間の人間たる所は明知に依つて自己の使命を知り、理想を立てゝ自我を實現する所にある。訓育といふ仕事は卽ち兒童の純眞なる感情意志——良心の命を實現せんとする情意を陶冶して性格を陶冶させることである。更

に云ひかへると情意の內面的陶冶と實行能力の陶冶を併せて目的とすべきものである。

由來訓練といへば意志を陶冶するとか或は教授以外の仕事としたが、私はこれについて反對する。なるほどつきつめて云つたら舊來の意志かも知れないが、今の心理學から考へると情を離れての意志はあり得ない、情意は渾然たる一如の姿であつて而も性格の根源をなすからである。又訓練といふことを教授と別に考へることは誤つてゐる。訓練をヌキにして教授は成立しない。卽ち體育にしても美育・知育にしてもたゞ觀念を與へるといふのでは何にもならないし、又眞の理解も出來ない、訓練があつて始めて眞の知となり美となり體育となる。要するに知育・體育・德育・美育すべてに觀念を與へることのあると共に訓練の仕事がある。而も吾々のすべての行動において道德的の情意を根柢とすること、これが訓練の目的でなければならない。

次に訓練の內容について重要な一二をのべると、訓練においては第一に我々の情意は規範に從はなければならない。人の行爲中には自然の衝動に出る場合と理性の光にまつ規範意識に出る場合とある。衝動といふものは我々人間の根原をなすもので、之を絕滅する事は出來ない。昔は衝動は惡としたものであるが、由來衝動は善もなし惡もない、たゞ之を率ゐる理性の奈何によつて如何樣にも着色される。從つて人はたゞ衝動によつて行ふだけでは自然生活である。價値ある生活はこの衝動を規正し統一し、支配すること卽ち規範意識に統率さ

れて始めて出來るものである。訓練において最も大切なことは子供をして此の規範意識に依つて自然生活を統べさせる様にすることである。云ひかへると情意として人生の義務を實現される様に誠意を體得させることである。

第二に人の規範意識といふことについて述べなければならない。子供の規範には子供獨自に規範として生んだものもあらう。或は親兄弟や教師から規範であると教へられたものもあらう。が、しかし其の規範はたゞ主觀的のものであつてはならない、主觀的規範でありつゝこれが客觀的妥當なものでなくてはならない。云ひかへると子供銘々獨自の主觀性に出るものではよくない。カントの所謂「爾の行の格率が同時に普遍的に妥當する格率に從つて行く」といつた様に客觀的妥當性をもつてゐなくてはならない。妥當な規範意識によつて行動するに至らなければ本當の道德的行爲とはいへない。勿論教育の過程としては初めよりそれは望まれないにしても後にはかくあらせなくてはならない。さうでなく、各人勝手な規範によるときは、社會生活は破れ、自我の價値ある實現は不可能だからである。

第三に子供の行爲には自律と他律とある。命令によつたり制裁による行爲は他律であり、自已の內心によるものは自律である。人間の意志は自由である、自由意志によつて決定し實行する所に道德の價値も人間の價値もある。從つていかなる規範に從ふにしても、すべて自律でなくてはならない、自已內心の止むに止まれぬ衷情に出たものでなくてはならない。自

律にして而も片々なる知識や思付からでなく、所謂體驗に出るものでなくてはならない。

要するに訓練は情意の道德的陶冶である。自己の客觀的妥當性をおぶ規範意識により自律的に內心から行爲する樣に情意を陶冶し、實行能力を增進させる仕事である。

第二節　生活と教育

今まで我が國に行はれた訓練乃至教育は主知主義であつた。卽ち我々の心は白紙の如きものであつて教授によつて觀念を與へる。すると觀念は行爲に現はれてくる。或は規範を知識として、與へてやる、すると規範は生活を律していく、性格もこれによつて形成される。かういつて忠義をはじめ孝行でも勉學でも先づ觀念を與へることが大切である、これさへ與へれば自然に實行に及ぶとしたものである。然るに教育の實際に當つて之を行つて見ると、その通りには決していかない、勤勉儉約の德を教へてもなか〳〵實行はむづかしい、忠義孝行の觀念を與へても忠臣孝子は容易なことでは出來ない。かういふことから教育に對して何人もある疑をもつてゐた。

斯の如き考は單に日本許りではない、西洋においてもさうだ。ヘルベルト主義は卽ち右の思想である。然るに十七世期に及んで世態は一變した、蒸氣力は發明される、交通は開ける。各國は互に科學を應用して大規範な工場が出來る、外國貿易は盛になる。急に商工業者が資

本家となつて社會上に勢力を得ることになつた。かくて各國勞働者を保護し黑奴を開放して人間の平等を説き、遂にデモクラシーの思想を生んだ。

社會が變り人の心も變るにつれて教育の方面でも社會といふことに着眼し、社會的教育學を稱へる樣になつた。かのシユライエルマツヘルの如きは其の先驅をした一人で、教育學を個人的教育學と社會的教育學に分け、教育の本質は社會的のものであるといつた。かくて十九世期末にはナトルプ・ベルゲマンがあり、二十世期初頭にデユヰー・リンデなど現はれることになつた。

それはとにかく、シユ氏は教育の方法に於いて社會の力といふことを力説した。從來の樣に教育で意識的――知的に教へることを非議し、それよりも生活を重んじなくてはならない、社會生活こそ直接に彼等の情意を陶冶するものであるといふことを云ひ出した。たゞにシユ氏だけでなくエルンスト・クリークの如きもかういつてゐる。教育は共同社會生活の原始的の機能である。精神生活における共同作爲の根元の作用である。共同社會は皆超個人的な精神的有機體で、個人の自由意志から集合した目的聯合ではない。そして現實な適法な各自體の生活をもつてゐるもので、根元的機能は全員に對する生活範圍であり、陶冶範圍である。故に共同の社會生活がなければ人間もなく人間の發達もない。共同社會の進步が成員の存在をなし、發展を作つていく。從つて意識的な教育有意的な教育はたゞ〳〵無意識的な生活

に依る直接の教育で開いた道を完成していき、整理していくに過ぎない。生活教育こそ教育の基礎であるといつてゐる。

かうした思潮は社會的教育學派によつて宣傳されて世間も段々社會を重んじ、教育の方法においても有意的教育と共に無意的社會生活を重んじ、かくて他の教育說・自學教育・公民教育・作爲教育・體驗教育といふ樣なことから現時の新教育を展開したものである。

最もかうした說は西洋にもプラトー以來あり、東洋の教育——廣い意味の教育にもそれはあつた。即ち敬神崇祖の精神を養はんとして典禮を重んじる、神社佛閣を崇嚴に建てる。或は武士の心を鍛へんとしては質素儉約を實行させる、勇武の心を起さしめんとしては犬追物、流鏑馬を行はせる、荒める心を和げんとしては茶道を奬勵する。或は難行苦行によつたり坐禪によつて僧侶の心を練るなど、かなり實行——生活による教育は行はれてはゐた。

思ふに生活とは、人によつて言を異にするが、要するに生命現象である。而も個性に根ざして統一あり目的ある價値希求の活動である。オイケンはいふ。精神の根柢は知力よりも寧ろ倫理的意志・宗教的情操・審美的想像力であつて、これが經驗界以外無限世界をあこがれ、自然を支配していく、自由自律な心をば自己の中に價値希求として體驗し、人類の歷史における文化發達にその發現を見るが、かゝる精神で生活を統一していくものである。かういつてゐる。

次に文化教育の立場からはいふ。生命は單に生物學的要求や生活力を指すのでなく、價値

を追求する衝動又は力が一體をした不可抗的前進力である。か丶る生命を直接に意識することが體驗で、體驗において與へられた生命のみが唯一の實在である。しかも內界の實在性が確信されるが、外界の實在性も確信されるといつてゐる。尙ほシユプランガーは生命の追及する價値の方向は理論的·經濟的·審美的·社會的·權力的·宗教的の六つであるとして生活型式を區分してゐる。

要するに生活は生命であり、生命は生きんとする意志、無限に價値を追及して行くもので、これによつて自己を更新し文化を創造していくもので、これを助けていくのが教育のか丶る所だと考へる。

第三節　學校生活の改造

前節にのべた樣に生活は教育上最も大切なものである。無意識的生活は我々の生活を作るに必要である。よい家庭に育つたものは自然にどことなく上品に高貴な性格となるに反し、さうでないものは自然に野卑に賤劣に赴く。野蠻の土地の人は野蠻人に、文化環境の人は教へずして文化にいくのは當然である。が、而しそれかといつて一部の人がいふ如く無意的生活のみではいけない、これが基礎になるけれども矢張有意的教育意識的生活も大切である、兩々相俟つて始めて完全な教育となると考へる。

然らば我が國今日の教育において、此の兩者はどう見られてゐるかと考へると、大に反省しなければならぬことがある。我が國どこの學校でも生徒に行はせる教育の仕事は總べて知育である。在校時中力を入れるのは授業時間のみである。教則に一週十八時間とあれば日々三時間、二十四時間とあれば四時間づゝ教室に入れて教へればよい、これで知育も美育も徳育體育も出來るとしてゐる。從つて教師はいふ、朝は授業前十分か二十分に來なさい、授業がすめばすぐ歸りなさいと。夏になつて授業が短縮になると朝一寸來て二三時間授業してすぐ歸つていく。理由は暑いからだといふ。學校が暑ければ家庭は尙ほ狹くて暑いではないか。それでどうして教育といへよう。ある學校――特殊の――の如き夏休には朝七時に來させる、授業は涼しい中に二三時間して、後は休息させる、耐暑作業をさせる、運動させる。かくて夕の五六時頃家に歸らしめるといふ樣にやつてゐた所が嘗てあつたが、さうしてこそ本當の教育であり、夏の授業に意義が添はるではなからうか。

何にしても子供の生活する場所は家庭と學校と社會である。一日二十四時間三分の一――三等分ではない――は家庭、三分の一は學校、三分の一は社會に生活させるがよい。そして其の時間の割合は教育上の見地から考へて適當にするがよい。家庭が惡いとか遊ぶ場所がないとか社會環境が惡ければ其の時間を減じて學校生活の時間を長くする、農繁期など子供に手傳させようとしたら家庭の時間を長くする、社會に趣味ある有益な行事でもある場合は

その時間を長くする。何にしても教育の上から見て夫々の生活時間をわり出す。かうして愈々學校生活の時間がきまつたら、更に之を三分――三等分でない――して三分の一は課業三分の一は體育運動・三分の一は娯樂に自習――とでもいつた樣に生活を案排し、全體から道德的訓練をする樣にしてこそ教育的といへる。さうなると尋常一年でも二年でも、朝早くから學校に來る、學校では面白く遊ぶ、稽古をする、自習をする。友達や教師と共に遊び共に學び共に食し共に休んで知育德育體育美育すべての教育が行はれる。意識的生活と共に大切な無意識生活も行はれるわけで、これでこそ本當の教育全人としての教育が行はれると考へる。

而も日々の行事は毎日同一にせず、一週の行事を考へて色々に案排する。即ち月曜にはお話會、木曜には運動會、土曜には遠足、かうして生活を豐にする。更に一月或は一學期を通覽しては其の時機に相應した行事を考へて一年の計劃をする。加之日曜休日などの行事までよく考へることによつて始めて生活が豐になり、生活の指導も出來るといつて差支ない。この間も私の教へた生徒で海軍兵學校にゐるものが來て其の行事卽ち生活の模樣を話した。それによると、

一　午前五時起床

二　午前五時十五分までに整頓をし洗面をする。

三　午前五時十五分から同三十分まで朝の體操をする。

四　午前五時三十分から六時三十分まで柔劍道
五　午前六時三十分朝食をする
六　午後七時十五分から同四十五分まで實習する。
七　午前八時から十一時五十分まで授業
八　午後零時五分晝食
九　午後一時より二時まで學科
一〇　午後二時より三時まで訓練作業
一一　午後三時より五時まで部隊教鍊
一二　午後五時三十分夕食
一三　午後六時三十分から九時まで自習
一四　午後九時より九時四十分まで體操
一五　午後十時就寢

かうなつてゐる。これでこそ立派な身體も出來、學問も體得し、德育も行はれるではなからうか。勿論この通り小學校でしようとはいはないが、此の精神が今の小學校では缺けてゐる。知育ばかりでなく、價値ある生活をさせる樣に改めなくてはならない。かうした生活によつて單に德育とか訓練が行はれるだけでなく、知育も本當に生きる事になる。

第四節　訓練の方針

訓練の方針は一方教育理想により他方各地の實際や兒童の實情によつて定むべきであるが、私は今の子供を對象として次の意見を把持してゐる。

甲　教師の方面より見て

一　自治的に行はしめる

人格の價値のある所は自治であるからである。道德的なる所以も自律だからである。從つて訓練に於いても自律的に行はしめようと思ふ。元より尋常下學年の如き他律の事もあるけれども、進んではそれを意識し、更に進んでは內心の自覺によつて自律的に行はしめようと思ふ。

二　生活によつて指導する

意識的又は無意識的生活は彼等の性格をなす礎石である。その爲に生活について次の事に留意する。

1　生活經驗を廣く豐にさせる。

經驗は認識體驗の母胎である。學校生活ではなるべく種々の事を經驗させるがよい。既に長じて個性が固まつてからは多方に經驗させることとはむつかしい。趣味に傾く

からである。然るに幼時にあつては未だ性格が固まらないから色々の經驗を喜んです る。かの下學年に掃除させる如き上學年と全く反對に喜ぶのはこの故である。掃除はとにかく色々の經驗がよい。元より惡の經驗は喜ぶべきでないが、それでない限りよい。彼の子供が往々好んでする喧嘩の如き、強情我性を張る如き共のものは惡いが、さうしたことの經驗にあへば我から得る所が多い。從つて敎師より之を奬勵する如きは忌むべきであるが、取扱については注意しなければならない。その爲には餘りに敎師から干渉せず、子供に自由を許して、十分考へさせるがよい。子供は聰明なもので、自由にされると却つて本當の事を考へるものである。

2 生活の深化と內省をさせる。

たゞ經驗しただけでは價値が少い。之を內省して味ふ所に大なる價値がある。一莖の草一輪の花、たゞ見れば何でもないが、よく〳〵花の魂に接しると、それに天地自然の神秘も藝術の殿堂も開かれる。昔釋迦は病者を見て無常を悟り、遂に菩提樹下に跪坐して人生を悟得したといふが、如何なる經驗でも之を內省深化する時無限の値がある。尋常下學年はそれほどでもないが上學年になると反省する、まして高等科などになると世界人生の事にまで頭をむける樣になるから內省の指導は大切なことである。

3 眞實の生活をさせる。

子供は純眞神の如きものである。無心に花に戯れ蟲を追ふ時只眞實の心のみで一點他に作爲も功利もない。ともすると學校に來て自分の本心をかくして心にもない事を言ひ、思もしないことをする。而も家に歸ると別人の如く活動する。淺ましいことである。學校においても思ふ通りに活動させるがよい、本心そのまゝで友に教師に接しさせるがよい。かくてこそ魂の交通が行はれて指導もできる。

序に斷つておくが私の言ふ眞實の生活は思ふまゝの僞でない活動をさせよといふのである。必ずしも衝動生活をさせよといふのではない。子供には衝動が盛だが同時に理性もある。從つて自然に生活することから不知不識理性生活に導かうといふのである。

三　實行を重んじる。

觀念の遊戯では性格は出來ない。筋肉運動に及ぼす實行によつてのみ性格が養へる。知育において其の他において常に實行させる、なるべく筋肉運動に及ぼすことが大切である。ましで作業は少年の性格陶冶の上から大切だから、つとめて行はせるがよい。

四　個性を發揮する。

個性教育は教育上最も大切なことである。各個人が充分個性を發揮することによつて國家は發展し、文化は創造される。その爲には訓練に於いて發動的に事を行はせる。受動である間は衆　殆んど同一であるが、發動するに當ると個性を基とする爲に、個性がよく現は

れ、かつ發達するからである。

五　共同生活を重んじる。

人は社會的動物であつて社會によつてのみ人となる。而も社會の發展をはかることは我々の任務であるから學校生活に於いても共同的團體的に仕事を行はせる。學ぶに當つても遊ぶに當つても、作業するに當つても、常に團體的共同的に行はせて、自然に社會的精神を練磨すると同時に各自の性格を陶冶する。

乙　子供に對する方針

訓練の方針として要目として色々あるけれども生徒として何人にも要求するのは次の精神である。

一　正直　正直即ち誠實は德の根源である。從つて何人にも此の心を持たせたい。これがなくては學問も道德も價値がないからである。

二　勤勉　事物成功の第一の鍵は勤勉である。何人にも私が常に要求してゐるのは此の德である。

三　親切　人は社會によつて生きていく、同情は德の基である。この心を廣めるとき忠となり孝となり友愛・公益・博愛・社會奉仕すべての德となる。

四　自治　正直も勤勉も親切も他律的に行つたではよくない、自ら進んで行つて始めて光が

ある。まして人は獨立の人格者であるからには自治といふことが大切で一日も忘れてはならないことである。

五　勇氣　以上の德は大切であるが勇氣がなければ行へない。從つてこゝに勇をあげたのである。

第五節　陶冶性と訓練

訓練において教師の方から色々の命令をする訓話をする、或は作業を行はせる。色々のことをして教育していくが、これに對して子供の心がどう反應していくか、いかに教育されるかの陶冶性についていては、從來餘りに考へられなかつたけれども、教育上では非常に大切な問題である。昔はこれについて極めて簡單に考へ、教師から何か教へていけば、子供は其の通りになると考へたものである。然るに事實子供の實際に當つて見ると決して同一にはいかない。例へば感心な人の話をして聞かせた場合に、感心して其の通りの行をするものもあり、或は行はしないが感心するものもあり、或は全然感じないもの、反つて反感をもつものもある。こゝが訓練上最も大切なことである。

それはとにかく此の陶冶性に三つの見方がある。

第一は唯物的解釋を行ふもので、被教育者の心身を一の精神物理的の自動裝置と見るので

ある。即ち外部からある刺激がある。すると知覺神經は之を腦中樞に傳達して腦中樞にある興奮を起させる。すると其の興奮は更に運動神經によつて手足に命令してある運動を行はせる。新しい刺激があると其の度に新しい道が通じて神經結合が出來るから、其の裝置は益々複雜になるわけである。そしてこれに關する法則は物的因果の法則によつて行はれる、自然現象と同じ法則で行はれる。そして此の裝置が色々の方面に複雜になつて精巧確實な仕事が出來る樣になると發達したといふのである。

此の議論については所々に誤があるが、一方よい點もある。刺激反應必ずしも純然たる機械的でなく、更に中樞における興奮は各人により場合によつて違ふ等の誤はあるけれども身體の鍛錬や技能の練習習慣の形成には蓋然あてはまる法則で、何回も何回もくりかへすことの意義をのべたものといつて差支ない。

第二は生物的見地をとるもので、人の心身を生きてゐるものの成長していく生命活動すると見るのである。即ち一般生物には外圍に都合よく順應する順應性がある。順應性の少いものは自然に亡び、多いものは榮える。從つて環境に順應する性の多いものが存續したり榮えていく。而し人間は單に受動的に外圍に對して自分をかへていくではない。更に外圍を變化して自分の生命の要求に適應させていく。かういふ順應活動を反覆することによつて身體を更新し經驗の構成をかへていく、教育は當に此の發育を助けるのであるとするのである。

思ふに人は一面外圍に順應していく、又同時に生活を統制していく。從つて此の作用は前の機械論に對して優つた働をするものであるが、といつて人間を他の生物と同一に見るのはよくない。

第三の意は陶冶性を人格的の見地におくもので、被教育を人格體と見る、生命の表現であるとするのである。即ち人格は自己を意識する本質をもつてゐる、自己活動の屬性がある、理想をたてゝ段々高く進んでいく、自律的である。加之人格は孤立したものでなく社會的の存在である。即ち自己を反省して一段と高い理想を立て、自律的に活動していく本性をもつてゐる。陶冶性とはこの無限に發展する自已活動性をいふのである。而も自他の追及していく理想の根原は特殊的なる個人に動いてゐつゝも之を超越して總べての個人の主觀に共通な普遍我で、個性の貴い所價値のある所もこゝにある。故に本當の教育はこの陶冶性を基として行はるべきもので、元より前に述べた機械的の所もあり順應もあるが、畢竟最高次なものはこの人格的根抵に立つものでなくてはならない。

陶冶性が斯の如きものであるとすると訓練も昔思つたほど簡單にはいかない、たゞ機械的に行はせて子供の品性行爲を作るだけでは理想の訓練とはいへない。或は又唯々順應させるだけでも訓練ではない。かの外圍を統制する力を養ふといふ樣なことも理想——自我を中心としなければならぬから實際上の訓練は諸方面の問題になつてくる。まして無限の自

己發展を希求するといふ樣に訓練には、遺傳として享有する種屬的個別的の素質や身體上の問題もあり、環境からの意識的又は偶然的影響の問題發展に對する個人の發動等の問題など交錯するから決して萬人一樣に或は簡單な問題でないことを覺悟しなければならぬ。同じ親に生れ同じ教育法によつたもので甲乙丙各異なる性格となる如き以て深く省るべきことゝ思ふ。

第六節　意志の發達と訓練

兒童は生れるから色々の活動をする、意志を働かせる。しかし幼時における意志活動は衝動そのまゝにして別に規範といふものはない。他人の命令に服從する場合でも規範に目ざめてするのでなく愛とか權威などの爲に服するのである。然るにやゝ長じて六七才になると漸次ある規範によつて行動する――勿論衝動による場合も多いが――しかし其の當時の規範は規範其のものゝ意味が極めて簡單で、親の命だからとか教師の言ふことだからするといふのだから別に規範の內容はない。一見自律に見えるけれども實は他律なのである。然るに更に成長してくると、とにかく自分で考へた規範によつて行動する樣になる。しかし此の際の規範と云ふのは多くは利己的主觀的のもので一般妥當な價値をもつてゐるものではない。かくていよ〳〵自己反省をし、自己と共によく社會人生を知るに至つて遂に何人にも

妥當な客觀的内容をもつ規範意識によつて行動するものである。こゝに始めて眞人間として價値行動をし得る時期に達したといつて差支ない。

以上發達の徑路から訓練上の事を考へるに第一は彼等が幼い時の命令禁止である。元より幼時におけることを彼等はいつまでも覺えてゐるものではないが、しかし經驗は意識的のものは勿論無意識のものでも兎に角長く意識の奥に顯在又は潛在するもので、これが品性を作る有力な素材をなすものである。これを考へると幼時の命令禁止は縱令對者が幼兒であるにしても正しいものでなくてはならない、愛に發するものでなくてはならない。よく世間の親なり教師は子供の事件を馬鹿にして早く事件を片づけんが爲に叱るか怒るかして決着を定めるものがあるが謹むべきことだと思ふ。

考へると私の祖父母や父母は非常に私を愛してくれた。丁度私が十七の時であつた。私は船に乘つて一人で十數里の所に行つた。所が父は私の旅を非常に心配して、見知らぬ同乘の人に私を頼んだり、私の船が波にかくれるまで見送つてくれたが、三十餘年の今日も此の事を思ひ出すと今更に新しい涙が出てくる。かの不良少年少女が繼父母の子とか幼時道德的逆境にあつたものに多いといふが最もなことゝ思ふ。

次は他律ながら規範によつて行動する場合のことである。兎角子供が學校にあがると、教師を慕ひ、學校を喜びつゝも一面には學校や教師を畏怖するものである。「先生にいつてやる

ぞ」「學校で叱られるぞ」「皆がつれにしてくれないぞ」これらの言は死の宣告ほどに怖れてゐる。從つて教師の命令はどこまでも服從する、意識的には必ず反抗しない。所が命令禁止についいて子供は其の內容精神を知らない、眞の形式だけを考へる。一度遲刻していけないといへば縦令病氣で遲れるものでも其の者は惡いといふ、だから遲れるものは却つて裏面で背く樣になる。更にだん〳〵物の道理を意識してくると却つて命令に向つて反抗をもち、かつは教師を呪ふ樣にもなつてくる。だから命令は餘り多くしないで其の意味をよく知る樣にさせなければならない。出來るなら、規則規範は自然に彼等の生活から生れ出る樣にするが最もよい事と思ふ。例へば教室で物を言ふなといふより、一緒に生活させて、喧げば人の話もわからず不快を覺える事から、自然に、教室で喧がしくしては困る、靜にすべきだと意識させる樣にするのである。

前にのべた樣に子供は段々發展すると彼等の內心に規範を設けて意志的活動をする。この際の規範は前にのべた樣に主觀的である。自我的の事が多い。かゝる場合には教師の方から命令したり禁止して其の規範を矯正しないで、其の規範によつて行動させるがよい、社會生活をさせるがよい。さうして自然に深く反省させるがよい、尋常五六年にでもなると聰明なもので主我的の規範が社會生活をする上に間違つてゐるといふことがわかる。自然にわからせる所に大きな價値がある。嘗て私はある子供が宿題をしてこなかつたので叱つた處

が他の一人は云つた。「あの方は父さんがなく毎日家の仕事を手傳ふのです。先生の言ふことを聞かないのはいけないが、きかれない狀態になつてゐるのです。」といつた。規則命令は人の爲子供の爲にあるものである、守れない樣な命令は教育上出す人の方がよくないとシミ〴〵考へさせられたことであつた。

右はほんの一例であるが要するに訓練は子供の意志の發達を考へて愼重にしなければならないと云ふのである。

第七節　道德性の發達と訓練

其の一　少年前期

少年前期といふのは尋常一年から三年頃までの謂である。此の期の兒童は個體本能に依つて支配されて一般に衝動に依つて行爲してをり、利己心が中心となつてゐる。知識も幾分はあるけれども未だ理想といふ樣なものは萠芽しか認められない。意志の方面についても發達が少く、多くは人の命令や禁止或は摸倣によつて動いてゐる。從つて日々の云爲行動すべて道德生活などゝ云ふことは出來ないといつてよい時期である。

此の期の訓練について見るに、前述利己心とか主我性といふことを云つたが、これも一般から考へると惡い樣にも思へるが實は大切な人間の力である。この主我性の中にやがて自律

して行く強い意志が閃いてゐる、或は成長してから世の荒波を乗切る強い意志の力が潜んでゐる。従つてこれを導いてやるがよい、抑制してはならない。

少年前期は衝動で行動するといつたが、この衝動も大切なものである。ラツセルが Principles of social reconstruction の中に

盲目な衝動は人を破滅と死に導くこともあるけれども、又ある場合には世界が持つてゐる最もよいものへ導く。盲目な衝動は戰の源泉であるにしても、それは科學と藝術と、さうして愛の源泉である。望むのは衝動を弱めるのでなくて、死と頽廢へよりも、生命と生長へ衝動を指導することである。

かういつてゐるが名言と思ふ。大切な衝動である、生命生長へ導いてこそ教育といはれ得る。理性によつて導かしめるようにして價値がある。何にしてもこの頃は充分活動させて心身を働かせ、樂ませ、色々の經驗をさせるがよい。そして子供は此の頃は摸倣によつてよく動く時だから學校學級内の空氣をよくし、環境をとゝのへて自然によい摸倣をさせ、不知不識美しい理性が芽を出し、よい習慣がつき、豊な經驗が出來得る樣にするがよい。さうなると自然に社交性も發達して人と協調し、共同精神も練られ、他愛心も芽を伸ばすことになつて日に〳〵新に人格萠芽の光を増していく。

其の二　少年後期

この期は大體尋常四年から六年頃までの謂である。此の期になると共同生活から人格も擴大して利他的傾向が現はれ、盛に他と共同して遊んだり樂しむことを好む樣になる。云ひかへると社會生活を好む樣になるわけである。かうなると今まであつた主我性利己心といつた樣なのも自然に影が淡くなつて利他的傾向となり、ひいては協調とか相互扶助といつた樣な形になつてくるものである。

次に理性の方面においても段々發展して新に色々の理想を構成していくと、衝動も理性によつて統制される。朝寒くても早く起き、辛くても内心から喜んで早く登校する、苦しくても我慢して勉强するなどは何人も認める所である。而も理想が確實になつて來て、從來は空想的に大將になりたいとか車掌になりたいなどゝいつた考から脱して現實的に論理的に確實性を帶びてくる。

特に著しいのは自治の精神で、從來の他律生活から全く自律生活に入り、自己を批判すると共に他人も社會も批判し、眞善美それらについても其根抵から批判し信仰する樣になる。加之二三年頃から芽を出した共同生活の精神は著しく發達して作業の如き遊戯の如き共同してやることを樂しみ共同の爲には自已の利害を犧牲にする樣になる。

要するに此の時期特に六年にでもなると道德的知識も情操も意志も丁度大人を縮小した樣にバランスがとれた形となつて、むしろ大人よりもある意味において理想的であり道德的

である様になつて來る。

がしかし何にしても子供である。彼等の理想は立派な樣であるけれども粗笨である。少し事件にあたると崩壞してしまふ。單純で根が淺いからである。情操の如きも形としては整つた樣に見えても信念にまでは程遠い、從つて一度惡い刺激にでもあへば又變つてしまふ。意志も比較的には自由に又強くなつてはゐるが、難事にあつて確固不動といふわけにはいかない、自治心も比較的養はれるが、元より十分といはれないし、自治の範圍が狹い。從つて理性を愈々明にして實行になれさせ、確固たる品性を作らせることこれが重要なことゝ思ふ。

其の三　青春期

これは高等一年以上三年までの謂である。此の時機は男女共に身體が著しく發達して、これに伴ひ精神上に變化の來る時である。知情意の圓滿なバランスが破れて感情的となる時期である。本能は漸次習慣の支配を脫し、目ざめた良心は本能といたましい戰闘を開始する時機である。而も自我意識による個人的價値の黎明にあたり、宗教的哲學的意識も芽を出して世界人生を深くみつめる時に當つてゐる。人生の危期はこの時である。

此の機の敎育に當つては理性の長養をつとめて道德的の信念を强める。さうすると本能も暴威を振はず失敗にも陷らず、高い理想を立てゝ益々人間價値を高める。又盛に體力を練り、淸新な趣味を涵養して感情の爲に人を墮落させない樣にさせる。かくて强い意志を理性

の下に働かせて將來の立派な過のない性格を根柢から作ることである。更に德目を以てすれば誠實で勤勉で自治で社會の爲國家の爲有用の材となる性格を作ることである。

第八節　家庭生活と訓練

訓練は何によつて行はれるか、其の手段は何かといへば、前にのべた通り人の性格は素質と環境――自然・人・文化――の關係であるから、家庭生活・社會生活・學校生活の總べてゞあるといはなければならない。從つて學校教育において最善の訓練をしようと思へば此の總べての方面に留意計畫すべきは云ふまでもない。而も家庭は子供の生れるから今日まであつた所、今の性格の養はれた所である。今日といへども四六時中最も多くゐるのは此の家庭であつて、親愛比なき父母兄弟のある所だけに訓練上非常に大きな力の存するものである。ある人がかつて學校は知育を行ふ所家庭は性格を作る所といつたが――元より過言ではあるが、家庭が訓育上いかに有力であるかを示してゐる。

次に家庭の内容關係について見るに、家庭は一の統一した小社會をなし、而も人間社會の構成分子となつてゐる。家庭に於ては戸主が家長として一家を統べ、下に幾人かの子供があり、或は祖父母や召使がある。親子としては上下の關係・子としては平等或は長幼の關係が成立し、自家のものと他人との關係もある。加之どの家にも親類近隣其の他の家との關係もある。

家庭の活動としては知的生活・趣味生活・道徳生活・宗教生活それに經濟生活もしてゐるから、子供の徳性を涵養する上に知識趣味其の他の價値性を培ふには最良の機關になつてゐる。若し將來家庭生活が進歩したら或は學校の如き無くなるやも知れないと思ふ。次に家庭訓練上聯想する所を記せば

一　一家は和合して一致團結し、美しい道徳的の生活をしなくてはならない。かゝる中に生活する時には何人も自然に立派な性格に訓練される。

二　子供の教育に當つては一家擧つて互に誡め助け互に求道者たる考を以ていかねばならない。自己を修めずして人を教へんとする時そこに僞が生れて眞の教育は出來ない。

三　愛は一家和合團結の本であると共に教育の精神であり力である。

四　知識よりも力、知力よりも道徳的性格が貴いことを思はなければならない。

五　自立自營は家人すべてに行ふべきことである。子供といへども出來るだけこれにならはせなくてはならない。

六　家庭における活動においては各人が協力して分相應に行はねばならぬ。家事の手傳など子供にも出來ることは行はせるがよい。各人が此の活動に參加することにより益々家を知り家を愛し家人相互に理解する樣になる。

七　子供には子供らしく大人は大人らしく心に應じ體にそはなくてはならない。

八　家庭と學校とは互に一家の延長の如く歩調を揃へて一致しなくてはならない。訓練において特に然りである。兒童が家庭にあると學校にあるとによつて云爲行動を別にする如きは終に訓練を亂るものである。

九　一家は一の方針の下に經營されなければならない、家風はこれによつて生れ、個性はこれによつて陶冶される。

一〇　兒童を特に教へて訓練するといふより、生活しつゝある間に自然に無言の訓練される樣にするがよい。情意の陶冶は特に知識によるよりも自然の生活によつて完全に行はれるからである。

第九節　社會生活と訓練

何處の子供でも家庭ばかりにゐるわけにはいかない。否社會は教育上實に有意義かくべからざるものである。元より知識陶冶の上にも藝術心を培ふ上にも裨益があるが特に性格陶冶の上に資することが著しい。日々人々が懸命になつて職業を營む、親子相扶けて仕事をする、暗い中に起きて夕に歸る。或は盛な家が亡びて衰へた家が盛になる。一家に不幸があると人々が助ける、喜があると皆が祝ふ。まして春秋お宮の祭といへば村人が出て喧ぐ、寺の供養だといへば參詣する。人が生れる死ぬ病氣する、中には盜人もあらう喧嘩もあらう、幸不

幸・悲喜・美醜・善悪・正邪種々雜多の事があらうが、見る人にして明があつたなら何れも修養にならないものはない。かうした意味で子供には社會生活をさせるがよい。勿論中には決して子供に見聞させてはならぬことと經驗させてはならぬこともあらう、爲にならぬ場合もあらうけれども、大體としては生活をさせるがよい。生活をさせてそれを指導するがよいと思ふ。

これについて注意することは

一　なるべくよい社會であつてほしい。現時の如く、政治家が悪いことをする、悪人が出る。かうした社會は實に殘念である。從つて社會生活はなるべく環境のよい所で行はせるがよい。又悪い社會狀態は幼少のものにはなるべく知らしめないがよい。勿論眞に理解する樣になり、又之を反對に修養に資する樣になつてからは自然に知らせるのは差支ない。

二　社會に美しいよい出來事があつたらそれに參加させるがよい。宮の祭寺の供養村の祝、なるべくその中に生活させてやりたい。

三　社會の出來事は修身訓練の活材料であるから採つて善用し或は批判させることが大事なことである。

四　子供の知悉してゐる社會の悪いことについては採つて反對暗示の資に供しなくてはならない。

五　子供の社會生活については出來るだけ監視して彼等がいかなる生活をするかを知り、か

つ之を指導してやらなくてはならない。

六　子供には社會によつて生活すると共に社會をよくする様に仕向けていかなくてはならない。時々耳にすることであるが、村の道路や橋を直してやるとか、神社寺院墓所の掃除をするとか、防火宣傳・害虫驅除・雪除け・落書防止――等々子供に出來るだけの良いことを行はせて、少しでも其の町なり村なりの社會をよくさせることは至當にして善いことであると思ふ。

七　家庭と學校と連絡する様に學校と社會との連絡がなくてはならない。近時教師が社會に進出して處女會青年會其他に出て色々の活動をし、或は壯年老年のものと相會して眞に社會の改善をはかるとか、吉凶相慶弔して融和することは直接には其の社會に盡すことであるが、間接には兒童の訓練に資することである。かくて教師によつて町村の人が導かれ、町村の人によつて子供が導かれる。美しいことだと考へるのである。

第十節　學校生活と訓練

學校生活は訓練上家庭と共に最も大切なことである。從つてこゝで子供の訓練をしようとなら學校そのものゝ生活を訓練に都合のよい様にしていかなければならない。これについて學校を一の社會の様にするとか生活を擴充するといふことは前にのべたから玆には訓

練の手段となる生活について述べよう。

一　學業

學業を學ぶことは訓練上最も有力なことである。この課業を自學的にすること及び其の方法はのべたから說かないが、何れにしても自治・規律・勤勉・忍耐・從順・創造・共同・相互扶助・親愛等非常に多くの訓練が行はれる。

二　遊戲

遊戲は子供の止むに止まれぬ衝動であり趣味であつて、一日もなくてならぬものである。身體の鍛練のみならず精神の陶冶知力の養成もこれにまつことが多い。從つて今までよりもつと多く各學年に課したいものである。

三　作業

作業はある目的を持ち計劃を立てゝ行ふもので筋肉運動である樣に思へるが、これは單なる筋肉運動でなく勤勉忍耐・工夫創作其の他大切な情操や意志實行の力を養ふ否人格の根柢を築く上になくてならぬ事である。各學校でも今日作業が少いが、小學校は勿論中等高等の學校といへども是非課したいものである。

四　實業

小學校においても高等科においては課してゐるが、出來るなら作業を伴ふ、否盛に筋肉運動

をする實業を課したい、單に職業の基礎陶冶だけでなく、訓練上大切だからである。

五　共同生活

學業においても作業遊戯其の他に於いても共同に事をするとか交渉するといふことを多くしたい。社會生活共同生活は協同心を養ひ、互に性格の陶冶上非常に有益だからである。かの遠足旅行キャンプ生活などに於いて二三日親子兄弟の如く遊んだり運動したり寢食することに於いて、恐らく一二年の授業より親しくなるからである。

六　儀式

祝祭日の儀式・記念日・其の他家庭社會の儀式に參加させることである。情操を養ひ互に親和すること恐らくこれに過ぎるものはなからう。近時學校において知的體的の會合は多く行はれるが、情操を主にしたものは少い。もつと之を多くしたいものである。

七　臨時事項

遠足會・學藝會・展覽會・音樂會・送別會等

八　娯樂

生徒が一緒になつて娯樂を共にすることを多くしたい。雛祭・七夕祭・學校劇等を行ふとか、平常においても學校において玩具をもつて共に遊ぶ時間と場所を與へたい。カルタ會など家庭に許して學校で禁じるなどは片手落ではないだらうか。

九　學級學校新聞等

子供は創作する事がすきである。私の經驗によると學校通信よりも子供相互が雜誌など作るのを好む。尋常五年以上などにあつては成績物を出しあつて一冊の帳面にして回覽するとか、謄寫版で學級新聞を作るとか、學校全體で學校新聞を作らせるなどは面白い有益な訓練だと思ふ。

序だからのべておくが訓練の仕事として教師からすべて與へてやるのはよくない。子供自身が考へ、自治的に行はせる樣にして効果が始めて多い。學藝會でも何月何日何時間するると定めないで、子供が勝手に家庭で行ふ、近所の子供を集めて學藝會を開き、親兄弟に見せてやる。或は時々先生を招待する。或は又級中の十數人集つて自發的に野外で小運動會をする。或は展覽會だといつて、ある家庭にある學年ある部落のものが集つてする。そして誰にも見せてやるといふ樣にでもなつたら、それこそ道路で惡戲をするとか、惡い風に染まるといふことがなくなり、學校生活が社會生活家庭生活まで及んで理想的になるではなからうかと考へるのである。

一〇　自治會

自治會は現時どこでも行つてゐるるが、これは尋常三年か四年位からは開かせるがよい。そして行爲に責任をもたせることはよいことゝ思ふ。たゞ氣をつけることは自治會で單

に人の悪口をいふとか辯論を練習するとか、乃至嚴格な規則を作つて人を束縛するといふ様なことをしたくない。積極的に學習上の相談訓練上の相談をして互に一致して修養させることが主である。ともすれば議長の奪ひ合をしたり、多數の壓制を行つたりするが、これ等は共に忌むべきことである。故に教師は常に之を監督し指導して決して弊に陷らない様にし、互に善をすゝめ心持を語つて、各人の都合のよい様に仕向けなければならない。かうして學級として學校として子供に出來ることは自治的に行はせる、これ自律的精神を練ると共に公民的精神を陶冶するわけである。

第十一節　年中行事と其の根柢

一日の行事或は年中行事を作成するに當つては單なる流行とか思付に依つてはならない。子供の自然生活を價値生活に導くのであるから、先づいかなる價値生活をさすべきかを考へ、その價値を高めるものでなくてはならない。さうした意味から私は大體次の標準から生活事項を選ぶがよいと思ふ。

一　道德的生活

道德を認識し實踐して修養する生活である。この中には個人的道德生活家族的道德生活・

國家的道德生活・社會的國際的道德生活がある。とにかく道徳的良心啓培の生活である。

二　科學的生活

これは吾人の意識が科學を對象として活動する生活である。學術の研究をする自習をする、展覧會學藝會をするなどが此の中に入る。

三　藝術的生活

人生に潤みと光と潤ひを與へるものは藝術である。音樂會をする、展覧會を行ふ、娯樂の會合をするなどはこれに入る。

四　經濟的生活

經濟的價値を發揮する仕事を行はせるのである。普通小學校では勤倹といふ事位勉めるが、經濟の内容は生産・消費・交換分配であるから、なるべく此の内容の中で出來ることだけは行はせたいものである。貯金・購賣・共同購入・共同消費などすべきことは多からう。

五　身體的生活

身體卽ち心身の統一した健全な肉體はそれ自身價値である。この價値を對象として行ふもので、運動會・遠足會・キャンピング等はこれに當る行事である。

六　宗教的生活

吾々は學校において成立宗教を教へることは出來ないが、廣い意味において宗教的良心を

陶冶する行事はなくてならぬものである。神社参拜諸儀式等これに當るものであるといつてよい。

以上は價値によつて分けたのであるが、一般に學校における行事はある一の價値にのみ屬してゐるのではない。宗教的價値があると共に道德的價値及び科學的價値のあるものもあり、美的價値を主としながらも科學的價値のある行事もある。從つて行事を課す上からは價値を個々別々に考へないで、主たる價値を頭において行事を撰び、それによつて種々の價値を發揮すべきであるが、茲には概念として便宜上區分したわけである。

第二十章　個性調査

第一節　個性の意味

個性といふことは昔から多くの人に云はれた言葉であるが、其の嚴密な意味内容についてては萬人必ずしも一だとは云ひ得ない。或人は人々の心的狀態に起因する差別的方面だといひ、或はある個人に屬する性質で一の個人を他の個人より區別するの特質だといひ、或は又あるがまゝの特質といふものもあれば、あるべき特質が個性だといふものもある。

思ふに人は甲も乙も一見大體同じ樣に見えるけれども、精密に其の人を比較すれば同一な

人は一人もない。身體に於いて精神において皆異つてゐる。何にしても個性は他の人と異つてゐるといふ特殊のものでなければならない。第二に我と人と比べて異つてゐる所といへば身體に精神に色々あるけれども、個性といふからには其の人間――自我に統一された人の中心生命でなくてはならない。生命活動の法則でなければならない。決して單なる部分や形の特殊ではない差異ではない。第三に人はどうかするとあるがまゝの性それを個性といふものがあるが、それは心理的からは個性だらうが、私の云ふ個性ではない。私の云ふ個性はあるがまゝの個性が超個人的の最高理想に照して働いていく法則の――根本性をいふのである。かの記憶力がどれだけある、思考力がどれだけあるといふのでなく、人間全體の力が自我に統率され、環境を機縁として活動する生命活動の根本になる性質がそれである。

まとめていへば個性とは我と人とを區別する特殊性で、超個人的の理想を目かけて自我に統率された生命活動の根本の法則をいふのである。篠原氏は個性に統一性・特異性・不可分性・目的性があるといつたが私は更に發展性とか自己活動性とかの名を以て靜的のものでなく動的のものとしたいのである。

第二節　個性の成立

個性はいかにして成立するか、今の個性はいかにして成つたかを知ることは教育の實際に

當るものが是非心得ておかなくてはならない。これを大體から述べて見ると、個性成立には先天的の原因と後天的の原因がある。先天的の原因といふのは遺傳であつて種屬代々から傳はつて來て享けた體質及び精神で、この中には更に本能・知的素質情意的素質併にこれら全體が價値に向つて働く法則性があるといつて差支ない。

次に後天的原因といふのは生れてから今日に至るまでの環境及び教育で、環境には自然・社會・及び文化があり、教育の中には家庭社會學校この三つがある。詳に說くとすれば尙ほ多く云はなければならないが、何にしても個性がかういふ樣な條件で成立してゐるとすれば、これをいかに教育するかは右の成立から自然に考へ及ぶべきことであらう。

第三節　個性調査の意義

教育といふ仕事は結局兒童の個性教育である。現時教育の理論なり實際なりは隨分進んだが、一番大切であつて而も進步の遲々たるものは個性の研究である。それはとにかく、日々教育していく上にどんな材料をあてがふか、どんなに教へる方法を考へようかといふことは一に子供の意識を知らなくてはならない。子供の意識を知ることは矢張り個性調査の必要といふことに落ちてくる。

進級とか卒業といふことは單に名譽心を起させるとか、努力心を起させるとか、乃至上級學

校に入れるといふのではなく、一段上位の教材を理解し得るか、既習の材料が會得されたかといふことである。かうしたことを何によつて知るか、矢張り個性を調査して知られることである。

何人も長じては職業につかなければならない。職業には色々の種類があつて夫々の知識技能を要し、而も職業の異るに從つて所要の知能や技術を異にしてゐる。兒童にいかなる能力があるか、どんな仕事に適するかを知るのは矢張り個性を知ることになつて來る。

尙ほ個性を調査することの必要なことは一方子供の方面から見て、或は他方教師の方面から見ても重要なことが此の他に多くあるであらうが、たゞ右にあげただけでも調査の必要なことは何人も考へるであらう。

第四節　個性調査法

個性を調査する方法は色々あるが、私は次の様にしてゐる。

第一は直接法と間接法にわける。直接法といふのは主に子供に直接して査定するのであり、間接法は間接にさうであらうと査定するのである。

この間接法は兒童の環境卽ち住所家庭社會の狀況及び父母家族について身體精神その他遺傳狀態を調べたり、或は兒童過去の時代における發達・疾病等の調査をするのである。この

方法は間接ではあるが、なか〳〵有力なものである。私も今より二十年前三宅博士小峯博士と共に個性調査をした場合に驚いた程子供の現狀が察せられた。

第二は直接法中の觀察法である。觀察法は子供の自然の行爲等を觀察し、これによつて直覺的に性格を推定するのである。この中には子供の綴り方其の他の敎授中不知不識表はれる言語文章による場合と、父兄母姉その他其の子に直接した人から具體的の事實を聞いた場合及び敎師が運動場又は敎室に於いて觀察した場合がある。第二の父母兄姉等の觀察したのを直接法の中に入れることは一見不論理に見えるが――それは間接法だと――といつて第一に入れるのは第一中の項目と比べて又不論理になるから此の中に入れることにする。無論便宜上からである。

第三は直接法に屬する檢査法である。觀察法は子供の自然の狀態を計劃的でなく觀察するのであるが、此の檢査法は敎師の方に檢査の意志があり、子供にも檢査される意志があつて行動するから、前の自然狀態とは趣を異にしてゐる。この檢査法は分つて三つとする。一は成績測定であり二は精神檢査三は身體測定である。共に子供の素質を測るのでなく主に敎育の効果を測つていくのであるが、それにしても効果の中には素質も働くから單純にのみ考へるわけにはいかない。かくて成績測定の中には試驗法と敎育測定法がある。試驗は平常學校における試驗――考査であり、敎育測定は個性を測定せんが爲に特に設けた問題によつ

て調べる方法で、共に口答の場合も筆答の場合もある。

次に結果の處理については評語法——甲・乙・丙等——と評點法及び記號法があり、測定には口問口答に筆答及び器械測定とあるが、今はその詳説をさしおくことにする。尙ほ現時の調査方法調査内容については世間に論議が隨分多い。斯の如くして人の個性が果してわかるかどうか。不省私もこれについて幾多の疑問をもつてゐる。どの學者の說についても全く完全だ、否完全といかなくとも理論として實際としてこれはと思ふのはないし、私も幾分意見もあるが、これは次章職業指導の條に略說することにしよう。

附記　個性調査法は右にあげた樣にいつてもよいが、或は簡單に觀察法・問答法・試驗法としても差支ない。所詮論理的に區分することはむつかしいから便宜法に依るからである。

第五節　個性調査要項

個性調査の要項として何をあぐべとかは重大なる問題である。今日世間にある學者又は實際家の案も少からずあるが、これはといふものは私には見つからない。私の考そのものも昔から幾度か推移して來た。が、しかし乍ら大體として調ぶべき方面は勿論變つてはゐない。

卽ち個性の成因及び教育上の根據に立つべきことはいふまでもない。たゞ何人も今困つてゐる問題はいかにしたら正確に測り得るか、いかにしたら學術的に間違はないか、いかにした

ら實際として便利であつて利用され何人にも出來るか此の問題である。

世間の學者のいふ所によると學術的になつてはゐるが、殘念なことに兒童そのものに接したことが少いから、兒童の實狀に暗く、普通の人では測ることがむつかしく、利用されにくい。實際家の中でも特に研究したといふ人のは只學者の説を鵜呑にして新しいこと詳しいことはあるが、いざ之を實際に利用するには爲になることが少い。私の如きも二十年前この學校に來た時には非常に詳しいものを作つた。實際について調べるにも非常な勞力を使つて測つて見た。例へば頭顱の測定の如き千餘人について測定した。頭顱の短徑長徑から頭圍、耳高、耳前頭圍、耳後頭圍、隨分精密に――無論研究として試に――測つて見た。頭顱既に斯の如くであるから他は押して知るべしである。然るに之を測定し之を計算し之を表にして見たが、而し實際教授上には殆んど効果がなかつた。勿論學術研究としては面白いもののもないではなかつたが。

人の迷つてゐるのは玆である、實際家――特に名の爲でなく利の爲でなく、眞の教育の爲に迷つてゐるのはこの點である。かうした點から考へて自分は今次の樣にしたらと思つてゐる。

一　環境

（一）　住所

住所に流れてゐる自然・人事・文化は自然に子供に大なる影響を與へるものである。從つて調査に當つては子供の性格に關係の多いことを調べるがよい、工場地帶だとか農業地・牧場・溫泉場といつた樣に場所そのものから受ける影響の著しいことに着眼するがよい。

（二）家庭

家庭は性格の本を作る最も大切な場所である。從つて普通住所以上によく調査すべきものである。其の事項は

1 民族　鮮人・臺灣人・內地人・北海道土人・外人等（これは特別の町村に限る）

2 血統　精神上・身體上における血統を出來るだけ遠くに溯つて調べるがよいが、普通は三親等位に止るであらう。

3 家族　祖父母・父母・兄弟・姉妹・召使の有無、特に其の兩親と兒童との血統上の關係を重く見る。出來るなら親族關係も調べるがよい、そして著しいことは書くがよい。

4 家風　舊家だとか、家風の有無とか、家風の良否

5 敎育　主に兩親の敎育程度と敎育方針及家族の敎育程度

6 職業

7 貧富　具體的のことで、子供に關係の深い事實がよい。

8 信仰の有無及び其の種類强度

二　身體

(一)　過去

過去の身體については次の事を書くのであるが、年次概評即ち發達の經過がわかれが一番都合がよい。

1　發育　良否と經過

2　疾病　個性に影響する特殊の著しいこと。

(二)　現在

1　身長・體重・胸圍・肺活量・視力・聽力・疾病等の要目を特に作つてもよいが、文部省の檢査表そのまゝを書いて別に檢査表用紙を作らず、六ヶ年分をこゝに連載すれば比較して見るに都合がよい。身長の代りに座高とか軀幹長等云ふものがあるが、私は從來の例に從ふ。

2　體力・健否・運動(檢査表に無いから擧げる事にする。)

(三)　概評(特質も入れる)

三　情意

情意を分けて書くものがあり一緒にするものがあり、分けるにしても一緒にするにしても人各々見を異にしてゐる。自分も此の項目を作つたが、内容の區分や記述に至つては非常に困つた。素質的のものにしようか、それとも價値的のものにしようか、それを迷つたが結局は

利用し易い様にと次の様にした。

(一) 性格(主に執意的素質によるもの)記述には正直、普通、虚僞といふ様に分けるがよい)

清潔—不潔　正直—虚僞　勤勉—怠惰　忍耐—弱志　規律—不規律　進取—退嬰

綿密—粗雜　親切—薄情　社交性—孤立性　利己—利他　謙遜—不遜

(二) 氣質(主に感情的素質によるもの)

溫順—强情　剛毅—小心　快活—憂欝　高尚—野卑　鋭敏—鈍遲

素朴—華奢　輕率—沈着　平靜—激性

右の項目は評點法にする場合は計算し易い數にする。又項目は其の地方兒童を訓練しようといふ意味から、それに適はしいものを採るがよい。例へば一般に素朴なら素朴の項目は不要である如きそれである。

(三) 趣味

これは感情の部に入るべきものであるが、特に教育の便宜上かうした。

1 學業に對する趣味・學科を記してよい。

2 藝術に對する趣味

3 道德に對する趣味

4 運動に體する趣味

4　宗教其の他に對する趣味

(四)　作業

これも執意的の方面に入るべきであらうが職業指導上の便から別に一項目をとる。

好惡　作業力の大小　綿密程度　持續力　速度　正確度

これも前揭の樣に大―小　綿―粗等と記しておいてもよい。

(五)　言語　雄―吶　多―寡　明―不明　快―欝　上品―下品

(六)　性癖　盜癖、噓言、表裏等

(七)　概評

四　知能

(一)　學業成績

これも文科・理科・技能科としてもよいが、私は別に成績簿を作らないで、この個性調査簿一冊で六ケ年間を收めたいために各科のを書いたらと思ふ。

(二)　精神能力

綜合的のもの及分析的のもので、分析的のものは人として主要な注意力・記憶力・想像力・思考力等を現はすがよからう。

(三)　概評

五　人物總評
六　將來の目的と教育上の注意
七　觀察事項(大切な欄である、具體的に書くがよい。)

注意

一　右を評語法にするが、評點法に表はすか、兩方に長所もあるが短所もあるから各學校で宜しきに從つたらよからう。
二　たゞ注意するのは個性調査簿・學業成績簿・學籍簿・身體檢査簿と別々にしないで、出來るなら一つにまとめることは大切なことである、(縱令數枚の表となつても)
三　右と同時に之を毎學期に書くといふ樣なことをしないで、一つにまとめ其の變化發達を年次に書いて、發達推移の結果を一目に比較して見ることが出來る樣にする。
四　尋常一年などで、すべてを詳しく見ることや、之を個性調査簿に書くことのむつかしいことがある。從つて年々わかることだけ——特に情意の如き——書くことにして無理に間違つたことを書かない樣にするがよいと思ふ。
五　子供の個性は一つの事實から想定は出來ない。從つて時々起つた事件行爲の中で善惡共に著しいことは個性調査簿の末尾に觀察欄をおいて隨時に記録しておくがよい。すると受持が何人變つても良くわかることになる。

六　どこの個性調査簿にも父母のことはあるが受持のことはない。是非受持教員の氏名をこの中に忘れずに書かれてほしいものである。これは子供から云つても教師から云つても重要なことである。

七　尚ほ右の外一つ欄をおいて、それらの兒童が中等學校に行つてどんな成績や性行になつたとか、世の中に出てどんな人になつたかを記す欄をほしい。後になつてどれほど教育上の參考になるか知れない。

八　個性調査簿は子供を教育するための大事な記録で、人に見すべきものではない。まして教師の名の爲のものではない。學者の調査表も徒に從ふには及ばないし、他人の作つたものの必ずしも依らなくてよい。他人のものは參考に止るのみである。各地各教師自由に適切に作るがよい。よし表として體裁など立派に整はないにしても本當に子供の爲になるものがほしい、眞に個性のわかるもの、教育の參考になくてならぬものにあつてほしい。そして一年や二年で記録を止めるものであつてはならない、子供の在校中は勿論卒業後までつゞくものであつてほしいものである。

第二十一章　職業指導

第一節　職業指導の意味

従來の普通教育では初等中等の學校共に、ある目的を立て教材を排列して教育はしてゐたが、何れも一般的抽象的の考であつて、其の中に將來世に立つて執るべき職業についての考や指導はなかつた。そして其の指導は家庭或は社會に出てから自然に任せられてゐた。

かういふ有樣だから小學校においても職業について何の觀念もなく基礎も出來てゐない。從つて社會に出てからも何が自分の性に適してゐるか、其の職は自分の幸福にどう影響するか解らないから、無暗にある職業につき、あるものは自分に適しないでも無理に其の職につき、あるものは適不適がわからなくて轉々と變つていく。そして寄る年波にせめられて適不適はかまはず、一に運を天に任せて終生をある職につくすといふ樣なことで、個性も發揮されず社會も大きな能率上の損をすることになつてゐた。

思ふに世の中には色々の仕事がある。それらの仕事は夫々異なる技能なり知能なり體力なりを要する。同樣に各人にも個性としては萬人萬樣で、知能に技能に體力に趣味に特質がある。若し一人が其の特質を發揮することに依つて他方其特質を要求する仕事に當つたら

どうだらう。それはいふまでもなく仕事としては立派に出來、能率も上り、而も人格を實現して益々幸福になり、社會の仕事そのものも益々發展して社會が益することになる。これが單に一人でなく社會の總べての人が總べて適した仕事に適性を向けることになると、社會の人總べてが幸福となり、社會の仕事總べては發展して社會そのものが發達する。職業指導の本義はこゝである。職業指導は適材を適所――適職に向けること及びこれによつて個人社會の福利を增進する社會活動である。小學校は國民としての基礎教育をするのであつて元より一般知識一般情意を陶冶するものであるが、同時に上學年においては職業についての觀念を與へ陶冶をはかつて職業指導をしなくてはならない。この觀念あり陶冶が行はれて子供は始めて社會に出てゝ職業をとる態度が出來、かつ個性を適職に向けていくことになる。

第二節　職業分析の意味

職業指導の基礎條件としては兒童そのものゝ性能と職業分析といふことが大切である。兒童の性能といふことは個性の全體でなく職業をとるとしての性能がどんな狀態になつてゐるかといふことであり、職業分析といふのは第一には作業工程においていかなる心力を要するか、體力を要するか、いかなる心力體力はいかに産業の能率を擧げ得るかといふことであり、第二には其の職業そのものは將來の文化の上にいかに寄與貢献するか、職業の生命は長い

か短いか、どの位で熟練するか、どの位の收益があるか等の研究である。

思ふに職業指導といふことは大切であるが、基礎になる職業分析といふことも其の個人から考へ、社會から考へる時には非常にむつかしい問題である。能力分析そのもの既にむつかしいのに況んや其の職業が將來どうなつていくか、價値はどうか等考へる時は、其處に職業の分化經濟組織の變遷等非常に複雜な事情があつて、何人も常識として學問として推定し得らぬことが多いからである。

第三節　職業の外部的分析

兒童をして職業に就かしめる上から考へると、たゞ子供の性能からのみ考へるわけにはいかない。例へばある子供は瓦製造に適するといつても瓦その物が將來どの位の必要があるかないかと云ふことを考へなければならぬ。震災の時など東京附近の瓦製造業者はかう考へたさうだ。二百萬市民の住宅、一二年の中に作らねばならぬが、その莫大な需用に對してどう供給しようか、それにしても如何に莫大な利益があるか、夫々勝手な胸算用をした所が事實は之に反して、出來るバラツク本建築それは悉くトタン張とかスレートとかで日本瓦の需要は殆んど十が一にも達しなかつたといふ。云ひかへると職業そのもの丶價値生命を考へねばならぬ。又日々生活していく上からは收益の事も考へねばならゐし、或は又勞力知力の方

からも考へていかなくてはならない。少くも次の條件は第一に考慮しなければならぬことゝ思ふ。

一　職業の種類

日本の職業も非常に多い。第一回國勢調査によつても、大分類十部、中分類四十一綱に分類して職業二百五十二あり、而も其の一職業の中にも多數の職があるから、總數は二千種になつたといふが、尙ほ將來益々增してくる。從つてこれについて大體分類分析してどんな職業があるかといふことを考へなければならない。

二　職業の價値

人間生活上必要な欲望を充たすものの之を經濟學上財貨といつてゐる。產業は此の財貨を生產する仕事である。然らば此の生產業乃至一般職業は(生產業の外に精神的の仕事かあるから一般職業といふ)文化發展上いかなる價値があるか、或は又他職業と比較して相關價値はどうか、先づこの問題を考へていかなくてはならない。現在においては隨分無駄な職業乃至なくてもよい職業もある。否時によると世人を間接に害ひ、文化の發展を害する樣なものも決してないとは考へられない。何にしても其の比較價値を考へていく必要がある。

三　職業の生命

職業にも消長がある。少くとも一時的の職業、或は年內のある時期にのみある職業、現在盛

だけれども將來に生命のない職業、之に反して現在盛ではないが將來大に發展すべき職業などある。例へば日本在來の筆墨商など今より二十年前は至る所にあつたのであるが、今日においては殆んど無く、ある學用品店の一隅に古の面影を有して辛じて餘命を保つ如き、或は又十年前かつてなかつたラヂオ商店など數年前から所笑顏に各町に歡聲をあげてゐる如き然りである。

四　職業と利潤

職業をとるからには重要なる一視點として利潤といふことを考慮しなくてはならない。職業の種類に依つて勿論利潤の性質が異つてゐる。例へば現在においては利潤が少くとも將來において見込のあるもの、現在において利潤が多くとも將來に見込のないもの、利潤が國家的のもの個人的のもの、精神的のもの物質的なもの(一體利潤に精神的といふことは經濟學上はないが)種々ある。何にしても人の生活する上には金錢物資を要し、さうしたものは當然當事者が得べきものだから豫め之を知ることは大切である。

五　職業と資本

いかに利潤が多くとも資本の關係で其の職業につき得るものと就き得ないものがある。而も現在において直に就き得なくとも、ある年限後に就き得るものもある。而して其の資本には體力・知力等資本の種類がある。(體力知力のことについては後篇に述べる)

六　職業と場所

職業はいかに利益があつても、よし個人で直に當り得るにしても場所の關係がある。片田舍に在つて外に出ることの出來ないものは矢張り其の地方共の場所を基にして考へなければならぬし、出られるものは出られることを條件としていかなる土地で、どういふ職業があるかといふことを考へなければならない。

第四節　小學校卒業生と職業の外部條件規定

前節第一より第六までの事は一般的に何人にも規定し得べきであるが、玆に小學卒業生に向ひ、職業に就かせるとして直接に必要なことは次の諸項の調査である。

(一)　作業の種類

(二)　作業の工程　いかなる仕事はどんな工程でするかの調査を行ふのである。

(三)　習熟期間　三ケ月六ケ月一年三年等大體其業に習熟されるまでのことを調べるのである。

(四)　技能經驗の要不要　その業につくまでにどんな技能の經驗が要るか、或は全く素人でもよいかを調査する。

(五)　獨立經營か共同經營か　獨立して自分一人で將來やつて行けるか、或は他人と共同し

なければならぬか、他人に使はれる職か、他人を使はねばならぬ職か否か。

(六) 資本　將來獨立するとして或は共同經營としてどの位の資本が要るか。

(七) 職業の價値生命

(八) 其の職業の利益　內譯にして初給何程・昇給狀態・昇給限度・獨立經營の場合の利益其の他

(九) 職業の場所

(一〇) 年齡限度

(一一) 所要體力

(一二) 所要學力(どこ學校卒業程度の知識が必要か)

(一三) 所要道德趣味

私の同窓で親友である岡崎市の石田利作君はこれについて岡崎市の各商店其の他に向つて次の事を尋ねたといふが適切であると思ふから書かう。

(一) 御職業は何ですか。

(二) 御職業で每日の重なる御仕事は何ですか。

(三) 徒弟見習中の重なる仕事は何ですか。

(四) **仕事は座業か、立業か、腰掛か外出か何れですか。**

(五) 身體上では特にいかなる部分の働きを要しますか。
(六) 如何なる性質のものがよいですか。
(七) いかなる性質又は身體のものは望がありませんか。
(八) 一日何時間位の勤勞ですか。
(九) 貴職業に從事するにはどの位の學力が要りますか。
(一〇) 年齡は何歲位からよいのですか。
(一一) 年期は何年位か又何歲で一人前になれますか。
(一二) 住み込みですか通勤ですか。
(一三) 一人前になつた時二十歲三十歲には何程の收入ですか。
(一四) 年期中又は年期あけ後にはどんな待遇になりますか。
(一五) 年期中教育をうけること(補習學校青年訓練所)が出來ますか。
(一六) 一生出來る仕事ですか。普通何歲まで出來ます。
(一七) 將來家族にも手傳はせることが出來ますか。
(一八) 一人前にならないで止めるのはどういふ原因ですか。
(一九) 貴職業で一生の樂みと苦みは何ですか。
(二〇) 貴職業で成功するのにはどんな順路をとりますか。

といふのであるが、流石に實際的なよい調査であると思ふ。これに關し、各會社商店等よりの回答があつて參考になるものが多いが略してなく。

第五節　職業能力と學校卒業

某縣の兒童研究所では先年一般知能より見たる職業選擇の規準表といふものを發表してゐる。いふまでもなく職業選擇上いかなる知能が要るかを調査して、これによつて職業を定めるといふのであるが、逆に之を見るときは各職業においていかなる知能を要するかといふのであるから、ある意味の職業分析である。表は次の如くである。

(一)　知能階級　最上知
必要なる能力　創作的及指導的能力
教育的能力　大學を優等で卒業し得る能力
職業階級　高等なる專門的職業階級
職業の例　法律家・大學教師・技師・外交官・大臣・統計家・支配人(大商店)知事・陸海軍將官・研究發明家

(二)　知能階級　上智
必要能力　行政的能率的專門的能力

教育的能力　専門學校又は大學卒業程度の能力
職業階級　専門的職業階級
職業の例　新聞雜誌記者・醫師・専門學校中學校教師・支配人・工場長・秘書官・事務員（大商店銀行）社會事業家・設計士・町村長高級船員

（三）知能階級　平均上知
必要能力　統率的能力・抽象力・及技術的仕事に對する優秀な能力
教育的能力　中學校及び、ある種専門學校修業程度の能力
職業階級　技術的職業階級
職業の例　齒科醫・速記者・教師（小學）神官・僧侶・會社員・銀行員・賣捌人・店員・鐵道書記・取引所書記・電氣技師・藥劑師・職工長・タイピスト・各商店主各種工場主

（四）知能階級　平均智
必要能力　おきまりの且熟練的仕事に對する能力・複雜なる抽象的の仕事は出來ない。
教育的能力　高等小學卒業又は中等學校卒業程度の能力
職業階級　熟練職業階級
職業の例　電信技手・看板書・郵便局員・蹄鐵工・電話工作者・在庫品照査係・巡査・保姆・看護婦・産婆・機關手・鋲締職・銑工・鉛管工・パイプ工・洋服屋・帽子製造者・制動手・小賣問屋・消防手・技工・鐵工・

指物師・大工・靴工・運轉手・車掌・時計工・店員(小商店)・寫眞師・音樂師・飛行機製作者

(五) 知能階級　平均智下

必要能力　オキマリの熟練に對する能力

教育的能力　尋常小學卒業程　の能力

職業階級　半熟練卽ち低い熟練職業階級

職業の例　パン燒人・料理人・宿屋の番頭・石工・天幕製作者・柔皮製作者・金屬板工・印刷工・配達夫・赤帽・農夫・園藝家・庭師・左官・ペンキ塗・陶工・洗濯夫・理髮師・髮結・煉瓦積工・鳶職・子守女

(六) 知能階級　下智

必要能力　單純なおきまりの仕事に對する能力

教育的能力　小學校四學年程度の能力

職業階級　未熟練・又は最低熟練職業階級

職業の例　漁夫・水夫・日傭人・荷積人・引揚人・機械工・使丁・番人・擔夫・下女・下男・車夫・火夫・下駄工・荷造人・馬車挽・鑛夫・屑拾・土方・炭燒人

(七) 知能階級　最下智

必要能力　極めて單純なおきまりの仕事に對する能力、指導監督を必要とする。

教育的能力　小學校第三學年以上に進むことの出來ない程度の能力

職業階級　最低の未熟練職業階級

職業の例　草刈・穴掘・伐木・荷車後押・たどん製造人夫・掃除人夫・石切り出し人夫・ビラ配りなか〳〵熱心に比較的精密に研究してある。眞摯な研究であると思ふ。從來全く此の方面に對して無關心であつたことに對して具體的に研究したことは縱令常識であるにしても敬意を表する次第である。が、しかし更に學術的に考へて見ると遺憾の點が多い。

一　第一には知能階級といふが、それが何人も精密に上智・普通智・下智などと精密に測れない。勿論最優のもの及び低能のものなどは何人も測ることが出來るが、普通の階級に屬するものは明瞭には解らない。まして僅かな實驗などによつて定めるのは早計である。

二　次に職業分析として必要能力といふのがある。これが少し常識的總括的でとりとめがない。人の心をはかることは何人もむづかしいけれども、それにしても單純なおきまりの仕事に對する能力だの抽象的技術的の仕事に對する能力だの、恰も雲を摑む樣な感がする。抽象的能力は何か、動かない具體的な所を捉へて始めて學術的であり效果がある。而もパン燒も、料理人も農夫も赤帽も同じ能力を要するなんといふに至つては却つてかうした記載のあることが世人をまどはすことになりはすまいか。

三　教育的能力といふことをあげ、更に學校を標準にしてゐる。この標準が實に怪しい。例

へば尋常小學卒業の能力と高等小學卒業の能力とどれほど違ふか。我々の考を以ていへば尋常卒業の能力あるものは當然高等小學に入れるものではないか、現時の高等小學は事實試驗なしで入學させてをり、入學させるのが本體ではないか。まして大學卒業とか卒業能力といふが、事實私立の多くの大學などは殆んど無試驗で入つてゐて低能でない限り何人でも事實入れるではないか。見よ帝都幾萬の大學生大學卒業生皆同じ學力であり能力であるか、たとへ概然とはいへ餘りに形式に捉はれ過ぎてゐる樣な感じがする。

四　次に職業階級といつて高等專門の階級とか熟練未熟練職業階級といふが、不幸にして我が國の職業はそれ程に分化してはゐない。例へば農夫にしても一家の經濟・教育・看護全體をしてゐる。單に農業をするのみならず副業をしてゐる。農業と同時に商工業のことを理解してゐなくては今日の農業はどうしても經營はしていかれない。それを單に熟練とか未熟練とか「おきまりの仕事」といふ如きは、今の職業を知らないにしても餘りに甚だしい斷定だと思ふ。

五　職業の例を見るに穴堀り・草刈・荷車後押などあるが、あんな仕事は一生人の仕事とすることは出來ない。人生五十たれか穴掘りばかり草刈ばかりしてゐられようか。或は又この表を見ると中學教員は小學教員より上位の人だとか、一般に農夫・商店員・職人などよりも官吏會社員といつた樣な洋服階級の仕事を前のより優秀なる知能が要り、勞働階級は普通知

以下にしてあるが、果してさうであらうか。さうして將來國の發展がはかれるであらうか。之を要するに現在においては右の樣な學問能力で、あゝなつてゐるかも知れないが將來この方針によることは個性の發展をはかる所以でもなし、社會の仕事の能率を上ける所以でもないと考へるのである。

第六節　職業の內部的分析

今まで述べたことは主に職業分析の外部的のことであるが、玆に述べるのは內部的のこと實質的のことである。これに就いて日本でも外國でも夫々の職業について、いかなる知力・能力が要るか、德力・趣味性はどうか、體力はどうかなど詳密に考へ、例へば

醫師としては

必要なる能力——社交性・精力(心身)思慮・技倆・判斷力

必要なる知識技能——解剖・生理・病理・顯微鏡操作・診斷法・臨床作業・外科手術

個人的動機として　名譽・眞理・位置・報酬・勢力

社會的動機としては——社會の幸福・健康・疾病の絕滅

等あげるものがあるが、これも常識的にはよいか知らぬが、深く考へると學術的意味には乏しい。いかなる職業にも勤勉や忍耐や思慮や判斷は要る。これなくてよい仕事は一もない

からである。又ある學校の如き
(一) 精神的要求として
(一) 一般般知能の程度　(二) 敎育程度　(三) 情意特徴
(二) 特殊能力
記憶・注意・推理判斷・計算・想像・觀察・記述・模倣
(三) 身體的要求
身長・體重・力量・部位・健康狀態耐久力色盲・視力・聽力
(四) 必要なる德性
從順・獨創・忍耐・愛嬌・風貌・筆蹟・常識・言語・器用・社交性・機敏・親切
(五) 作業條件
從業本位・單獨又は共同勞働時間・年齢・性別
(六) 經濟條件
收入・雇傭條件・勤務狀態・社會的重要度
(七) 職業型
知能型・技術型・力量型　(稻垣氏職業指導抄)
といふ樣になつてゐて各職業別に重要さを二三の數字で示してある。が、これも常識的で

學術的ではない、内部方面など實際には役に立たないことが多いと思ふ。従つて學術的に本當に職業能力の分析をするのなら、單なる觀察や想像に依らずに個々の職業について従業者について、其の日常の仕事を實驗的に調査し、更に思索を加へたものでなくてはならない。例へば視力は平均どれだけなくてはならない、どの視力が一番能率をあげるに都合がよいか、精力はどうか、體力はどうか、記憶力思考力はどういふ種類の記憶思考がどれまでに必要かといふことを考へていかなくてはならない。かくてこそ眞に仕事の能率をあげ、熟練をはかることになる。何にしても此の調査は非常にむつかしい、特に我が國の分化しない職業、一の職業で多くの心力體力を要するものでは更にむつかしい。従つて學術的の職業分析は勿論常識的の調査すら殆んどない――用にたつものは――といつて差支ない程である。従つて今日にあつては先づ第一に職業にどんな種類があるか、さうした職業は外部的に見て――前出――どうか、更に内部的に見て、いかなる趣味德性がどの程度に要するか、いかなる體力が要るか技能が要るか、いかなる知能が要るかを考へていき、更に進んでは科學的に職業につく能力を調べていくより外に道はない。かりにも早計に單なる調査で子供を律していかないことであると考へるのである。

第七節　性能檢査

職業指導上職業分析と相關して大切なことは性能檢査である。性能檢査は嚴密に考へると、個性調査とは別にすべき性質のものである。卽ち個性調査は人間教育といふ廣い立場から、あるまゝの性能の現在や成因を調査して、あらねばならぬ價値、あるべき性能に導くべきものであるが、職業指導上の性能檢査はある職業をとるに必要な性能があるかどうか、どんな職業に適する性能があるかを知るのである。從つて個性調査簿以外にかうした帳簿を作つて、それによつて指導してやるのがよいけれども、私は便宜個性調査簿調製上この性能調査も眼中において利用される様に作り、更に之を運用するに當つては便宜不足である調査を全體的に又個人的に調査するがよいと思ふ。例へば電話交換手になりたいものがあつたら今迄調査した個性の上に更に聽力注意力記銘力の調査をする、或は時計工にならうとするものには殊に視力聽力細な筋肉力綿密正確等の心力を調査する如きそれである。それはとにかく職業紹介所等において性能調査をして多く行つてゐる様式は次の如くである。

一　環境・現住所・前住所・本籍・出生地と當人との關係

二　家庭

實父母　年齡・職業・酒煙・健康・死去年齡・死因・本人と同棲期間

繼父母　其他の扶養者

兄弟　各年齡

其の他の家族
經濟狀態・資產・家庭和合　其他
三　職業　希望職・過去職及理由・希望勤務先
保護者の希望・敎師の意見理由
四　敎育
出身學校　卒業年度　修學課程　現在學校
一般成績(科每)好む學科・嫌ひな科目　優等科目　劣等科目
五　既往曆　胎生期・兒童期・靑春期(此の項略す)
六　現在　體格・身長・胸圍・眼・耳・發音機關・鼻・齒・呼吸器・心臟・腹部機關・骨格・四肢・神經系統・淋巴線・
先天性疾患・泌尿器
七　一般知能
注意・記憶・比較・推理・聯想・學習・想像・綜合・分析・觀察・知識・容量・暗示・模倣
八　運動機能
力量・速度・確度・運動調節・耐久力
九　感覺知覺
視覺・聽覺・觸覺・嗅覺・味覺・運動知覺・時間知覺・空間知覺

一〇　個性

氣質（多血・神經・膽汁・粘液）

性格　意志の强中弱

道德性特質

一一　心的特長と缺陷（以上は某紹介所の用紙に依る）

大體何處もこんな樣な細目になつてゐて、多くは問答法、測定法によつて調査してゐる。右について自分の意見をいへば、大體學校における個性調査法に則り、詳密に個性を調べ、性能を明にしようとしてゐるけれども、短所をいへば、

一　今の多くの職業紹介所の調査は器械によつて測定し――問答もあるけれども――それを信じすぎてゐる。なるほど器械の調査も參考にはなるが、微妙な人間の心は不完全な機械で量れる程不精密なものではない。私はさう思ふ、機械で人間を量り盡さうとする如きは人間の冒瀆であると。ある人の如きは機械で知力は勿論情意まで精密にいくといふがさういふ事は決して出來ない。極めて蓋然だけであることを第一に考へねばならない。測定は主に反應だけの調査である。反應が早くて正確でありさへすればよいが、それだけでは人間の力は測れない。人間の力は意志の表現である以上意力に關係する、意力は更に身體や感情に依つて左右されることを忘れてはならない。

二　問答法も行つてゐるが、此の問答も三つや四つの問答で人の心の總べてがわかるものでない。吾々は人と交際する、而も十年十五年後にやつと其の人の思ひも依らぬ長所を發見することがある。まして數分間に數箇數十個の問答で人の心を測らうなどは恐ろしいことだと考へる。

三　かうしたことを考へると長い間の敎師や亦親の觀察は相對的に有力なものである、正確に最も近いものといつて差支ない。これをヌキにした調査は本當に危いものではないか。

四　機械で性能を調査することは近頃のことである。現時實驗を言つてゐる學者が十年前二十年前やつたかどうかを尋ねると、多くの人が此の頃開業したといふに違ひない。これを昔から長く早くやつてゐるのは醫師で、精神病醫は日本においても數十年前からやつてゐる。私の東京に來たのは二十年前であるが、其時私は、三宅博士小峰博士と共に之を行つて見た。其の時さへ醫師はたゞ參考だけだと云つた。或は極めて詳細に調査してもどうもわからないと云つたことであるが、今日の調査はあまりに分析的に見すぎてゐる。能力を舊い心理學的に考へ、人の心はこれら個々の能力から寄木細工の樣に組立てた物の樣に思つてゐる。聯想にしても自由聯想・制限聯想・計算・置換等とし、感覺の如き七つにも八つにも分けてゐるが、これらは全く計れないことはないが、といつて事實嗅覺とか味覺などさう正確にも計れないし又必要もない。普通でさへあればよい、又一般に普通以外は病人の外

ないからである。或は又身體の方面に扁平足とか膏手とか言ふことを調べるものがあるが、これらも職業にどれだけの價値があるであらうか。何にしても紹介所のものは餘りに分析的で要りもしないことが多いと思ふ。少くとも現在日本の職業の分化しない今日に於ては大體で綜合的がよい。

五　ともすると、職業紹介所に於いて、子供の性能を調査し、往々子供の希望職業を否定したり、不利な職業に向けるものがあると言ふが、これは調査を過信し、かつ現代の生硬な學問に捉へられたものである。敎師は子の位置に立ち、親の心になり、親切に導かねばならぬ。何れの職業といへども性能も大事だが、より大切なものは努力である。努力さへすれば大抵のことは出來るから性能よりもその努力をする樣にしむけることが大切である。

要するに性能檢査は問答法・觀察法により測定法を參考として必要な性能を調べるがよいと思ふ。そして個性調査簿を作る際に豫め職業指導をも考へて記入し、更に上學年になつて必要な場合に必要な性能をはかるがよいと思ふ。

第八節　職業指導の方法

職業指導は高等小學は勿論尋常小學においても夫々程度の差はあるけれども行はねばならないものである。其の目的としては職業に對する一般的觀念を與へること、趣味を涵養す

ること、基礎技能を陶冶すること等色々あるが、主として小學校においては次のことをやりたいと思ふ。

其の一　職業的觀念の養成

これは尋常小學校だけで終へるものについては其の六學年、高等小學校におけるものに於いては其の一年から授けていきたい材料である。尋常科なら低い程度に高等科なら稍々高い程度に毎學期數時間宛一年間位費したいものである。實業科の設けがあればそれにおいて、なければ特別に授けたい。但し實業として農業科を課すものは農業の事項、商業科を課すものは當該材料を除く。

甲　職業一般

一　職業の意義

二　生活と職業の必要

三　職業の種類(一般の種類と各地方に於ける種類)

四　職業の實際

五　各職業と利潤及資本並に價値(商業工業農業について)

六　職業の分化と發達

七　職業と身體·知能·德性趣味の關係

一　工業の意義　　　　　　二　工業の各種類
三　工業の分化發達　　　　四　工業の經營(大工業小工業)
五　工業の利益價値　　　　六　工員として工業經營者としての適性
七　工業見習者としての生活

大體右の如き事項を課したらどうかと思ふ。

其の二　實業見學

なるべく各地方の實業の各種類について見學させる。

其の三　實習

職業は實習しなければ充分な觀念や趣味技能の養成は出來ない。從つて出來るなら學校において實習すること、適宜學校外で實習させることを忘れてはならない。かの農業の如き校地一坪あつても實習が出來るし、なければ植木鉢でも全然出來ないことはないから、なるべく實習を基にして觀念を與へるがよい、商業の如きも田舍にでは一寸むづかしい樣に考へられるが、學用品の購賣部でもおき、仕入や小賣を行はせるなら、相當商業の觀念や趣味も養へると思ふ。

其の四　個性調査と職業分析

前にあげた樣に完全に個性調査をするとか職業分析をすることはむづかしいけれども相

當には出來るものである。かの職業分析の如き、せめて各地方におけるものについては出來るだけ形式實質兩方面に亘つて行ふがよい。

其の五　職業の決定

職業の決定については、學校・家庭及び當人の意志を參照して行ふがよい。單に親だけの意見とか學校の意見、當人の意見といつた樣な單獨な考によらず、充分職業觀念を明にさせて、なるべく當人の意志を尊重するがよい。

其の六　職業紹介所の利用

各地方に職業紹介所がある。これと聯絡して行ふべきことはいふまでもないことである。

其の七　就職後の指導

教育者は兒童の在校中のみならず、學校を卒業してからも出來るだけ指導してやらなければならない。家庭と連絡し卒業生と相俟ち、其の他兒童の就職せる會社銀行商店工場と手を携へて、いつまでも最善に指導してやることは教育の樂のみならず、教育の眞意義がある。

第二十二章　校訓・級訓・個人訓と訓練要目

第一節　校訓

一の學校があれば校主はいかなる方針で教育していくか方針があるべきである。從つて校訓のあることは良いことゝ思ふ。ある學校では「出來るまでやれ」とか或は「一生懸命でしよ」とか、或は誠實・勤勉・自助・奉仕とか、「忠孝仁義」とか夫々色々の旗色を鮮明にしてゐる樣である。

一體校訓制定の種類には色々の態度から實際の表示なり精神なりが異つてくる。第一には其の土地其の國の人間として理想的の人として要求してゐる意味から校訓を制定するものがある。忠孝とか忠孝仁義などそれである。第二には其の地方其の學校の教育に於いて理想人になる手段として注意を集中してゐる事項を其の中に採つてゐるものがある。「一生懸命でやれ」「誠實にせよ」などそれである。或は又ある地方の成人に或は子供にある欠點がある。その欠點を矯正するとして又長所を延ばさうとして校訓にしたものがある。商業地で比較的正直にかけた土地などで正直にしよとか、田舍で怠け勝な所で「勤勉忍耐」など標示してゐるのはそれで、これが第三の態度である。第四には同じ理想人になるにしても欠陥を矯正するにしても道德的の名稱卽道德的の德目卽ち忠孝の如きをあげるものと心理的德卽ち勇氣勤勉忍耐といふ樣な德をあげるもの及び兩者を混同してゐるものがある。

以上は何れにしても差支へないが、要する所は校訓としてはなるべく次の事項に注意したい。

一　その德目なり努力點が其の校の兒童に適切なものでなくてはならない。

二　徳目又は事項は數が少く、子供にもわかり易く、事に當つて直に心頭に浮ぶものでなくてはならない。

三　勿論國民教育の精神御勅語の主旨に合ふべきはいふまでもないことである。

四　前に云ひ落したが、校訓としては當分固定不變のものと、子供の性格が變つたり訓練の出來るに從つて移り變つていくものがあるから、其の考を定めなくてはならない。

五　全體に關する校訓として總べての子供に要求するのなら、どの學年にも適し、どの行や德目も包括されるものでありたい。云ひかへるとある重要な行爲の規範を逸したり、乃至あまりに小さいことのみに終らない樣にありたいものである。

六　校訓としては日常それが實行され訓練され得るものでなくてはならない。最高の德であるにしても日常實行の出來ないことは訓練が出來ないからである。

第二節　級　訓

學級がある以上は自然に級風が出來る。級風をよくする爲に方針を立て、級訓を作ることは國として憲法があり家として家訓がある如く、元より一方便として良いことゝ思ふ。これについて注意することを次に述べよう。

一　級訓は其の學級に適切でなければならない。一年には一年、二年には二年、とにかく其の

學級に適切でなくてはならない。
二　固定的のものにしても推移的のものにしても個條が少くなければならない。
三　わかり易くして實行し易いものでほしい。
四　校訓又は訓練要目と聯絡をとり、かりにも之に反するものであつてはならない。訓練要目を級訓とする場合もあり、級風の中心概念を級訓とする場合もある。何れも其の人の教育意見によつて出來るものである。
五　訓練要目をそのまゝ級訓にするものもあらうし、別に之を立てるものもあらうが、なるべく具體的にして日常の云爲行動に現はれるものでなくてはならない。

第三節　個人訓

人が生活する間は日夕ある主義方針をもたなくてはならない。常に大なる理想を持ちて自己の現狀を反省し、理想に向つて突進することは最も大切な事で、これがなければ人間は結局動物と同じになつてしまふ。思ふに昔の偉人英雄碩學豪傑何人といへども理想のないものがあらうか。ましで青少年の如き血潮に燃え易いものは、これによりて如何なる辛苦も意とせず、苦勞も顧みないではないか。不肖私の如きすら、青少年の頃は勿論四十餘年の今日でさへ常にある理想を把持して突進してゐる。かの松蔭の抱負にいふ(品川彌二郎に送る書)

死生の悟が開けぬといふは、餘りに至愚故詳に云はん、十七八の死が惜しければ三十の死も惜し、八九十百になりても是れにて足りたといふことなし。草虫水虫の如く半年の命のものあり、是を以て短しとせず、松柏の如く數百年の命のものあり、之を以て長しとせず。天地の悠久に比せば松柏も一時蠅なり、只伯夷などの如き人は固より漢唐宋明を經、淸に至りて未だ滅せず、若當時太公望の恩に感じて西山に餓死せずば百迄死せずとも短命といふべし。何年限り生きたれば氣が濟むことか、前の目あてもあることか、浦島武内も今は死人なり、人間僅か五十年人生七十古來稀何か腹のいえる樣な事を遺りて死なねば成佛できぬ

と又同じ陽明學派の海舟勝安房はいふ

世間の人は動もすると芳を千載に遺すとか、臭を萬世に流すとかいつて、それを出處進退の標準にするが、そんなけちな了見で何が出來るものか、男子世に處する、たゞ正心誠意を以て現在に應ずるだけの事さ、あてにもならぬ後世の歷史が狂といはうが賊といはうがそんな事は構ふものか、要するに處世の秘決は誠の一字だ

かういつてゐる。それでこそ君の爲國の爲にかゝる大事業をしたわけである。それはとにかく人としては大なる理想を以てゐなくてはならぬ。更に身を反省して行動の標準を作ることは最も大切なことだと思ふ。此の意味において兒童銘々に即する個人の規箴を作ることは最も有意義なことゝ思ふ。これについて注意することとは

一　何人に施しても正しい善良な個人訓を作らせること。
二　その個人訓は單なる偶然の思付でなく、自身をよく顧み自身に卽した訓がよい。
三　人の訓でも自身にあてはまるものならよい。
四　校訓級訓との關係を考へしめなければならない。
五　個人訓は實にそれによつて實行を促し、實行を規制するものでなければならない。
六　個人訓は兒童銘々が作り自ら實行し、自ら自分を監督していく樣にさせなければならない。
七　尋常一年の頃は他律的の時代だから、個人に作ることは出來ないが反省意識が出てからは銘々に作らせるがよい。

第四節　訓練要目

訓練としては學校として學級として個人として考へていかなくてはならない。こゝにいふ訓練要目といふのは學級を一の團體と見、單位と見て團體的に訓練する意味の訓練である。これについて氣をつけることは

一　訓練要目は日常の行爲を規正するものでなくてはならない。
二　要目はなるべく其の内容を具體的に示さなくてはならない。例へば規律といつたとこ

ろで何の規律を守るといふことを詳記し、具體的にしたものでなくてはならない。

三　要目は各學年を通じて見た場合に一のまとまつたものでなくてはならない。行爲又は德目の一部に偏するものは私の敎育觀からはさけたい。例へば個人的の德だけ採つて社會的の德を逸する如き私の見地からは許したくない。

四　訓練要目は個人的道德、家族的·國家的·社會的すべての道德中で、學校生活において實行し得るものから採らなければならない。

五　訓練要目はなるべく一度に多くを要求せず、僅かな道德を目標にし、ある期間つゞけて注意させなくてはならない。

六　品性は行爲の習慣であるから、ある德目を六年に一回するといふ樣ではよくない、毎年或は二三年間に一循環するといふ樣にするがよい。

七　子供の道德意識を考へ、その意識の發達に從つて適當な訓練をするがよい。たとへば社會的道德の訓練を十分尋常一年から行はんとする如き、動機はよくとも不能だからである。

八　訓練の要目は同じ德目であつても學年の進むに從ひ、內容を廣くし深くする必要がある。

例へば親切の如き

一年では　友だちと喧嘩しないこと、可成一緒に登校せねばならぬこと。

二年以上では　一年を大事にして共に遊んでやること。

三年四年では　色々下學年の面倒を見てやること。
五六年では　廣く一般に他の人に親切にし、困るときは助けてやる。
といつた樣に内容を擴充し深化する必要がある。

九　訓練は要目上も實施上も近代精神を考へ、社會的道德たる相互扶助・共存共榮・社會奉仕といつた樣な道德を昔より重く見なければならない。

一〇　近時自由といふことが稱へられるが、自由本來の性質は意志の自由である。衝動の自由ではない。ある期間にシツカリした訓練をすることは一生の品性に關するから嚴に失しないと共に寬に失してはならない。

一一　訓練要目は各學級間に統一がなければならない。若し統一がないと共の成績が擧らないのみならず、往々他學級に害を及ぼすことがある。決してある人の云ふ如く學級王國などの名に捉はれて得手勝手なものを作つたり强制してはならない。

第二十三章　成績考査

第一節　成績考査の意味と目的

教育上子供の成績を知ることの必要は昔から述べられてゐるが、現在においては一般にそ

れが十分に行つてゐないではなからうか、況んや中學女學校入學問題について、小學校における成績を考慮するといつて參照される樣になつてからは、成績を考査するといふよりも、いかなる成績を書くのが入學可能率を多くするかといふ樣になつて、教育本來の意味を失する樣になつたのではなからうか。若しそれ中學女學校入學成績に關することにでもなつたら尙更正しきものを書くべき筈であり、十分な考査法を考ふべきであるのに、現時の此の始末は實に慨はしいことゝ云はなくてはならない。一體成績考査は何の爲に行ふべきものであらうか。

第一に教育するに當つて教師は子供の知識や能力を知悉してゐなければならない。舊教育の昔なら知らず、今日子供の生活を基礎にするとか個性の教育をはからなければならぬといふ以上は、教材よりも教育の理想よりも先立つて知るべきことは兒童である。兒童を知つて始めて教育の理想が出來、教材環境の整理乃至方法が生れてくる。

第二に教育は日々進歩していかなくてはならない、今日よりは明日、明日より明後日と漸次低度より高度の教育をしていく必要がある。若し教育がさうであるとしたら今日教へたことはどれほど理解したか感得したか、個々について全體について知らなくてはならない。まして新學期新學年の際など特に材料が變る際に當つては尙更詳密に知る必要がある。考査第二の必要と目的はこれである。

第三に教育にあたつては教具、方法其の他の如何によつて成績に影響する。若し成績が解らなかつたら、教具の善悪方法の良否もわからず改良も出來ず、所詮教育の能率をあげていくことは出來ないことになる。

第四に教育の仕事に當つて日々兒童がよく出來る樣になつたり、理解していくと、教師が教育の樂を知り一層努力して益々教育に精進する樣になつてくる。

第五に、兒童は將來職業をとらねばならぬ。知識型の職業、技能型・力業型夫々の職業を採らねばならぬが、その基礎となる重要なものは成績である。この意味からも成績考査の大切なことは考へられる。

第六に兒童又は父兄に兒童の成績を知らせることは必要である。各自が自分の知識能力を知り身體を知ることは、やがて奮勵し努力し趣味を喚起することで自己教育上兒童奬勵上大なる効果のあるものである。子供が竹トンボを作る、よく出來上つて飛ぶ、其の愉快さは到底買つたトンポを飛ばせると雲泥の差である。自己の力を認め、自己の力を信じしめる爲、進めるため、どれほど有効なことかわからない。斯くの如く何れの方面から考へても成績調査の必要は言ふまでもないことである。

第二節　從來の考査に對する疑問

従來の考査は大體試驗といはず考査といつてゐたが、事實は矢張り過去の試驗で、試驗そのものも極めて常識的のものであつたといはなければならない。例へば修身といへば訓辭の說明と例話の記憶・讀み方といへば、文字の書取と讀みと意味、算術といへば問題に對する答の當否、國史地理といへば事實の諳記、これでは何の爲か何の點を考においてゐるか無意義だ。何にしても考査の要點教育の要點を失してゐるが、之を第一に考へなければならないと考へるのである。

次に從來の成績考査では成績について靜的に考へ、動的方面を逸してゐた。量の方面を考へて力の方面を忘れてゐた。例へばいかに讀書に興味があり讀本勉强に趣味を感じて努力しても、文字が書けないとか意味を誤れば惡い點になつてしまふ。果して斯くすべきものか、教育は其の人一生の基礎である。從つて讀方でいへば、それに興味をもち努力する樣になつたことは非常に喜ばしいことで、一代に裨益し教育の効果もこゝに表はれたといつて差支ないではないか。

單にこればかりではない、從來の教育は主知的であつた爲に知識を重視した。否過重に見過ぎた。例へば修身にしても歷史にしても事實を覺えればよいとして知識に偏したが、修身國史は元より圖畫でも音樂でも情操陶冶が大切だ。而もそれについて調査しなかつたことは大なる缺點ではないか。

次に考査の方法でも多くは試験法により筆答を主にしたものである。而も筆答は往々綴り方の巧なものが優となり、拙なるものが劣となつてしまふ。筆答も一方便には違ひないが、平常又は臨時の問答法不斷の觀察法なども有効なことゝ考へる。

處理について大體に百點法十點法にし、各科は之を平均するといふ様になつてゐるが、あれは果してよいことであらうか。教科はどの教科も同價値のものであらうか。又人によつて價値を異にするものではなからうか。まして之を平均に見、平均して平均値のよいのを優とする如き、或は其の中の一二教科の劣なるを以て落第とする如き猛省すべきことではなからうか。

或は又考査の處理において、一般に各兒童夫々の前成績を基にすることなく、横に他の生徒と比較して採點をしてゐる。從つて成績の良いものは常に良く、惡いものは常に惡い點のみをとつてゐる。教育は最後の一人を救はなくてはならない。成績表は大切にして一生保存しておけといふ。優等の成績表をもつものは良からうが、常に惡い成績表で、在學六年惡い成績表ばかりの者で果して大切に保存して、修養の資とするであらうか。努力するであらうか。況んや長じて父母となる際其の子女に見せる勇氣があるであらうか。何にしても研究すべきことは極めて多い、猛省更に改良すべきことゝ考へるのである。

第三節　成績の成因

成績即ち學業にしても操行・身體にしても其の成因の第一は素質である。素質は生れ落ちた時に享けた遺傳が主になるけれども、同時に生後環境の力や父母の教育に依つた力が加はつて今日の素質をなすものである。從つて素質も其の力の發現に至つては常に發達するものと見て差支ない。而も成績の大切な一原因をなすものである。

第二に子供は教師以外教室以外の生活によつて學んでいく。而も此の力は前に教科の學習や訓練の條で述べた樣に非常に有力なものである。いかに生れつき聰明なものでも動物と一緒にゐたら動物以外に出でないに反し、よし稟賦に大した惠みを享けてゐなくても生活がよければ自然に教育されてよい成績になつてくる。

第三には教師の教育である。教師の教育有意的無意的に爲す教育は成績をあげていく。これ亦前二つと同樣に重要な要素といはなければならない。同時に他の方面即ち子供の方面から見ると學習に對する興味努力といふことが大切で、縱令惡い成績のものでも此の力が養へれば成績もよくなり、將來の發展もはかれることになる。

以上の見地から考へると成績を見るといふことは學業について云ふなら知識と知力——更に努力—學習に對する態度を見ることが大切のことになつてくる。

第四節　成績考査一般方針

一　各學年各科について教科學習の要旨教授方針から考へて其の主眼點を捉へていかなくてはならない。例へば修身で道德的觀念を與へる、判斷力を練る、理想を與へる、道德的情操を陶治するといふことが主であるとしたら、這般の題目や學習態度から學年によりて其の成績を調べていかなくてはならない。

二　各教科學習の要旨、及び教授方針から其の主眼點がわかつたら學年により輕重を考へていかなくてはならない。讀み方に於いて尋常一年では假りに文字の讀方書き方・文意・話し方を主として鑑賞を副とすれば主たるものによつて評價していき、長じて上學年では書取は一學年ほどに重視せず、文の生命をつかむこと、鑑賞力を養ふことを主とするとせばそれに價値を重く見るといふ類である。

三　同じ學年といへども所により價値に相違がある。例へば話方の如き、東北地方・九州地方などは東京語に遠いから東京地方より教育の方便上價値の上に東京地方と差のあることである。

四　成績考査に當つては少くも各學校において標準成績を採つておきたいものである。元より中には標準をとりにくいものもあるが、而し蓋然たりとも標準のものをほしい。さう

すると、どの學級は標準に近いとか遠いとか、何年度の兒童の成績はよいか惡いか比較する
ことが出來るからである。
五　前にも述べたのであるが、知識と能力だけの成績でなく、學習の態度に關することも考へてほしい。これは學業成績でなく、操行成績だといふ者もあるが、私は學業成績の上に加味したいのである。卽ち其の學科に對する趣味努力の奈何を加味することである。
六　考査に當つては出來得る限り問題を多くし、而も何回も行つてほしい。私は算術など時々毎時間つゞけて五回も十回も採るが、さうすると、成績が明瞭になる上に、生徒も自然努力して來て成績が向上してくる。
七　考査の方法は前にのべた樣に筆答法に問答法及び觀察法を行ひ、時を定めて時々行ふと共に時を定めず行ふ樣にしたらよからうと考へる。
八　近時知能測定が行はれてゐる。元より完全な方法ではないが、參考として時々行ふがよい。さうすると個人の心意發達上全體の心力發展上大きな暗示を受けることが多いからである。
九　成績の處理については個人について、其の以前と關係し比較して現在を調べ、或は橫に他と比較して成績を見るがよいと思ふ。
一〇　成績の調査及び發表については各教科を平均せず、そのまゝに表はして全體から觀察

したらどうだらう。平均値のよいもの必ずしも人としての價値があり之に反するもの價値が少いと定まらないからである。まして平均して席次を定める如きは大に考へなければならないことゝ思ふ。

一一　成績の調査上には二樣のものを作製し、一は教師の手控教育の參考として各兒童を比較して嚴密に價値を表示し、一は兒童に渡して見せしめるものとしたらどうであらう。前述の如く劣のものを常に劣とする如きは教育上害あつて益がないからである。ある學校では全然個人本位に實際の成績と努力進步の如何を合せて考へて――云ひかへると一學級の他の生徒との比較成績に其個人の進步成績を加味して示すものがあり、或は「良い」「惡い」「やゝ良い」「大によい」「やゝ惡い」「大に惡い」といふ樣に全く個人的見地から評語としてゐるものがある。これらは大に考慮すべきことゝ思ふ。かくて教師用の成績表は教師の參考とすると共に必要に應じて父兄にも見せる、かうするものがあるが、何にしても研究すべきことゝ思ふ。

一二　評語評點は餘り蓋然では參考にならぬし、といつて餘り詳密で何點何分などいふのは餘りに器械的で眞を表はしてゐない樣に思ふ。これらは甲乙丙丁とか或は單なる十點法で六點から十點までといふ樣にした方が示すとしたらよいではなからうか。

一三　近來新しい學校では學業の成績表を示さない所がある。考へると成績の奈何は子供

の日常生活で自然にわかる。人と同じ算術をする、一方出來て自分が出來なければ自分が良くないと知り、人が質問に答へられて自分が答へられなければ矢張答へられないことがわかる。徒に成績の表示によつて點取競爭をすることはいかぬといふのであるが、これらは教育上非常なデリケートな問題で、甲者が惡く乙者がよいとも云へぬし、時には兩説とも良いと論證することも出來る。要は成績を表示しないでも教師にして考があつて、表示以上の成績を上げ得れば無くてもよいし、或は子供に表示するとしても、點取競爭になつたり無理な勉強をさせなかつたり、人を排する樣なことをしないで、却つて正しい努力正しい勉强をさせる樣にすれば此の説も決して惡いとはいはれない。要するに教育の方法は人に屬してゐるから子供といふことを考へ、教育の本旨に從ひ、子供の爲になる樣に教育的に指導さへすればよい事になる。從つて私は成績考査は大切なものであると思ふが、子供に示すことについては從來世人が考へるほど大きな事とは考へない。たゞ教育の便宜上の一方法としか思はない。若しどうしても之を兒童に渡して惡いといふ樣な人は算術の問題を十とか二十とか出して、正否を書いてやつても惡いことになり、書取をしていくつ當つたかを尋ねることも、圖畫書方の評語をつけることも、論理的に云へば惡いことになつてしまふ。若しかゝることをし、かゝることをしても良いとしたら、全體の科目についていつてやることも當然よいことになつてしまふと考へるのである。

一四　近時成績考査の研究として又實際として前に述べた様に各教科指導の要點からに價値の高低をつけ、更に百點法にして、この事項は三十五點あの事項は二十五點これは五點十點總計百點などとするものがある。なるほど詳密に調査することは最もよい、價値の高下を考へることも、それによつて教授の方針を考へていくことも良いが、といつて物品賣買上正札をつける樣に、餘りに細くすることは各價値を同樣に見て採點して合計平均を出す弊と何等變りはない。教科の各價値を同樣に見て平均を出すのが惡いなら、これも惡いと云はなくてはならない。私の考は考査は各科共、指導の要點を定める。要點に當る問題を出して其の成績を調べる、其の成績を綜合して、全體の上からと部分の綜合の上からと評定する。そして更に平常を考へ、其の科に對する興味努力の上から成績とするのである。

一五　兒童の成績は教師が利用する外に兒童に利用させなくてはならない。どうして成績が良くなつたか、どうして成績が惡かつたか、惡い點をどうしたら善くしていけるか、よく反省して實際に役立つ樣にすることが大切である。

第五節　操行調査

操行を調査することは學業成績を調査する如く其子供の日常の行爲品性を陶冶して結局良品性の人たらしめることである。人によると學業成績は知ることが出來るが操行などは

わかるものでない。まして人間の操行品性などについて上といひ下といふ如きは人間に對する冒瀆であるといふ。なるほど操行は學業成績程明瞭には解らない。行爲そのものも動機や事情等から考へていかなくては善行爲か惡行爲か明には解るものでない。一見善行爲の如くして實はさうでなく惡い内部精神に根ざすものがいくらもある。が、しかし品性操行が全然解らないものとしたら教育は出來なくなる。何となればある教育をして結果が善か惡か解らないとしたら教育そのものが危險のものになつてしまふからである。

常識的に考へて何人も、此の人の品性はよい、行爲は良い、或は惡いとはいひ得る。我が子について見ても、此の點はよく此の點は惡いといふことは、よし詳密に解らないにしても蓋然解る。まして尋常一年から年中毎日生活してゐれば大體解ることは云ふまでもない。從つて學校教育で操行を調査することの可能なことと必要なことは云ふまでもないと思ふ。以下之に關する要點を述べて見よう。

一　人間全體を評價するとか調査するといふことはむづかしいが、日常個々の行爲によつて個々の品性を推定することは出來る。行爲の多くを目擊するとか、聞くとか尋ねるとかすれば益々明瞭にわかつてくる。從つて學校では、子供は一體如何なる德性のものか、いかなる行爲をするものかといふ、蓋然でもよいからある標準を定める。そして學校生活内においで道德的の訓練事項を明示し、主に之によつて訓練をしていき、この目標に照して査定を

していく。勿論家庭生活・社會生活の事も乃至訓練要目以外も副としては考には入れるけれども、主としては學校生活内の豫定事項に重きをおくのである。

二　修身でも實践といふことは重く見るが、而し主として修身は知識といふことを主にし、操行の方で實践といふことを主にしたい。

三　訓練事項は規律とか從順とか單なる一二に止らないで、なるべく廣く人間行爲人間の品性の全體に亘るものから採り、學年毎に其の事項を定めておく。同時に訓練事項にも輕重がある。例へば正直とか誠實といふ様な德は特に他の價値的德よりも重く見て一層精密に調査し、指導上も注意したい。

四　考査の方法は觀察法を主とし問答法（筆答も入る）に依る。綴り方の成績に表はれたこと及家庭における父母の觀察等もよい參考になる。

五　觀察した事項はなるべく觀察欄（個性調査の）に記入しておきたい。善惡ともに具體的に書いてあると良い參考になる。

六　下學年においては品性の全體について調査すると云ふことは出來ないから、ある目標を定めた個々の品性について調べるのであるが、漸次訓練の事項を増し、其の深さを伸ばして、上學年までには大體各種の品性行爲について調査し、蓋然全體としてどんな人かを推定するだけはしなくてはならない。

七　考査する上には其の當人の素質環境及び道徳修養に對する態度について調べなくてはならない。

八　考査は正確に詳密にすることはよいが、といつて子供に發表するに當つては上下の懸隔を甚だしくし、却つて子供將來の自尊心を傷ける如きことをしてはならない。學業の方は子供として成績も明瞭に解るし、努力によつては回復も上達も早いけれども、道徳は進境を明視することはかたく、子供自身としても解りにくい。而もそれによつて人間價値を低く明示する如きは教師としても子供としても堪へがたいからである。

九　操行はなるべく子供に示す場合は甲乙良美等の評語にあつてほしい、八點だ九點だとか七十三點七十五點といふ如きは寧ろ滑稽だからである。

一〇　操行點は學科點と平均したくない。學科は學科操行は操行として別に見たい。これを一教科と同一に見て平均する如きは全く無意味だからである。

一一　操行點を子供に示す方がよいか示さない方がよいか、議論の岐れる所である。何れにしても相當の考があり、教育的に用ゐらるればどちらでもよいと考へる。

一二　操行成績を子供に示す場合には學科同樣に、其の個人に即して前の成績に對して評定する場合其の他の方法で示す場合、横に他生と比較して示す場合がある。共に研究すべき問題と思ふ。

一三　世間やゝもすれば、小學校において操行の悪かつたものが、大きくなつて偉くなつたとか、善人になつた場合に、小學校の操行點のつけ方が悪かつたとか間違つてをつたといふものがあるが大なる誤である。将來の偉人善人必ずしも小學時代善品性善行爲とは定まらない。将來どんな人にならうと、學校は學校として其の時代における其の人の行爲なり品性なりを主にして調査し評點すべきものである。

＊

＊

＊編集上の都合により、底本４００〜４２１頁は削除した。

昭和四年四月一日印刷
昭和四年四月三日發行

定價金參圓五拾錢

著作權所有

學校經營新研究

著作者　東京市京橋區南傳馬町二丁目五番地
小林佐源治

發行者　東京市牛込區市谷加賀町一丁目十二番地
目黑甚七

印刷者　東京市牛込區市谷加賀町一丁目十二番地
根本力三

印刷所　株式會社秀英舍

發行所
東京市京橋區南傳馬町二丁目
新潟縣長岡市表町四丁目(本店)
新潟市古町通七番町(支店)
目黑書店

(東京)
電話京橋三四一七番
振替東京二八〇九番
(長岡)
電話長岡一八番
振替東京三六一九番
(新潟)
電話新潟九〇三番
振替長野四〇九〇番

編集・解説

橋本美保（はしもと・みほ）

一九六三年生まれ。東京学芸大学教育学部教授、博士（教育学）

主な編著書等『明治初期におけるアメリカ教育情報受容の研究』（風間書房、一九九八年）、『大正新教育の思想 生命の躍動』（共編著、東信堂、二〇一五年）、『文献資料集成 大正新教育』全Ⅲ期・全二〇巻（監修・解説、日本図書センター、二〇一六・一七年）、『大正新教育の受容史』（共編著、東信堂、二〇一八年）ほか

遠座知恵（えんざ・ちえ）

一九七六年生まれ。東京学芸大学教育学部准教授、博士（教育学）

主な編著書等『近代日本におけるプロジェクト・メソッドの受容』（風間書房、二〇一三年）、『大正新教育の思想 生命の躍動』（分担執筆、東信堂、二〇一五年）、『大正新教育の受容史』（分担執筆、東信堂、二〇一八年）ほか

大正新教育
学級・学校経営 重要文献選
第Ⅰ期 高等師範学校附属小学校における学級・学校経営
第1回配本 第3巻
東京高等師範学校附属小学校1

編集・解説 橋本美保・遠座知恵

2019年6月25日 初版第一刷発行

発行者 小林淳子
発行所 不二出版 株式会社
〒112-0005
東京都文京区水道2-10-10
電話 03(5981)6704
http://www.fujishuppan.co.jp
組版/昴印刷 印刷/富士リプロ 製本/青木製本
乱丁・落丁はお取り替えいたします。

第Ⅰ期・第1回配本・全3巻セット 揃定価(揃本体54,000円+税)
ISBN978-4-8350-8283-7
第3巻 ISBN978-4-8350-8286-8

2019 Printed in Japan